Teresa Langness

Ma première classe

Stratégies gagnantes pour les nouveaux enseignants

Adaptation française
Hélène Bombardier et Elourdes Pierre

Traduction de l'anglais
Michèle Morin

Chenelière/McGraw-Hill
MONTRÉAL • TORONTO

Ma première classe
Stratégies gagnantes pour les nouveaux enseignants

Traduction de : *First-Class Teacher : Success Strategies for New Teachers* de Teresa Langness © 1998 Canter and Associates inc.
(ISBN 1-57271-033-0)

© 2004 Les Éditions de la Chenelière inc.

Coordination : Josée Beauchamp
Révision linguistique : Ginette Laliberté
Correction d'épreuves : Anne-Marie Théorêt
Maquette intérieure et infographie : Fenêtre sur cour
Couverture : Marc Leblanc
Illustrations : Sylvie Nadon

**Catalogage avant publication
de la Bibliothèque nationale du Canada**

Vedette principale au titre :

Ma première classe : stratégies gagnantes pour les nouveaux enseignants

(Chenelière/Didactique)
Traduction de : First-Class Teacher.
Comprend des réf. bibliogr.

ISBN 2-89461-997-9

1. Enseignement - Aspect psychologique. 2. Classes (Éducation) - Conduite. 3. Apprentissage. 4. Motivation en éducation. I. Canter & Associates, Inc. II. Collection.

LB1027.F5714 2003   370.15   C2003-941171-0

Chenelière/McGraw-Hill
7001, boul. Saint-Laurent
Montréal (Québec)
Canada H2S 3E3
Téléphone : (514) 273-1066
Télécopieur : (514) 276-0324
chene@dlcmcgrawhill.ca

✓ **ISBN 2-89461-997-9**

Dépôt légal : 1er trimestre 2004
Bibliothèque nationale du Québec
Bibliothèque nationale du Canada

Imprimé et relié au Canada

1 2 3 4 5 A 07 06 05 04 03

Dans cet ouvrage, afin d'alléger le texte, le masculin a été utilisé. La lectrice et le lecteur verront à interpréter selon le contexte.

Nous reconnaissons l'aide financière du gouvernement du Canada par l'entremise du Programme d'aide au développement de l'industrie de l'édition (PADIÉ) pour nos activités d'édition.

Gouvernement du Québec—Programme de crédit d'impôt pour l'édition de livres—Gestion SODEC

L'Éditeur a fait tout ce qui était en son pouvoir pour retrouver les copyrights. On peut lui signaler tout renseignement menant à la correction d'erreurs ou d'omissions.

À propos des consultantes

Elourdes Pierre et Hélène Bombardier

Elourdes Pierre détient un baccalauréat en enseignement préscolaire et élémentaire. Depuis plus de 12 ans, elle a partagé sa passion des mots non seulement avec les enfants du primaire, mais également avec les adultes auxquels elle a enseigné le français, langue seconde. Pour sa part, **Hélène Bombardier** est titulaire d'un baccalauréat en éducation préscolaire et primaire ainsi que d'un certificat en enseignement du français, langue maternelle, au primaire. Elle cumule plus de 25 ans d'expérience.

Après avoir toutes les deux évolué dans divers milieux, elles vivent depuis déjà plusieurs années une pédagogie par projet en milieu alternatif. En partageant leur expérience dans cet ouvrage, les auteures souhaitent apporter leur contribution au monde de l'enseignement, si riche, si stimulant et en constante évolution.

Table des matières

Chapitre 4 — Inciter les élèves à s'investir dans leur apprentissage

117

Chapitre 5 — Constituer une communauté d'apprentissage

145

Chapitre 6 — Enseigner les habiletés sociales   169

Chapitre 7 — Assurer sa croissance personnelle et professionnelle   209

Avant-propos

Vous en êtes à vos premières armes dans l'enseignement ou vous avez un peu d'expérience et désirez peaufiner vos interventions? Le présent ouvrage s'adresse à vous!

Vous y trouverez des suggestions, des stratégies grâce auxquelles vous pourrez développer certaines habiletés, prendre de l'assurance, utiliser votre créativité et exploiter votre plein potentiel.

Ma première classe compte de nombreux outils de planification pour vous aider à passer le cap de la première année d'enseignement — et vous épanouir les années suivantes. On y répertorie des solutions, des activités et des suggestions dont vous pourriez avoir besoin pour bien réussir vos journées, même la *première*. Des conseils pratiques sont également prodigués pour vous donner une vision claire de la profession dans laquelle vous vous engagez. Enfin, nous avons ajouté quelques idées issues de notre expérience pour vous aider à planifier à moyen et à long terme votre cheminement professionnel.

Le présent ouvrage propose des stratégies convenant aux enseignants du primaire. Lorsque vous découvrez une méthode pouvant s'appliquer à votre situation, adaptez-la à votre style personnel.

Il n'est pas nécessaire de lire et de mettre en pratique toutes les stratégies à la fois. Afin de bien répondre à vos questions et besoins ponctuels, servez-vous de la table des matières pour repérer les aspects que vous voulez maîtriser d'abord et pour régler à mesure les problèmes quotidiens. D'année en année, vous affinerez vos techniques d'enseignement et trouverez pratique de revenir consulter cet ouvrage périodiquement.

Vous avez choisi l'un des plus beaux métiers qui soient. Certains le qualifient d'art, d'autres de mission et d'autres encore d'épanouissement personnel. Somme toute, c'est une profession empreinte de gratifications.

Vous aspirez à donner le goût d'apprendre aux enfants, à vous enrichir de leur questionnement, à créer un climat stimulant où règnent la confiance et le respect mutuels. Vous désirez développer une relation significative avec les parents dans un contexte de coéducation. Vous souhaitez partager vos réflexions, vos questions sur la pratique éducative avec vos collègues. Vous voulez vous impliquer dans un processus de formation continue.

Laissez ce livre vous guider. Appliquez, essayez, adaptez et raffinez les stratégies que vous y apprendrez. En vous attachant à perfectionner votre savoir-faire, vous pourriez bien, du même coup, vous épanouir professionnellement et personnellement.

Bonne chance!

Hélène Bombardier et Elourdes Pierre
Consultantes à l'édition française

Chapitre 1

Préparer et réussir la rentrée

« Le premier jour, j'ignorais où
aller chercher mes élèves. Je savais
qu'ils attendaient à l'extérieur, mais
je ne savais où passer pour les rejoindre.
Finalement, au moment où tout le monde
entrait, j'avais enfin trouvé la sortie. »

Votre tâche d'enseignant commence dès le moment où vous apprenez que vous avez obtenu un poste. Alors, mieux vous aurez «fait vos devoirs» avant la rentrée, mieux vous supporterez la tension des premiers jours.

Dressez une liste des tâches permettant de vous préparer. Pour planifier votre enseignement, vous devez vous informer des particularités de votre école. Celles-ci peuvent influer sur votre horaire quotidien, votre gestion de classe et vos possibilités d'accès aux ressources de l'établissement. Réfléchissez à l'organisation du travail à instaurer avec les bénévoles, les parents et vos collègues. Dès le départ, vous devez aussi préparer du matériel didactique, établir des échéanciers et faire de votre classe un milieu agréable et propice à l'apprentissage.

Durant les premiers jours ou les premières semaines de classe, la réussite de votre rentrée est étroitement liée à la qualité de vos réflexions préalables. De ce fait, dans ce premier chapitre, nous avons cru bon d'alimenter ces réflexions. Nous y présentons aussi des documents et des outils de planification et de préparation. Comme la structure organisationnelle et les règlements scolaires varient d'une école à l'autre, aucune liste ne peut contenir précisément tous les renseignements dont vous aurez besoin. Ce chapitre permettra néanmoins de réaliser le travail préparatoire qui est nécessaire à une première année d'enseignement réussie.

Quelques pistes de réflexion

Vous avez choisi de devenir enseignant. Quelles motivations vous ont incité à prendre cette décision? Qu'espérez-vous tirer de la pratique de cette profession? Quelle sera votre contribution?

Vous avez obtenu un poste. Vous êtes à la fois enthousiaste et inquiet. Serez-vous à la hauteur? Comment vos cours universitaires, vos stages et vos lectures vous ont-ils préparé à assumer ce rôle? Quels moyens utiliserez-vous pour vous intégrer dans votre école? Quelles valeurs sous-tendront vos interventions pédagogiques? Quel type de relation souhaitez-vous établir avec vos élèves?

Ces questions sont légitimes et fondamentales. Toutefois, dites-vous bien que vous ne partez pas de zéro. Vous pouvez vous appuyer sur vos connaissances et vos expériences à ce jour. Vous pouvez aussi compter sur votre capacité à apprendre, car vous n'arrêterez pas d'enrichir et d'affiner votre pratique durant les prochaines années. En outre, vos collègues peuvent vous aider. Ils seront heureux de partager leur expérience avec vous. Ces réflexions, et bien d'autres encore, vous les aurez souvent au cours de votre carrière et c'est au fil des années que vous apprendrez à construire votre «personnalité» d'enseignant. Alors n'espérez pas connaître toutes les réponses dès maintenant. Relevez ce défi un jour à la fois…

Posez les questions clés

Quelle est la question primordiale de tout nouveau membre du corps enseignant? Tout simplement celle qui vous vient à l'esprit. Cette question peut porter sur ce que vous devez faire en cas d'urgence médicale, sur la façon de respecter le projet éducatif de votre école ou de vous rendre à la cantine. Ces diverses questions, n'hésitez pas à les poser. Vous devez savoir à quoi vous attendre et bien connaître les aires et les politiques de l'école. Ainsi, vous pourrez accomplir votre travail quotidien sereinement et sans heurt, aider vos élèves à réussir et garder votre sang-froid.

Les enseignants ayant passé à travers une première année d'enseignement le confirmeront: vous devez poser beaucoup de questions. Si l'administration est avare d'information, vous devrez peut-être la trouver vous-même. Cependant, la bonne volonté des autres à vous aider vous émerveillera sans doute. Continuez à interroger les gens dès que de nouvelles questions surgissent en cours d'année. Vous apprendrez beaucoup de vos propres expériences en classe, mais l'expérience de vos collègues permettra aussi de vous enrichir.

Repérez les sources d'information avant la rentrée. Dans certaines écoles, la direction désigne une personne pour aider chaque nouvelle recrue. Ailleurs, l'enseignant doit trouver lui-même un mentor. Dans les deux cas, communiquez avec cette personne le plus tôt possible et n'hésitez pas à lui demander des conseils au besoin. Vous pouvez peut-être aller vous présenter et visiter l'école avant les premières journées pédagogiques. Ainsi, vous profiterez d'un moment un peu plus tranquille que celui de la rentrée.

À qui devez-vous vous adresser ?

- **La direction** : Dans certaines écoles, c'est surtout le directeur (ou son assistant) qui guide les nouveaux enseignants. Si c'est le cas dans votre école, tâchez de connaître les disponibilités de cette personne. Celle-ci peut être surchargée, et vous devrez prévoir des rendez-vous bien à l'avance.

- **Le mentor** : Si la direction désigne un mentor, celui-ci sera sans doute appelé à vous rencontrer régulièrement. Ainsi, il pourra répondre à vos questions et vous fournir des renseignements, des conseils et du soutien. Il viendra probablement en classe observer votre façon d'enseigner. Ainsi, il pourra vous offrir une rétroaction constructive sur vos interventions pédagogiques.

- **Les collègues « conseillers »** : Que vous disposiez ou non du soutien officiel d'un mentor, essayez de vous lier à un collègue expérimenté. Ce dernier pourra répondre à vos questions et vous soutenir moralement durant l'année et au-delà. Dans ce but, plusieurs nouveaux enseignants choisissent un collègue de même niveau. Cependant, un bon enseignant d'un autre niveau ayant déjà enseigné à une classe semblable à la vôtre pourrait convenir tout autant. Il peut même être profitable de rester en contact avec vos anciens collègues d'université qui occupent eux-aussi un nouvel emploi. Vous pourrez ainsi partager vos impressions et vos ressources.

Que devez-vous demander ?

En cours de lecture, servez-vous des feuilles-ressources que nous fournissons. Notez rapidement toute question additionnelle qui vous vient à l'esprit.

Découvrez les politiques et les modes de fonctionnement en vigueur dans votre commission scolaire. La plupart des commissions scolaires et des écoles proposent des orientations au sujet de leurs principales politiques. Si votre commission scolaire ne vous a pas fourni de document d'orientation, demandez à la direction d'expliquer les politiques vous concernant. Avant la rentrée, rencontrez un membre de la direction. Posez-lui toutes les questions qui n'ont pas été abordées durant la séance d'information ou dans le document

---

Que devez-vous placer dans votre dossier d'employé ?

- Votre contrat,
- votre convention collective,
- l'entente locale avec votre commission scolaire,
- vos documents d'assurance collective (salaire, médicaments, vie, etc.),
- les documents concernant votre fonds de pension.

d'orientation. Créez votre dossier d'emploi personnel. Mettez-y tous les documents que l'administration vous a remis. Réclamez ceux que vous n'avez pas reçus. Conservez-y les notes que vous avez prises durant les séances d'information.

Apprenez les politiques et le mode de fonctionnement de votre école

Votre première journée de classe peut se dérouler sans anicroche. Mais c'est peu probable, à moins de connaître les « rouages » de votre école. À quel moment la cloche sonne-t-elle ? Quelqu'un viendra-t-il recueillir votre feuille de présence ou enregistrer le nombre d'élèves qui dîneront à la cantine ? Comment la récréation et le départ des élèves à la fin de la journée se passent-ils ? Que devez-vous faire si vous voyez des élèves errant dans les corridors durant la période de classe ?

Les premiers jours ou les premières semaines de l'année scolaire soulèveront de nombreuses questions. Celles-ci risquent de vous prendre au dépourvu. Dans le but de vous renseigner à l'avance, consultez la liste des politiques et des modes de fonctionnement de l'école présentée ci-après.

La liste des politiques et des modes de fonctionnement de l'école

Les horaires

L'horaire de classe quotidien (ou les périodes) Informez-vous au sujet des récréations, des cours avec des enseignants spécialisés, des heures de dîner et des pauses, le cas échéant.

La cloche Assurez-vous de connaître la signification des différentes sonneries qui ponctuent la journée. Certains de ces signaux ne concernent peut-être pas votre classe.

Le calendrier de l'année scolaire Faites en sorte de connaître la durée de chaque trimestre ou semestre, la ou les dates des soirées d'accueil, des journées pédagogiques, des évaluations, des vacances, des jours fériés et la date de fin d'année scolaire. Informez-vous de

l'étalement de vos périodes de paie par rapport au calendrier scolaire.

Les routines de votre établissement

Le contrôle des présences Les nouveaux enseignants ne réalisent pas toujours que les sommes versées aux écoles publiques sont établies en fonction du rapport de présences, et surtout que l'école est responsable de s'assurer de la présence des élèves. Informez-vous auprès de votre mentor ou de la direction de l'école pour connaître précisément les procédés de contrôle et d'enregistrement des présences.

Les exercices d'évacuation La plupart des écoles prévoient, en début d'année scolaire, des exercices d'évacuation en cas d'incendie ou d'autres catastrophes. Dans certains établissements, un plan d'évacuation est affiché sur le mur de chaque classe. Ce plan indique l'issue la plus rapprochée. Informez-vous de l'endroit où vous devez mener votre classe, une fois à l'extérieur de l'édifice. Demandez si vous devez vous attendre à des exercices d'évacuation particuliers à votre région, par exemple en cas de tremblement de terre ou de tornade.

Le dénombrement des élèves qui dîneront à la cantine, la collecte de divers documents et de chèques En début d'année, les parents doivent souvent remettre des feuilles d'information, des fiches de santé, des paiements pour l'achat de matériel scolaire et d'autres documents. Les procédures pouvant varier selon les écoles, informez-vous des responsabilités qui vous incombent en la matière.

Les tâches désignées Au début de l'année scolaire, on vous assignera une ou plusieurs tâches. Vous devrez peut-être faire de la surveillance dans la cour de récréation, à la bibliothèque, dans les corridors, à la cantine ou aux arrêts des autobus scolaires. Informez-vous pour connaître ce genre de responsabilités. Repérez l'endroit où vous devrez vous poster. Si c'est possible, observez la façon de faire de vos collègues expérimentés.

Les lieux et les équipements de l'école

Les règlements et les dispositions concernant les aires communes Renseignez-vous sur les règlements et les dispositions régissant l'utilisation de la cour, de la bibliothèque, des corridors, de la cantine, du gymnase et des aires attribuées aux autobus. Ainsi, vous pourrez en informer les élèves et les leur faire respecter.

L'équipement et les fournitures scolaires Si votre classe n'est pas dotée d'un ordinateur, d'une imprimante, d'un rétroprojecteur ou d'un magnétoscope, informez-vous des modalités d'emprunt de l'équipement dont vous avez besoin. Si c'est nécessaire, demandez la formation requise. Vérifiez si une certaine quantité de papier est prévue pour votre classe. Renseignez-vous sur la façon de commander les fournitures (les crayons, les ciseaux et les tableaux d'affichage). Sachez quelle personne contacter si de l'équipement a besoin de réparation.

Les machines de bureau Vous aurez sans doute besoin d'utiliser un photocopieur avant la rentrée. Dans certaines écoles, une personne (un aide scolaire ou un membre du personnel de bureau) se charge de faire les copies. Si ce n'est pas le cas dans votre établissement, apprenez à le faire et prévoyez le temps que vous devrez y consacrer. Renseignez-vous sur la politique de l'école en matière d'utilisation des télécopieurs, du téléphone et du courriel. Informez-vous des possibilités de créer une page Web pour la classe.

Le programme et les politiques d'évaluation

Les directives du programme S'il y a lieu, procurez-vous le programme du ministère de l'Éducation propre à votre niveau ou à la matière que vous enseignez.

Les bulletins, les notes ou les autres documents d'évaluation Renseignez-vous à ce sujet auprès de la direction ou de collègues enseignant au même niveau que le vôtre.

La gestion des comportements

Le plan de gestion des comportements ou code de vie de l'école Ne manquez pas d'en prendre connaissance et de vous renseigner sur les modalités de surveillance des élèves dans les aires communes en dehors de la classe.

La démarche d'intervention auprès de la direction Informez-vous sur l'aide que vous pouvez obtenir de la direction dans les cas d'indiscipline grave.

Le soutien aux élèves

L'éducation spécialisée Beaucoup d'écoles intègrent aux classes ordinaires des élèves ayant des besoins d'apprentissage particuliers. Lorsque c'est le cas, certains élèves devront parfois se retirer du groupe pour travailler avec des éducateurs spécialisés. Ils pourront ainsi recevoir du soutien orthophonique, participer à des séances d'éducation physique adaptative, obtenir du soutien linguistique (dans le cas des élèves allophones) ou de l'aide à la rééducation en lecture. Sachez si votre classe comprendra de tels élèves. Vous devez être au courant des politiques de l'école en cette matière.

Les consultants scolaires (le psychologue, le travailleur social, etc.). Faites en sorte de connaître les modalités de consultation si vous avez des élèves en difficulté ou présentant un problème de comportement grave ou chronique. Renseignez-vous aussi sur la possibilité d'avoir un entretien avec un consultant scolaire en compagnie de l'élève.

Les mesures d'urgence

Les problèmes de santé et les accidents Vous aurez besoin d'une aide rapide si un élève tombe malade subitement ou est victime d'un accident. Cependant, comme beaucoup d'écoles ne disposent de personnel infirmier sur place que quelques heures par semaine, il est essentiel que vous sachiez d'avance quoi faire en cas d'urgence. Trouvez donc réponse aux questions de la fiche 1.1 « Les dispositions en cas d'urgence santé », présentée à la page 27. Gardez cette fiche bien en vue près de votre bureau. Ainsi, vous pourrez la consulter rapidement. Renseignez-vous sur la possibilité de consulter les fiches-santé de vos élèves. Relevez les données importantes telles que les allergies graves, les conditions médicales spéciales ou la prise de médicaments. De plus, inscrivez-les sur votre grille info-santé, présentée à la page 28. Par la même occasion, demandez si votre école a une politique concernant la prise de médicaments (un formulaire d'autorisation à faire signer par les parents).

Les conflits entre élèves ou les altercations violentes Avant la rentrée, organisez-vous pour connaître la marche à suivre en cas de comportement violent. Sachez également comment intervenir pour mettre fin à une empoignade ou calmer un élève menaçant.

Fiche 1.1, p. 27

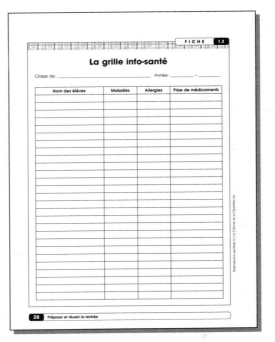

Fiche 1.2, p. 28

Organisez votre enseignement

Quand l'administration vous remet le matériel didactique, le programme, le projet éducatif de l'école et ses facteurs de réussite, ne vous alarmez pas. Prenez du recul et faites un survol de l'année. Établissez ensuite des échéances approximatives et déterminez vos priorités. Au besoin, profitez des conseils de votre mentor. Ainsi, vous pourrez plus facilement procéder à une planification quotidienne détaillée.

En vous faisant une meilleure idée du temps dont vous disposez, vous saurez mieux juger s'il convient ou non de modifier votre planification. Votre classe peut se passionner pour une production ou une discussion particulières. Dans ce cas, vous déciderez peut-être de prolonger la période allouée. Par contre, si les élèves s'ennuient ou s'agitent, vous devrez probablement modifier la situation. Souvenez-vous que votre principal objectif est de favoriser l'apprentissage, pas de réaliser une activité dans le temps prévu. Vous devez tenir compte de ces deux priorités et assurer le délicat équilibre entre le respect de l'échéancier et l'atteinte de vos objectifs.

Pour chacune de vos matières, organisez votre enseignement en suivant les étapes décrites ci-après.

Fiche 1.3, p. 29 et 30

Avant la rentrée

Consultez la maquette-horaire afin de connaître le temps dont vous disposez.

- Prenez connaissance du nombre d'unités ou de modules contenus dans votre manuel ou votre guide du maître. Ensuite, déterminez le temps que vous allouerez à chacun durant l'année. Dans votre cahier de planification (voir la fiche 1.3, aux pages 29 et 30), notez la date à laquelle vous espérez commencer chaque nouvelle unité.

- Sachez quelle notion sera vue la première semaine. Déterminez la façon de l'aborder afin de situer les connaissances actuelles de vos élèves. Ainsi, vous pourrez mieux cibler vos prochaines interventions pédagogiques.

À la fin de la première semaine

- Après quelques jours de classe, vous pourrez mieux élaborer le calendrier des séquences didactiques pour les semaines suivantes. Essayez d'évaluer s'il vous sera possible d'atteindre vos objectifs, compte tenu du temps alloué à chaque chapitre. Déterminez au fur et à mesure si vous devez modifier votre échéancier ou votre plan pour répondre aux besoins de vos élèves et satisfaire aux normes de réussite du programme.

- Commencez par tenir compte des activités quotidiennes et des événements spéciaux. En préparant chaque nouvelle semaine, inscrivez les futures journées pédagogiques ou certaines interruptions prévisibles dans votre cahier de planification. Notez aussi les communiqués que vous devez préparer et les autres tâches dont vous devez vous acquitter. Vous pourrez alors gérer votre temps efficacement sans que rien ne vienne ralentir le déroulement des situations d'apprentissage.

À la fin de la première unité

Vers la fin de la première unité, réévaluez votre échéancier. Organisez ensuite les chapitres pour le semestre entier. Indiquez les dates de début de chaque chapitre dans votre cahier de planification.

À la fin de la première étape

À la fin du premier semestre, achevez le processus pour le reste de l'année. Notez les dates de début de chaque chapitre. Réfléchissez, évaluez vos priorités et n'hésitez pas à modifier votre plan, s'il y a lieu.

Planifiez vos situations d'apprentissage

Pour être satisfait de votre journée de classe, vous devez d'abord avoir bien planifié chacun des sujets à aborder. Un plan de situation d'apprentissage comprend généralement plusieurs éléments. (Prenez connaissance de l'exemple intitulé « Les éléments de la situation d'apprentissage », présenté aux deux pages suivantes.) Cet apprentissage peut s'effectuer en une période ou durer les quelques jours nécessaires à la présentation de plusieurs éléments. Si votre plan est bien organisé, vous établirez vos facteurs de réussite tout en soutenant l'intérêt des élèves pour le programme. Les élèves se sentiront interpellés et resteront attentifs. Alors, vous vous sentirez calme et en plein contrôle. Une bonne planification vous rendra aussi plus confiant face aux imprévus et mieux outillé pour adapter votre enseignement en fonction des besoins de vos élèves.

Fiche 1.4, p. 31

En feuilletant vos livres et votre matériel pédagogique, songez aux éléments que vous auriez envie d'inclure dans vos premiers plans de situations d'apprentissage. Vous n'avez pas à les inclure tous dans chaque plan. Votre démarche variera selon l'âge des élèves, la complexité des contenus et la longueur du chapitre ou de l'unité.

Notez en détail vos propres plans de situations d'apprentissage sur la fiche 1.4, « Le plan de la situation d'apprentissage », présentée à la page 31. Souvenez-vous que certaines situations peuvent durer plus d'une journée.

Les éléments de la situation d'apprentissage

Les facteurs de réussite

Consultez le programme pour déterminer les facteurs de réussite de chaque unité. Ayez-les à l'esprit lorsque vous planifierez des moyens efficaces d'enseigner la matière de chaque chapitre.

Commencez par déterminer ce que vos élèves devront savoir et pouvoir faire à la fin du processus d'apprentissage. Considérez non seulement les objectifs de contenu, mais aussi les habiletés à acquérir.

Quelques exemples

- Les élèves devront comprendre le phénomène de photosynthèse et être capables de l'expliquer.

- Les élèves devront démontrer leur habileté à coopérer.

- Les élèves s'initieront à la démarche scientifique en observant la croissance des plantes.

Le contexte de réalisation

En classe, l'enseignement peut se faire de bien des façons. Plutôt que de donner un cours magistral, vous pouvez former de petits groupes et faire lire les élèves. Vous pouvez leur confier des projets qui les amèneront à se documenter à la bibliothèque, à utiliser des logiciels ou à visiter des sites Web. Revoyez vos objectifs et déterminez la meilleure façon d'inciter les élèves à comprendre les notions clés et les points importants et, le cas échéant, à poser des hypothèses ou à tirer des conclusions. Tenez compte de la compréhension préalable que vos élèves ont du sujet. Prévoyez des façons d'aider chacun à se dépasser tout en atteignant les objectifs.

Quels que soient les éléments faisant partie de votre présentation, tâchez d'en dynamiser le contenu. Lisez le chapitre 4, intitulé « Inciter les élèves à s'investir dans leur apprentissage ». Trouvez des moyens d'intégrer des éléments à votre présentation tels que ceux-ci :

L'amorce (une activité visant à susciter l'intérêt) Pensez à une activité ou à une expérience qui piquera la curiosité des élèves. Celle-ci fera ressortir l'intérêt du sujet et le leur rendra plus signifiant. Cette amorce peut se faire à l'aide d'une histoire, d'une question, de matériel visuel ou de tout autre moyen.

La présentation Déterminez comment vous présenterez formellement les contenus à intégrer. Vous pouvez introduire vous-même le sujet devant la classe ou demander aux élèves de le faire. Par exemple, vous pouvez inviter les élèves à lire un texte à voix haute en groupe. Ensuite, ils se font un résumé de l'information présentée. Si vous faites un exposé en classe, souvenez-vous que beaucoup d'élèves ne peuvent soutenir de longues périodes d'écoute. Pour nourrir leur intérêt, faites-les participer à la présentation.

La discussion Discutez avec les élèves des sujets essentiels à la réalisation des objectifs. Incitez-les à trouver des exemples et à établir des liens. Invitez-les à expliquer ce qu'ils ont compris et à quoi ces apprentissages leur serviront. Lisez la section intitulée « Apprenez les stratégies participatives » à la page 119. Inspirez-vous-en pour amener chaque élève à se joindre au débat.

L'organisation matérielle Le matériel didactique peut enrichir ou soutenir une présentation orale. En planifiant votre situation d'apprentissage, dressez une liste du matériel que vous utiliserez (des feuilles reproductibles, du matériel visuel, des bandes vidéo, des logiciels, des cartes géographiques ou un globe terrestre, des tableaux et des schémas). N'hésitez pas à varier le type de matériel utilisé.

Le travail en groupe Des études ont démontré que le travail en groupe peut dynamiser et favoriser l'apprentissage. Des élèves spectateurs peuvent ainsi se transformer en participants actifs. Pour que le travail en groupe soit efficace, vous pouvez poser une question ou présenter un problème à résoudre. Chaque membre du groupe contribuera à l'apprentissage en proposant une réponse ou en orientant le groupe vers des pistes de solutions. On peut aussi mettre sur pied des projets à long terme. Dans ce cas, chaque membre du groupe les enrichira par son apport personnel. Pour des suggestions quant à la manière d'intégrer le travail en groupe à une situation d'apprentissage, lisez la section « Enseignez les habiletés propres à l'apprentissage coopératif » à la page 158.

L'application Donnez aux élèves un travail qui les aidera à assimiler, à retenir et à appliquer les nouvelles connaissances. Ensuite, procédez à l'objectivation. Par exemple, les élèves peuvent simuler une situation ou réaliser une activité concrète. En groupe ou individuellement, aidez-les à trouver comment cet apprentissage leur servira dans leur quotidien.

L'évaluation et la récapitulation Peu d'élèves comprennent d'emblée tout ce qu'on leur présente. Il est essentiel d'intégrer à la situation d'apprentissage des moyens vous permettant d'évaluer l'intégration des connaissances. De plus, l'évaluation permettra de déterminer si vous devez récapituler et reprendre la matière en l'adaptant au rythme d'apprentissage de vos élèves. Consignez vos observations dans votre cahier de planification. Ainsi, vous pourrez concevoir vos prochaines situations d'apprentissage en vous fondant sur les connaissances acquises durant les situations précédentes. Par exemple, prenez le temps de vous arrêter. Demandez aux élèves d'énumérer une ou deux connaissances acquises sur le sujet à l'étude. Notez les réponses au tableau. Vous pouvez aussi leur demander de rédiger des questions sur le sujet : certaines auxquelles ils pourraient répondre et d'autres auxquelles ils ne pourraient pas. Pour avoir d'autres idées d'évaluation, lisez la section intitulée « L'évaluation — un gage de réussite » à la page 131.

Les activités de réinvestissement

Choisissez des activités de réinvestissement qui renforcent et vont même au-delà des objectifs de départ. Elles peuvent se faire sous forme de travail à la maison, de travail en groupe ou d'un projet à long terme. En outre, elles peuvent faire appel à la collaboration des parents ou nécessiter une recherche à la bibliothèque. Par exemple, invitez les élèves à interviewer leurs parents ou leurs voisins sur leur expérience d'un sujet donné. Si vous étudiez la croissance des plantes, demandez aux élèves d'interroger leurs parents ou leurs amis sur les plantes en leur possession et les soins donnés.

Organisez votre classe

L'organisation de votre classe influe directement sur le comportement de vos élèves et leur apprentissage. En planifiant de façon judicieuse votre environnement, vous pouvez éliminer les facteurs de distraction et favoriser une atmosphère agréable de travail.

Placez les pupitres

Personnalisez l'aménagement. Placez les pupitres ou les tables de façon à répondre aux besoins de votre classe et à votre style d'enseignement. Si vous

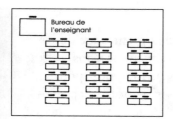

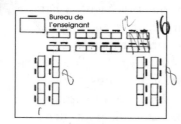

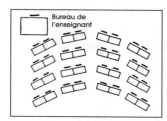

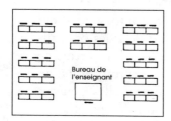

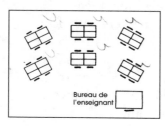

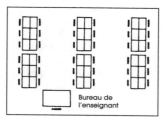

Schémas
d'aménagements
types

faites souvent travailler les élèves en groupe de deux, placez les pupitres par groupe de deux ou de quatre. Vous favorisez les discussions de groupe? Grâce à un aménagement en fer à cheval, les élèves peuvent mieux voir la personne qui parle. Les schémas présentés ci-contre vous donneront des idées. Considérez aussi les conseils suivants :

- Assurez-vous que, de leur place, tous les élèves peuvent à la fois vous voir et lire au tableau.

- Prévoyez des allées assez larges pour vous permettre de travailler auprès de l'élève, à son pupitre.

- Aménagez des allées spacieuses pour pouvoir vous déplacer en vous adressant aux élèves.

- Si vous avez l'intention de proposer des activités en collaboration, placez les élèves en petits groupes.

- Prévoyez un endroit de la classe plus calme pour les élèves qui sont plus sensibles aux stimulus.

- Disposez les centres d'activités et les tables de travail sur le périmètre de la pièce. Vous pouvez aussi les utiliser pour subdiviser la classe.

- Assurez-vous que chaque élève bénéficie d'un éclairage adéquat.

Préparez l'équipement

Informez-vous de l'équipement spécial dont vous disposerez dans votre classe. Vous aurez peut-être un rétroprojecteur, un ou plusieurs ordinateurs et imprimantes. Une partie du local de classe peut servir de centre d'écoute doté d'un lecteur de cassettes et d'une enregistreuse. Certaines classes sont équipées d'un téléviseur et d'un magnétoscope.

Réfléchissez à l'usage que vous ferez de votre équipement. Si vous n'envisagez qu'un usage occasionnel, vous préférerez sans doute le ranger pour libérer de l'espace. Par contre, si vous prévoyez que les élèves devront l'utiliser dès les premiers jours, installez les appareils immédiatement. Essayez tous les équipements avant la rentrée pour vous assurer de leur bon état et de leur fonctionnement.

Repérez les prises de courant dans la pièce avant de décider où installer et ranger l'équipement. N'oubliez pas que le site d'installation des ordinateurs dépend souvent de leur mode de connexion aux imprimantes et au réseau.

Rassemblez, organisez et rangez les fournitures

Dès la rentrée, réunissez toutes les fournitures dont vous aurez besoin durant l'année. Informez-vous au sujet des formalités de commande et des budgets alloués. Avant la rentrée, procédez comme suit :

- Pour dresser une liste complète, servez-vous de la fiche 1.5, « La liste des fournitures », présentée à la page 32.

- Placez les fournitures dans des contenants. Indiquez claire-ment le contenu, puis rangez les contenants dans les armoires. Utilisez des boîtes, des tasses ou des paniers de toutes sortes.

- Mettez à part les fournitures que vous remettrez aux élèves. Gardez-les à portée de la main.

Rassemblez les livres et le matériel didactique

Dressez l'inventaire de tous les manuels et livres se trouvant dans la classe. Informez-vous de la façon de procéder pour obtenir les exemplaires supplémentaires dont vous aurez besoin. Plusieurs enseignants avouent ne pas savoir d'emblée comment choisir parmi les manuels et le matériel dispo-nibles. Si votre école ou commission scolaire vous per-met de choisir, prenez le temps de faire une évaluation. Parlez avec d'autres enseignants pour découvrir ce qui s'est révélé le plus efficace. Une fois que vous aurez arrêté votre choix, procédez comme suit :

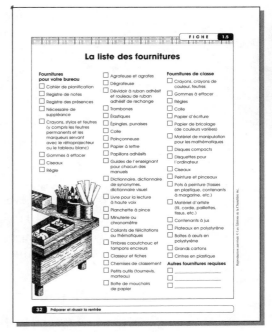

Fiche 1.5, p. 32

- Préparez la distribution des manuels de l'élève. (Informez-vous s'il y a des procédures d'enregistrement lors de la remise des manuels aux élèves.) Conservez les guides de l'enseignant à portée de main.

- Faites l'inventaire du matériel didactique restant (les ensembles de lecture, le matériel de manipulation en mathématique et en sciences, etc.). Sachez si vous pouvez commander du matériel supplémentaire et comment procéder.

- Demandez si on a prévu du matériel informatique ou des logiciels pour votre classe. Vérifiez le tout avant d'inviter les élèves à l'utiliser.

- Mettez sur pied une bibliothèque de classe. Invitez vos élèves à participer à l'organisation de la bibliothèque. Ils peuvent créer et apposer, sur chaque rayon, des pictogrammes ou des étiquettes indiquant le sujet des livres.

- Si vous avez le temps, visitez les marchés aux puces et les ventes de garage pour trouver des livres destinés aux enfants. Vous les ajouterez à la bi-bliothèque de votre classe. Souvent, vous pourrez acquérir de nombreux livres à très bas prix si vous précisez que vous êtes enseignant. Vérifiez d'abord si vous disposez d'une « petite caisse » à l'intérieur de votre bud-get. Vous pouvez parfois solliciter la contribution des parents ou de la communauté pour participer à l'enrichissement de leur école.

Organisez vos dossiers

Certaines de vos unités nécessitent l'utilisation de matériel varié et peuvent durer plusieurs jours ou semaines. Par conséquent, vous aurez avantage à créer un système de classement. Classez vos plans de situations d'apprentissage et le matériel afférent au fur et à mesure. Organisez un classeur comprenant un dossier par unité. Dans chaque dossier, insérez les documents suivants :

- les plans de situations d'apprentissage (y compris vos notes sur ce qui a bien ou mal fonctionné),
- les fiches reproductibles et les activités supplémentaires,
- les grilles de correction,
- des idées et du matériel supplémentaires.

Votre première année vous semblera probablement ardue. En effet, vous devez créer de toutes pièces vos plans de situations d'apprentissage. Si vous concevez les dossiers susmentionnés, vous bénéficierez de deux avantages : 1) la possibilité d'y puiser tout au long de l'unité travaillée ou de les enrichir au besoin ; 2) la possibilité de vous y référer l'année suivante et de les retravailler au moment de planifier la même unité.

Planifiez vos tableaux d'affichage

Avant la rentrée, certains enseignants accordent beaucoup de temps à la décoration de leur classe. Sachez faire la part des choses. Assurez-vous qu'une fois la décoration de la classe terminée, vous aurez assez de temps à consacrer à vos nombreuses autres tâches de préparation. Respectez les priorités que vous aviez fixées pour la rentrée. Vous pourriez peut-être attendre le début des classes et inviter les élèves à décorer les tableaux d'affichage. Cette activité pourrait se faire dans le cadre de la réalisation de projets durant les premières semaines.

Rappelez-vous que les tableaux d'affichage doivent viser un objectif pédagogique. En général, ils permettent d'illustrer une notion ou de présenter les travaux des élèves. En ce début d'année, voici quelques suggestions pour exploiter au maximum vos tableaux d'affichage et votre espace mural :

- Soyez efficace. Avant de commencer, pensez au contenu de chaque tableau. Prenez des mesures et rassemblez le matériel requis. (À cet effet, n'hésitez pas à inspecter le magasin auxiliaire ou la réserve destinés aux enseignants.)
- Prévoyez plusieurs tableaux d'affichage ou espaces muraux afin d'afficher l'information importante pour la classe (par exemple les règles de vie en classe, les tâches courantes, le calendrier, les horaires et les communiqués, les anniversaires).
- Affichez une annonce de bienvenue aux élèves.
- Préparez un ou deux tableaux d'affichage ornés d'une frise et de titres. Laissez les autres tableaux libres pour y placer les travaux des élèves.
- Utilisez un tableau d'affichage pour présenter l'unité que vous aborderez dès la rentrée.
- Vous trouverez aussi des idées de tableaux d'affichage de la rentrée à la page suivante. Ces idées permettront de créer un sentiment d'appartenance au groupe. De plus, elles favoriseront l'apprentissage pratique. Reportez-vous à cette page plus tard durant l'année pour rafraîchir vos tableaux d'affichage.

Les tableaux d'affichage
de la rentrée – une banque d'idées

Le contour des mains Chaque enfant trace le contour de sa main et y inscrit son nom. Les dessins peuvent servir à construire une frise décorative pour la classe. Vous pouvez aussi les coller aux branches d'un arbre préparé par vous ou vos élèves. À la fin du mois, votre arbre peut perdre ses feuilles, comme à l'automne…

Les rayons de soleil Chaque enfant écrit son nom sur un carton rectangulaire. Il le place autour d'un grand carton rond de couleur jaune afin de représenter les rayons du soleil.

Le casse-tête Découpez d'abord un grand carton pour former des pièces de casse-tête. Le nombre de pièces équivaut au nombre d'élèves. Ceux-ci y écrivent leur nom et le décorent. Ils peuvent aussi y écrire le nom d'un projet qu'ils aimeraient réaliser à l'école cette année. Ensuite, ils s'amusent ensemble à reconstituer le casse-tête.

Le calendrier du mois Utilisez un tableau d'affichage au complet pour réaliser un calendrier géant du mois avec vos élèves. Vous formez des groupes qui doivent y coller le nom du mois, le nom des sept jours, les dates, les événements spéciaux du mois, les anniversaires, etc.

La ligne du temps L'une des frises peut être faite en forme de ligne du temps ou de route avec des cases pour avancer, comme certains jeux de société. Un enfant peut découper une voiture dans un magazine ou dessiner un personnage qui avancera au fil des jours. Cette ligne peut couvrir le mois de septembre, tout le semestre ou se rendre à la date d'un événement spécial déjà prévu.

La table est mise Utilisez un grand tableau d'affichage rectangulaire pour construire une longue table. Remettez à chaque enfant une assiette de carton où il devra se représenter lui-même. Tous doivent trouver un passe-temps, un talent, un centre d'intérêt ou un aspect distinctif de leur culture familiale. Ils peuvent soit dessiner, soit coller des petits objets provenant de la maison : une photo, un plectre de guitare, une carte de base-ball, un poème, une recette ou toute autre chose qui les intéresse ou les représente. Chaque assiette est ensuite collée sur la « table ».

Le jeu d'association À partir des assiettes créées dans l'activité « La table est mise », de photos de bébés des élèves ou encore de mots clés définissant chacun, le jeu commence. Au cours de la première semaine, chaque élève tente d'obtenir suffisamment d'information pour associer ces objets ou ces mots à chacun des noms d'élèves.

Le jardin d'enfants Demandez à chacun des enfants d'apporter une photo de lui. Demandez aussi à chacun de fabriquer une fleur de papier au cœur de laquelle il collera sa photo. Disposez les fleurs sur le tableau d'affichage.

- Afin d'optimiser l'utilisation de votre espace d'affichage, tout au long de l'année, gardez en tête ces quelques lignes directrices :

  – Affichez avec modération. Des murs surchargés diminuent l'efficacité de certains outils de référence, car ils rendent l'accès visuel à ces supports moins facile.

  – Accordez la priorité aux éléments qui enrichissent vos sujets actuels.

– Renouvelez régulièrement l'affichage. L'élève ne remarque plus ce qui est affiché depuis trop longtemps.

– Faites participer les élèves à l'affichage.

Organisez une première journée de classe mémorable

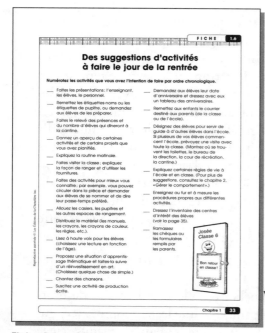

Fiche 1.6, p. 33

Vous avez à présent rassemblé votre matériel, disposé les pupitres et l'équipement et préparé les tableaux d'affichage. Vous devez maintenant élaborer le plan des situations d'apprentissage, choisir les activités de votre première journée et réunir le matériel nécessaire. Pendant votre préparation, souvenez-vous des trois conseils suivants :

• La journée doit être amusante (pour vos élèves… et pour vous !).

• Planifiez l'horaire de la journée à la minute près. Aménagez-le de façon à alterner des situations d'écoute et des situations plus actives.

• Vérifiez votre planification pour ne rien laisser au hasard. Parlez-en avec votre mentor, voyez ce qu'il a lui-même prévu.

Prévoyez plus d'activités que vous ne pourrez probablement en réaliser le premier jour. Pensez à quelques activités de courte durée afin de combler de façon agréable les éventuelles périodes de battement, par exemple jouer au téléphone, se placer en rang par ordre alphabétique, jouer aux devinettes, etc. Prévoyez du temps pour exposer aux élèves quelques-unes des règles de vie qu'ils devront suivre en classe. Pour savoir comment présenter des règles, consultez la page 48. Entre-temps, planifiez votre programme de la journée à l'aide de la fiche 1.6, « Des suggestions d'activités à faire le jour de la rentrée », présentée à la page 33.

Mettez la dernière main à vos préparatifs

Procédez à une dernière inspection de votre classe et de vos préparatifs pour la rentrée. Réglez les détails de dernière minute de façon à commencer l'année sans anicroche. Gardez en mémoire que vous voulez montrer aux élèves qu'ils peuvent compter sur vous. Ayant bien planifié et organisé cette première journée, vous pouvez la commencer avec confiance et maîtrise.

• Revoyez vos plans de situations d'apprentissage de la journée.

• Révisez votre plan de gestion du comportement (voir le chapitre 2, « Gérer le comportement »).

- Revoyez votre horaire de la journée. Vérifiez que l'horaire de la classe est affiché. Assurez-vous des tâches qui vous incombent et de l'endroit où vous devrez vous en acquitter.
- Imprimez les feuilles reproductibles dont vous aurez besoin. Mettez-les en ordre, prêtes pour la distribution.
- Ayez en main la liste de vos élèves afin de vérifier les présences.
- Préparez toutes les étiquettes-noms et les étiquettes pour les pupitres. (Vous pouvez aussi inviter les élèves à fabriquer leur propre étiquette de pupitre en leur remettant une copie de la fiche 1.7, « L'étiquette de pupitre », présentée à la page 34.)
- Préparez la distribution des fournitures aux élèves.
- Vérifiez une dernière fois l'aménagement de votre classe.
- Affichez votre nom et le numéro du local à l'extérieur de la classe.

Fiche 1.7, p. 34

Accueillez chaleureusement les élèves

La cordialité et la fermeté que vous montrerez le jour de la rentrée scolaire auront un effet certain sur votre début d'année. Réfléchissez aux premières paroles que vous adresserez à vos élèves. Ce jour-là, les élèves du premier cycle du primaire sont parfois accompagnés de leurs parents. Saisissez cette occasion de rencontre avec les parents pour les saluer et répondre brièvement à leurs questions. Dans le cas de questions plus complexes, offrez-leur de les rencontrer avant ou après la classe. Référez-les au secrétariat ou profitez de l'occasion pour les inviter à votre première soirée de parents. N'oubliez pas que, sur les heures de classe, c'est auprès de vos élèves que votre présence est indispensable. Les liens que vous tisserez au départ tant avec les élèves qu'avec leurs parents pourront faire toute la différence durant l'année. (Pour en savoir davantage sur le sujet, consultez le chapitre 3, « Gagner l'adhésion des parents ».)

Toutefois, que les élèves arrivent en classe seuls ou en compagnie d'un parent, saluez-les tous à la porte et présentez-vous. Demandez à chaque élève son nom. Pour ceux dont la mémoire des noms est moins fiable, préparez une étiquette-nom pour chaque élève. Surtout, accueillez chacun avec un sourire. Faites sentir à tous que vous avez hâte de les connaître. Indiquez à chaque élève sa place. Ensuite, adressez-vous à eux en leur parlant un peu de vous et en essayant de les mettre à l'aise. Parlez avec enthousiasme de certains projets que vous avez planifiés pour l'année. Demeurez dynamique durant toute la première journée. Ainsi, les élèves rentreront chez eux pleins d'espoir à la pensée de la nouvelle année scolaire.

Respectez votre horaire

Dès le premier jour, vous commencerez à établir des habitudes et des routines. Essayez d'évaluer le temps nécessaire pour réaliser chaque action, qu'il s'agisse des présentations, des activités, de la procédure d'enregistrement, des transitions et des périodes d'enseignement que vous aviez prévues. En établissant un horaire et en le suivant, vous pourrez planifier votre temps de façon réaliste et efficace dans les jours à venir. Le professionnalisme que vous démontrerez en planifiant et en organisant cette journée donnera le ton. Les élèves y verront le reflet de vos attentes, notamment en ce qui concerne leur attitude. Vous devez toutefois rester à l'écoute des élèves et adapter au besoin certains éléments de votre planification.

Faites le bilan de votre journée

À la fin de la journée, mesurez votre réussite. Posez-vous les questions suivantes :

- Ai-je réalisé tout ce que j'avais l'intention de faire ? Ai-je dû abandonner certaines activités ? Puis-je les reporter à une autre journée ?

- Me suis-je donné assez de temps pour faire connaissance avec mes élèves ? Que pourrais-je faire demain pour mieux les connaître ? Leur ai-je laissé le temps de poser des questions ?

- Devrais-je modifier la disposition des pupitres ou l'allocation des places pour éviter certains problèmes potentiels ?

- Qu'est-ce que je pense de la journée ? Était-elle bien préparée ? Qu'est-ce que je veux faire différemment demain ?

Planifiez minutieusement la première semaine

Vous dépenserez beaucoup d'énergie le jour de la rentrée. Toutefois, vous devez aussi penser aux jours suivants. Planifiez la première semaine aussi minutieusement que le jour de la rentrée.

Des suggestions d'activités à faire la première semaine

- Décrivez les tâches d'entretien de la classe ; désignez les responsables.

- Faites le bilan des compétences acquises.

- Établissez avec les élèves une liste de projets ou d'activités qu'ils aimeraient réaliser au cours de l'année.

- Proposez des activités susceptibles de susciter de l'enthousiasme et de l'intérêt pour le programme.

- Invitez les élèves à se choisir des livres pour les activités de lecture libre.

- Continuez à faire connaissance les uns avec les autres. Proposez des sujets de discussion (les vacances, les attentes pour cette année scolaire, les livres ou les auteurs préférés, etc.)

- Faites des jeux de lecture et de mathématiques, des devinettes, des jeux de société ou autres.

- Dites ou écrivez un mot d'encouragement à chacun des élèves de la classe.

- Envoyez un premier message aux parents (voir les suggestions à la page 73).

- Choisissez un livre et commencez-en la lecture à voix haute pour le groupe. Réservez un moment précis à cette lecture chaque jour.

Trouvez des moyens pour créer un encadrement

Au début de l'année, vos élèves sont probablement tout aussi nerveux que vous. À tout moment, ils se demandent ce que vous attendez d'eux. En structurant la journée dès le départ, vous faciliterez votre tâche et aiderez de surcroît vos élèves à se sentir plus à l'aise et en confiance. Élaborez le plan de votre première semaine de classe. Établissez aussi des modèles pour l'année entière en y intégrant les dispositions décrites ci-après.

Expliquez l'horaire

La direction de l'école détermine dans une certaine mesure les horaires de classe et de dîner. Cependant, vous devrez possiblement faire équipe avec un autre enseignant auprès de classes données. Certains de vos élèves auront peut-être des classes avec des spécialistes en musique, en éducation physique, en langues étrangères ou feront partie de programmes particuliers. Il se peut que certains enfants aient à suivre des séances en éducation spécialisée. Adaptez votre horaire hebdomadaire en tenant compte de toutes ces petites particularités et faites-le connaître aux élèves.

En offrant encadrement et constance aux élèves, vous les aiderez à organiser leur temps. Ils sauront aussi quel matériel apporter en classe pour pouvoir se mettre au travail immédiatement. Tout plan nécessite une certaine souplesse, mais établissez quelques lignes directrices en début d'année. Ainsi, vos élèves réussiront probablement à se concentrer de mieux en mieux sur leur travail durant les mois suivants.

Il serait bon d'afficher l'horaire quotidien sur le tableau d'affichage. Vos élèves et vous pourrez vous y référer au besoin. De plus, votre horaire pourrait être très utile à un suppléant éventuel. Vous trouverez un exemple à la page suivante.

Démarrez la journée sur le bon pied

Commencez la journée par une activité matinale positive. Ainsi, vous donnerez aux élèves un sentiment de sécurité affective. Cette action peut suffire à favoriser des relations amicales enseignant-élèves durant toute la journée. De plus, certains élèves ont alors plus de facilité à se concentrer et à se

L'horaire type à l'école primaire

Mercredi, dans la classe n° 15

8 h 30	Lecture silencieuse
8 h 45	Après l'enregistrement des présences, rencontre en groupes de lecture
9 h 45	Tâches en écriture
10 h 30	Récréation
10 h 45	Mathématiques
11 h 30	Dîner
12 h	Récréation
13 h	Révision des réponses aux problèmes de mathématiques
13 h 15	Éducation physique
14 h 15	Rencontre en groupes pour les projets en univers social
14 h 45	Avant le départ, assignation des travaux à faire à la maison

sentir dynamiques. Vous pouvez établir un schéma d'activités matinales visant à renforcer la solidarité. Vous pouvez aussi donner aux élèves le temps de rassembler leurs idées en leur faisant faire un travail individuel. Par exemple, il est possible d'établir une routine comprenant une activité pour le lundi matin, une pour le mardi et ainsi de suite.

Réfléchissez à différentes manières d'agrémenter votre routine matinale. Pour commencer, consultez le texte « Des suggestions d'activités : les rituels matinaux », présenté aux pages suivantes.

Expliquez clairement le travail à faire

Chacun apprend d'une façon qui lui est propre. Certains élèves comprennent bien les consignes verbales. D'autres ont besoin de données écrites. D'autres élèves encore réussissent mieux lorsque l'enseignant donne un exemple ou fait une démonstration. Pour que tous les élèves aient la chance de réussir, si c'est possible, donnez les trois types de consignes.

Vous pouvez réserver une portion du tableau pour inscrire le travail quotidien ou hebdomadaire à faire. Rappelez aux élèves de s'y référer régulièrement. Expliquez à fond le travail à effectuer. De plus, donnez un exemple de problème au tableau ou inscrivez-y une réponse type. Votre but n'est pas d'épuiser les élèves en de vaines suppositions. Il consiste plutôt à leur permettre d'investir leur énergie à la réalisation du travail.

Favorisez la constance et la responsabilisation. Pour ce faire, demandez aux élèves de copier les consignes du travail à faire dans leur cahier de notes, et ce, durant la journée, chaque jour à la même heure. Le moment choisi peut

Des suggestions d'activités : les rituels matinaux

Les travaux écrits

Si vous voulez commencer la journée en donnant du travail personnel, écrivez d'abord les consignes de la première tâche de la journée au tableau. Laissez les élèves commencer dès qu'ils entrent en classe. Cette attitude favorise l'autonomie et un climat tranquille dans la classe. Ainsi, vous pourrez entreprendre le programme de la matinée dans une atmosphère propice. Vous pouvez aussi prendre les présences en silence sans gaspiller un temps d'enseignement précieux.

Les rassemblements en classe

Invitez les élèves à s'asseoir en cercle pour participer à une réunion matinale. Demandez-leur s'ils ont besoin de discuter de sujets importants avec leurs camarades. Ensuite, présentez-leur l'horaire de la journée. Expliquez-leur ce à quoi ils peuvent s'attendre. Tâchez de stimuler leur envie d'apprendre. En fin de journée, faites une rétroaction au sujet de la journée.

Vous pouvez aussi utiliser ce moment matinal pour faire en sorte d'atteindre un objectif collectif visant à améliorer le climat de la classe. Chaque semaine, choisissez une situation imaginaire ou vécue à l'école et discutez-en avec les élèves. Lorsque l'objectif d'amélioration est bien ciblé, discutez des moyens à prendre pour l'atteindre. Invitez les élèves à communiquer leurs expériences, leurs efforts et leurs suggestions. Par exemple, vous pouvez commencer la journée en lisant un proverbe, une fable ou une devise. Cette lecture permet d'illustrer les valeurs ou les habiletés nécessaires à une vie collective harmonieuse. (Pour des suggestions, consultez le chapitre 5, « Constituer une communauté d'apprentissage ».)

Les étirements musculaires

Quoi de mieux qu'un peu d'exercice pour s'aiguiser l'esprit? Les jeunes élèves aimeront sans doute commencer la journée de cette façon. Ils peuvent faire des exercices de flexion, sautiller sur place, bouger comme des petites souris ou s'étirer comme des fleurs qui s'ouvrent. Ces exercices permettent de stimuler le métabolisme en prévision du travail intellectuel. Vous pouvez accompagner ces exercices d'une musique appropriée. Celle-ci favorisera le calme, les images mentales ou le dynamisme.

La lecture à voix haute par l'enseignant

Histoire à suivre… Commencez la matinée avec la lecture de quelques pages d'un conte, d'un roman ou même d'un livre donnant de l'information sur un sujet qui intéressera vos élèves. Cette activité quotidienne est très attendue par les élèves qui ont hâte de connaître la suite de l'histoire. Elle place les élèves dans une situation d'écoute autour d'un intérêt collectif. De plus, elle permet de démarrer la journée dans le calme et elle sert même à alimenter les discussions.

Les lectures poétiques

Choisissez un charmant recueil de poésie adapté à l'âge de vos élèves. Lisez un poème chaque matin. Vous pouvez captiver les jeunes élèves avec des poèmes fantaisistes. En outre, vous pouvez demander à certains élèves d'apporter des poèmes, des recueils de poésie ou des textes de chansons. Ces élèves les liront aux autres. Ils auront hâte de se retrouver à l'école chaque matin, et vous stimulerez de surcroît leur intérêt pour la littérature.

L'écriture d'un journal personnel

Les élèves plus avancés peuvent écrire leurs impressions sur la rentrée scolaire dans leur journal personnel. Ils peuvent écrire sur un projet qu'ils espèrent réaliser dans la journée ou sur leurs préoccupations personnelles. Pour amorcer leur réflexion, lisez-leur des citations d'auteurs, de personnages historiques ou de personnalités de l'actualité. Il existe de nombreuses anthologies de citations. Vous en trouverez aisément à la bibliothèque ou en librairie. Selon son objectif et son contenu, ce journal peut rester confidentiel ou non. Si vous le lisez, le journal peut servir de situation d'écriture non corrigée.

Les causeries en petits groupes

Consultez le chapitre 5, «Constituer une communauté d'apprentissage», pour explorer les avantages de l'apprentissage coopératif. Invitez les élèves à se rencontrer chaque matin dans un même petit groupe. Ils y parleront de leurs études, de leurs défis et de leur programme de la journée. Demandez aux différents groupes de proposer une question ou une connaissance sur un sujet ciblé. Ce petit rituel de solidarité aide à soutenir l'apprentissage entre pairs durant toute la journée. Modifiez les groupes tous les deux ou trois mois.

être dès qu'ils sont assis, tout de suite après le dîner ou en fin de journée. Avisez-les du moment où vous serez disponible pour répondre à leurs questions sur ce travail.

Quand les élèves sont absents et donc dans l'incapacité de copier les consignes, facilitez-leur la tâche au retour. Organisez un coin de rattrapage de la façon suivante :

- Prévoyez cinq paniers, chacun portant le nom d'un jour de la semaine.

- Dans chaque panier, mettez une copie des consignes et des feuilles reproductibles de la journée.

- Expliquez aux élèves qu'ils sont responsables de rattraper le travail non fait. Ils doivent prendre le ou les travaux dans les paniers et les faire.

(Vous pouvez aussi appliquer le principe des partenaires d'études expliqué à la page 161. Ainsi, vous serez certain que les élèves savent comment rattraper leur absence.)

Discutez des devoirs et des autres travaux avec les élèves

Il est important de discuter avec vos élèves des objectifs visés par les devoirs et les autres travaux à faire à la maison. Ainsi, les élèves comprendront mieux comment ces travaux peuvent contribuer à leur apprentissage. De plus, ils sauront pourquoi il est important de bien les faire et de respecter les délais prévus. De votre côté, vous devez vous assurer de les corriger aussitôt. Vous pourrez alors donner une rétroaction rapide aux élèves. Ils réaliseront l'importance que vous accordez à ces devoirs, aux efforts et aux progrès de chacun de vos élèves.

Considérez les approches suivantes ou élaborez votre propre méthode. Expliquez votre démarche clairement. Si c'est nécessaire, affichez-la.

- En avant de la classe, placez une boîte ou un panier où les élèves pourront déposer leur travail en entrant.

- Chaque jour, fixez un temps précis où les élèves échangent leur copie et se corrigent mutuellement. Lisez les réponses ou distribuez un corrigé.

- Chargez des élèves de recueillir les travaux personnels. Faites la rotation des élèves pour que tous aient la chance d'avoir cette responsabilité.

Faites connaissance avec vos élèves

Établissez de bonnes relations avec vos élèves. Ainsi, vous encouragerez leur estime de soi et contribuerez à leur réussite scolaire. Renseignez-vous le plus possible sur eux dès votre première semaine d'enseignement.

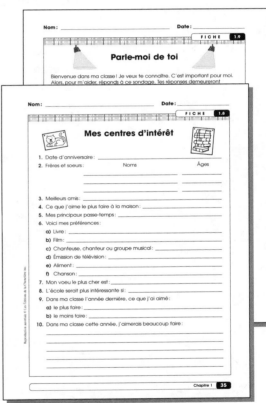

Dressez l'inventaire des intérêts personnels des élèves

Au début de l'année, apprenez à connaître davantage vos élèves. Utilisez les fiches 1.8 ou 1.9, « Mes centres d'intérêt » et « Parle-moi de toi », présentées aux pages 35 et 36. Outre le fait de recueillir des données factuelles sur vos élèves, vous découvrirez ainsi leurs rêves, leurs aspirations et leurs sentiments par rapport à l'école. Ces renseignements vous donneront une idée de la réalité de chaque élève et un aperçu de son monde intérieur.

Expliquez à vos élèves que cet inventaire vous aidera à mieux les connaître individuellement. Comme premier travail à la maison, demandez-leur de dresser leur inventaire. (Interrogez les jeunes élèves en tête à tête en vous guidant sur la fiche d'inventaire.)

Durant toute l'année, ayez en réserve et à portée de la main des exemplaires de ces fiches d'inventaire des centres d'intérêt des élèves. Vous pourrez ainsi la faire remplir à d'éventuels nouveaux élèves.

Fiches 1.8 et 1.9, p. 35 et 36

Faites connaissance avec les parents de vos élèves

Vous pouvez mieux connaître vos élèves en vous renseignant sur leurs parents. Si le secrétariat de votre école ne l'a pas déjà fait, envoyez une brève fiche d'information à la maison. Les parents devront y inscrire leur nom, leur adresse, leurs numéros de téléphone, leur adresse électronique, leurs passe-temps ou centres d'intérêt et leur emploi. (Vous découvrirez peut-être d'intéressants conférenciers susceptibles d'être invités en classe ou des personnes-ressources utiles.) Demandez-leur de vous renseigner sur les antécédents scolaires de leur enfant et de décrire ce qu'ils souhaitent pour lui. Cette ébauche permettra une meilleure compréhension de l'élève.

Si vous désirez connaître d'autres façons de vous renseigner sur vos élèves grâce à leurs parents, consultez le chapitre 3, « Gagner l'adhésion des parents ».

Faites part de vos centres d'intérêt

Vous pouvez également dresser un inventaire de vos propres centres d'intérêt. Notez ce que vous aimez et ce que vous n'aimez pas. Indiquez vos passions et vos aspirations. Partagez-les avec les élèves de votre classe et incitez-les à en discuter avec vous. En apprenant à vous connaître mutuellement, vous pourrez nouer des relations agréables et réciproquement profitables.

Sachez accueillir les aides scolaires

Les écoles embauchent parfois des aides scolaires pour assister les enseignants dans leur tâche. Comme bien des novices, vous vous demandez sans doute comment diriger au mieux le travail d'un aide. S'il s'agit d'une personne d'expérience, à l'emploi de l'école depuis des années, vous craindrez peut-être de manquer d'assurance ou d'autorité. Réfléchissez d'avance à la façon dont vous prévoyez recourir aux aides scolaires. Ainsi, vous serez moins embarrassé par cette collaboration et en tirerez meilleur profit. Réalisez la démarche suivante avant la rentrée.

- La direction de l'école s'attend à voir l'aide scolaire exécuter un travail particulier. Faites en sorte de savoir de quoi il s'agit. Certaines de leurs tâches peuvent être prédéterminées. (Par exemple, ils peuvent répondre à des besoins d'apprentissage précis auprès d'élèves en difficulté.)

- Si votre aide doit vous assister en classe, de manière générale, déterminez les tâches que vous lui assignerez. Vous aurez peut-être besoin de soutien dans des tâches ne nécessitant pas d'enseignement, comme la préparation de matériel. L'aide peut aussi contribuer aux activités d'enseignement en travaillant individuellement avec des élèves ou des groupes.

- Prévoyez une rencontre avec votre aide avant le début de son mandat. Expliquez-lui vos intentions et parlez-lui du soutien dont vous avez besoin.

- Expliquez clairement le travail auquel vous vous attendez. Écrivez toutes vos directives. Indiquez-lui le temps de réalisation de chacune des tâches assignées.

- Présentez votre aide à la classe dès son entrée en fonction.

- Soulignez le travail bien fait de votre aide. Considérez toute suggestion de modification de façon constructive.

Recrutez des bénévoles

Des bénévoles peuvent vous aider à coordonner des activités et à réaliser certains projets. Ils peuvent aussi apporter du soutien individuel à des élèves ciblés ou servir d'accompagnateur au cours d'une sortie. Informez-vous pour savoir si votre école ou son conseil d'établissement dispose d'une liste de bénévoles ou si vous pouvez librement recruter des parents, des retraités du voisinage ou d'autres personnes qui désirent aider les enfants à apprendre.

Les bénévoles peuvent vous faciliter la tâche. De plus, grâce à leur action, ils peuvent démontrer aux élèves que la communauté prend à cœur leur apprentissage. Témoignez de la reconnaissance et du respect à vos bénévoles. Planifiez avec soin leurs tâches afin qu'ils puissent contribuer de façon significative à la vie de la classe. Effectuez la démarche suivante en prévision de leur première visite en classe.

- Consacrez une table ou une section de la classe à vos bénévoles pour qu'ils se sentent bienvenus chez vous. Montrez-leur où ranger leurs effets personnels. Présentez-les aux élèves en expliquant le rôle qu'ils tiendront.

- Préparez les tâches que vous assignerez aux bénévoles en rassemblant à l'avance tout le matériel nécessaire. Ainsi, vous éviterez toute interruption des activités.

- Donnez des consignes explicites. Écrivez clairement toute consigne qui pourrait porter à confusion.

- À la fin de la journée, remerciez chaleureusement vos bénévoles. Envoyez-leur des mots de remerciement en cours d'année. Soulignez leur contribution sur une affiche placée bien en vue, dans votre journal de classe ou au cours d'une fête à laquelle ils participent.

Préparez le travail de suppléance

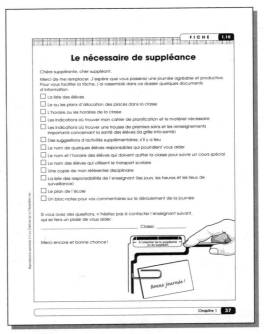

Fiche 1.10, p. 37

Assurez-vous que vos élèves bénéficient de bonnes expériences d'apprentissage, même en votre absence. Parfois, les enseignants laissent des directives détaillées sur la matière à couvrir, mais ils négligent les impondérables susceptibles de compliquer une journée de classe. Comment la personne qui assure la suppléance saura-t-elle quand les élèves ont besoin de quitter la classe pour suivre un cours particulier? Qui la mettra au courant de votre «code de vie»? Plus cette personne connaîtra vos façons de faire, votre gestion de classe et votre méthode d'enseignement, mieux elle pourra vous remplacer auprès de vos élèves.

La documentation présentée en fin de chapitre comprend une liste reproductible intitulée «Le nécessaire de suppléance». Vous pouvez préparer une lettre à l'intention du suppléant. Dès le début de l'année, rassemblez les articles inscrits sur la liste, puis rangez-les dans un dossier et agrafez-y la lettre. Mettez le dossier à la disposition de tout suppléant auquel vous faites appel. Informez-vous de la marche à suivre en cas d'absence. Devez-vous contacter un suppléant? Si c'est le cas, notez le numéro de téléphone et gardez-le avec vous.

Mettez en place un référentiel disciplinaire

Beaucoup de nouveaux enseignants s'imaginent que leurs élèves les respecteront d'emblée. Une enseignante s'est dite sidérée et déconcertée lorsque, plutôt que d'accéder à ses demandes, les élèves répliquaient «Pourquoi je le ferais?», «J'en ai pas envie!» ou «Faudra m'y obliger!». Hélas, les élèves n'ont pas tous appris comment se comporter de façon appropriée avec les autres. Certains ont grandi dans des milieux où l'autorité n'implique pas nécessairement le respect.

En général, les nouveaux enseignants découvrent qu'ils obtiennent de bien meilleurs résultats si, dès le départ, ils posent et communiquent clairement leurs exigences. Ils doivent appliquer ces exigences en dosant fermeté et renforcement positif. Voilà pourquoi vos priorités absolues devraient comprendre:

- l'élaboration du code de vie de la classe,
- l'enseignement des règles qui en découlent,
- l'application rigoureuse du référentiel disciplinaire durant toute l'année.

L'un des secrets de la réussite est d'enseigner des procédures à suivre en différentes occasions, par exemple passer d'une activité à une autre, travailler en groupe ou se mettre en rang pour la récréation. Donnez généreusement du renforcement positif aux élèves lorsque ceux-ci accomplissent les procédures correctement.

Le prochain chapitre, «Gérer le comportement», vous permettra d'élaborer, de communiquer et de mettre en œuvre votre référentiel disciplinaire d'une façon positive. Il vous aidera aussi à maîtriser des stratégies particulières pour inciter les élèves à se concentrer sur leur tâche. Si c'est possible, lisez-le et pensez à votre référentiel avant la rentrée.

Ouf! Vous avez passé le cap de la première semaine. Vous avez sans doute maintenant plus de questions que de réponses. Vous trouverez plusieurs réponses dans la suite de ce livre. Par ailleurs, en faisant plus ample connaissance avec vos élèves, vous en viendrez à comprendre comment réussir à bien leur enseigner.

Les dispositions en cas d'urgence santé

Si un élève est malade ou s'il y a urgence médicale, contacter :

☐ La direction

☐ L'infirmerie
Heures de présence de l'infirmière de l'école : _____

Si vous n'avez pas le téléphone en classe, comment contactez-vous le bureau de la direction ?

_____

_____

_____

En cas d'urgence, où pouvez-vous trouver une trousse de premiers soins ?

_____

_____

_____

Qui est autorisé à donner les premiers soins ?

_____

_____

_____

_____

Pour du nettoyage d'urgence, contacter :

☐ La direction

☐ Le concierge

La grille info-santé

Classe de : _____ Année : _____ – _____

Nom des élèves	Maladies	Allergies	Prise de médicaments

Le cahier de planification

Classe de : _____   Niveau : _____   Année : _____

Planification de la semaine du : _____

Matière : _____

Objectifs : _____

Cours, activités, projets : _____

_____

Matériel : _____

Travaux demandés : _____

Matière : _____

Objectifs : _____

Cours, activités, projets : _____

_____

Matériel : _____

Travaux demandés : _____

Matière : _____

Objectifs : _____

Cours, activités, projets : _____

_____

Matériel : _____

Travaux demandés : _____

Ne pas oublier !

Anniversaires : _____

Événements : _____

Réunions, rendez-vous : _____

Le cahier de planification (suite)

Heure	Lundi	Mardi	Mercredi	Jeudi	Vendredi

Le plan de la situation d'apprentissage

Sujet : _____

Groupe, matière : _____

Date : _____

Objectifs d'apprentissage :

_____

_____

_____

Matériel :

_____

_____

_____

Durée : _____

Démarche : (Peut comprendre plusieurs combinaisons d'éléments tels qu'une présentation, une activité individuelle, un travail de groupe, une discussion en classe, une récapitulation et une évaluation.)

_____

_____

_____

_____

_____

_____

_____

_____

Travail à la maison (le cas échéant) :

_____

_____

_____

Activité de réinvestissement :

_____

_____

_____

La liste des fournitures

Fournitures pour votre bureau

- [ ] Cahier de planification
- [ ] Registre de notes
- [ ] Registre des présences
- [ ] Nécessaire de suppléance
- [ ] Crayons, stylos et feutres (y compris les feutres permanents et les marqueurs servant avec le rétroprojecteur ou le tableau blanc)
- [ ] Gommes à effacer
- [ ] Ciseaux
- [ ] Règle

- [ ] Agrafeuse et agrafes
- [ ] Dégrafeuse
- [ ] Dévidoir à ruban adhésif et rouleau de ruban adhésif de rechange
- [ ] Trombones
- [ ] Élastiques
- [ ] Épingles, punaises
- [ ] Colle
- [ ] Poinçonneuse
- [ ] Papier à lettre
- [ ] Papillons adhésifs
- [ ] Guides de l'enseignant pour chacun des manuels
- [ ] Dictionnaire, dictionnaire de synonymes, dictionnaire visuel
- [ ] Livre pour la lecture à haute voix
- [ ] Planchette à pince
- [ ] Minuterie ou chronomètre
- [ ] Collants de félicitations ou thématiques
- [ ] Timbres caoutchouc et tampons encreurs
- [ ] Classeur et fiches
- [ ] Chemises de classement
- [ ] Petits outils (tournevis, marteau)
- [ ] Boîte de mouchoirs de papier

Fournitures de classe

- [ ] Crayons, crayons de couleur, feutres
- [ ] Gommes à effacer
- [ ] Règles
- [ ] Colle
- [ ] Papier d'écriture
- [ ] Papier de bricolage (de couleurs variées)
- [ ] Matériel de manipulation pour les mathématiques
- [ ] Disques compacts
- [ ] Disquettes pour l'ordinateur
- [ ] Ciseaux
- [ ] Peinture et pinceaux
- [ ] Pots à peinture (tasses en plastique, contenants à margarine, etc.)
- [ ] Matériel d'artiste (fil, corde, paillettes, tissus, etc.)
- [ ] Contenants à jus
- [ ] Plateaux en polystyrène
- [ ] Boîtes à œufs en polystyrène
- [ ] Grands cartons
- [ ] Cintres en plastique

Autres fournitures requises

- [ ] _____
- [ ] _____
- [ ] _____

Des suggestions d'activités à faire le jour de la rentrée

Numérotez les activités que vous avez l'intention de faire par ordre chronologique.

___ Faites les présentations : l'enseignant, les élèves, le personnel.

___ Remettez les étiquettes-noms ou les étiquettes de pupitre, ou demandez aux élèves de les préparer.

___ Faites le relevé des présences et du nombre d'élèves qui dîneront à la cantine.

___ Donnez un aperçu de certaines activités et de certains projets que vous avez planifiés.

___ Expliquez la routine matinale.

___ Faites visiter la classe ; expliquez la façon de ranger et d'utiliser les fournitures.

___ Faites des activités pour mieux vous connaître ; par exemple, vous pouvez circuler dans la pièce et demander aux élèves de se nommer et de dire leur passe-temps préféré.

___ Allouez les casiers, les pupitres et les autres espaces de rangement.

___ Distribuez le matériel (les manuels, les crayons, les crayons de couleur, les règles, etc.).

___ Lisez à haute voix pour les élèves (choisissez une lecture en fonction de l'âge).

___ Proposez une situation d'apprentissage thématique et faites-la suivre d'un réinvestissement en art. (Choisissez quelque chose de simple.)

___ Chantez des chansons.

___ Suscitez une activité de production écrite.

___ Demandez aux élèves leur date d'anniversaire et dressez avec eux un tableau des anniversaires.

___ Remettez aux enfants le courrier destiné aux parents (de la classe ou de l'école).

___ Désignez des élèves pour servir de guide à d'autres élèves dans l'école. Si plusieurs de vos élèves commencent l'école, prévoyez une visite avec toute la classe. (Montrez où se trouvent les toilettes, le bureau de la direction, la cour de récréation, la cantine.)

___ Expliquez certaines règles de vie à l'école et en classe. (Pour plus de suggestions, consultez le chapitre 2, « Gérer le comportement ».)

___ Enseignez au fur et à mesure les procédures propres aux différentes activités.

___ Dressez l'inventaire des centres d'intérêt des élèves (voir la page 35).

___ Ramassez les chèques ou les formulaires remplis par les parents.

Josée
Classe 6

Bon retour en classe !

L'étiquette de pupitre

Salut !
Je m'appelle

_____

Mes centres d'intérêt

1. Date d'anniversaire : _____

2. Frères et soeurs :   Noms   Âges

                           _____   _____

                           _____   _____

                           _____   _____

3. Meilleurs amis : _____

4. Ce que j'aime le plus faire à la maison : _____

5. Mes principaux passe-temps : _____

6. Voici mes préférences :

    a) Livre : _____

    b) Film : _____

    c) Chanteuse, chanteur ou groupe musical : _____

    d) Émission de télévision : _____

    e) Aliment : _____

    f) Chanson : _____

7. Mon voeu le plus cher est : _____

8. L'école serait plus intéressante si : _____

9. Dans ma classe l'année dernière, ce que j'ai aimé :

    a) le plus faire : _____

    b) le moins faire : _____

10. Dans ma classe cette année, j'aimerais beaucoup faire :

_____

_____

_____

_____

_____

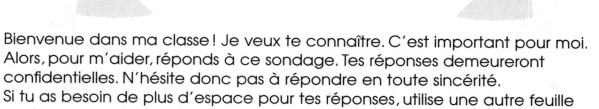

Parle-moi de toi

Bienvenue dans ma classe ! Je veux te connaître. C'est important pour moi. Alors, pour m'aider, réponds à ce sondage. Tes réponses demeureront confidentielles. N'hésite donc pas à répondre en toute sincérité.
Si tu as besoin de plus d'espace pour tes réponses, utilise une autre feuille ou écris au verso.

1. Frères et soeurs :   Noms   Âges

    _____   _____
    _____   _____
    _____   _____

2. Meilleurs amis : _____

3. Ce que j'aime le plus faire : _____

4. Voici mes préférences :

    a) Livre : _____

    b) Film : _____

    c) Émission de télévision : _____

    d) Chanteuse, chanteur ou groupe musical : _____

    e) Chanson : _____

5. Certaines des choses qui m'énervent : _____

6. Ce qui m'inquiète : _____

7. Ce serait mieux à l'école si : _____

8. Ce que j'ai vraiment aimé de la part d'un enseignant l'année dernière :

    _____

9. Ce que j'ai vraiment détesté de la part d'un enseignant l'année dernière :

    _____

10. Un défi que j'aimerais vraiment relever cette année :

    _____
    _____

Le nécessaire de suppléance

Chère suppléante, cher suppléant,

Merci de me remplacer. J'espère que vous passerez une journée agréable et productive. Pour vous faciliter la tâche, j'ai rassemblé dans ce dossier quelques documents d'information.

☐ La liste des élèves

☐ Le ou les plans d'allocation des places dans la classe

☐ L'horaire ou les horaires de la classe

☐ Les indications où trouver mon cahier de planification et le matériel nécessaire

☐ Les indications où trouver une trousse de premiers soins et les renseignements importants concernant la santé des élèves (la grille info-santé)

☐ Des suggestions d'activités supplémentaires, s'il y a lieu

☐ Le nom de quelques élèves responsables qui pourraient vous aider

☐ Le nom et l'horaire des élèves qui doivent quitter la classe pour suivre un cours spécial

☐ Le nom des élèves qui utilisent le transport scolaire

☐ Une copie de mon référentiel disciplinaire

☐ La liste des responsabilités de l'enseignant (les jours, les heures et les lieux de surveillance)

☐ Le plan de l'école

☐ Un bloc-notes pour vos commentaires sur le déroulement de la journée

Si vous avez des questions, n'hésitez pas à contacter l'enseignant suivant, qui se fera un plaisir de vous aider :

_____ Classe : _____

Merci encore et bonne chance !

À l'attention de la suppléante ou du suppléant

Bonne journée!

Chapitre 2

Gérer
le comportement

« Je m'inquiétais de m'attarder autant sur les règles de vie
en classe, les procédures et tout le tralala. Je me répétais :
Je dois vraiment me mettre à enseigner pour de vrai.
Toutefois, la directrice m'a dit : "Ne vous en faites pas.
Vous n'arriverez pas à enseigner quoi que ce soit
si vous n'avez pas d'abord fait ça." »

L e jour de la rentrée, vous consta-terez probablement que beaucoup d'élèves cherchent à vous plaire. Cependant, tôt ou tard — en général, cela ne tarde pas — vous réaliserez que certains ne suivent pas vos consignes. Il suffit de quelques élèves récalcitrants pour désta-biliser le fonctionnement du groupe. De ce fait, vous vous demanderez bientôt : « Comment aurais-je pu prévenir cela ? Que puis-je faire pour reprendre le contrôle de ma classe ? »

La discipline est la difficulté la plus souvent mentionnée par les enseignants. Elle pose sou-vent des problèmes et exige un investissement considérable et soutenu (Tardif et Lessard, 1999). La discipline fait partie intégrante du quotidien de la classe au même titre que les autres composantes. Elle est à la base de la relation qu'on établit avec les élèves.

N'évaluez pas votre potentiel d'enseignant en vous fondant sur le comportement de vos élèves, surtout durant les premières semaines de classe. Néanmoins, assurez-vous sans faute de mettre rapidement en place votre plan de gestion de classe.

Voici quelques pistes de réflexion :

– Examinez votre propre conception de ce qu'est la discipline.

– Considérez les différentes significations de la discipline selon les différences socio-culturelles (le cas échéant).

– Remémorez-vous vos propres expériences.

– Déterminez clairement les comportements acceptables et non acceptables.

– Clarifiez vos attentes, votre rôle, celui de chacun des élèves et de l'ensemble du groupe.

– Consultez les différentes approches et réfléchissez à celle que vous privilégierez.

À titre de nouvel enseignant, vous opterez probablement pour une démarche précise. Celle-ci devrait permettre d'établir l'ordre. De plus, elle devrait donner confiance aux élèves en votre direction. Beaucoup de nouveaux enseignants se réfèrent à la gestion de comportement. En effet, il s'agit d'une démarche structurante qui aide à élaborer et à mettre en œuvre un référentiel disciplinaire. Vous apprendrez certaines stratégies de base de la gestion de comportement dans le présent chapitre.

Au cours de votre carrière, vous ferez proba-blement en sorte d'enrichir votre démarche en ajoutant des stratégies et en explorant d'autres modèles disciplinaires. Vous en viendrez peut-être à adopter un style qui reflétera votre propre philosophie tout en répondant aux besoins des élèves. Considérez les notions présentées aux pages suivantes comme un ferment de votre évolution.

Créez un référentiel disciplinaire

Durant les premiers jours ou les premières semaines de classe, votre plus importante leçon consistera sans doute à enseigner la façon de se comporter à l'école. Vous pouvez vous attendre à consacrer beaucoup de temps à enseigner les règles de vie en début d'année. Cela vous évitera d'avoir à faire trop de discipline par la suite.

Souvenez-vous du proverbe : *C'est en forgeant qu'on devient forgeron.* Alors, pour aider les élèves à apprendre un bon comportement, l'énumération de règles est insuffisante. Vous devez susciter de nombreuses occasions de mise en application.

Le référentiel disciplinaire décrit dans cette section se fonde sur la gestion du comportement. Bien sûr, il ne s'agit là que d'un aperçu de ce sujet complexe. Vous pourrez trouver d'autres pistes d'élaboration de votre référentiel disciplinaire en lisant d'autres ouvrages sur la gestion de classe. D'ici là, commencez à mettre au point votre référentiel disciplinaire à partir de quelques éléments fondamentaux.

Les éléments fondamentaux d'un référentiel disciplinaire de classe

1. **Les règles** Établissez quelques règles simples auxquelles les élèves se conforment en tout temps.

2. **Les félicitations** L'approbation incite les élèves à suivre les règles de façon plus consciencieuse. Ainsi, la qualité de vie en classe s'améliore, et vous serez plus libre de consacrer votre temps et votre énergie à enseigner.

3. **Les conséquences liées à une infraction** Ces conséquences permettent de faire cesser la mauvaise conduite et d'aider les élèves à réfléchir sur la façon de mieux suivre les règles.

Établissez les règles de conduite en classe

Réfléchissez bien aux comportements que vous exigerez des élèves afin de profiter d'un environnement positif et sécurisant. Ensuite, retenez quelques règles que vous jugez importantes. Les règles sont des exigences inamovibles, tandis que les procédures varient selon les activités. Suivez les directives décrites ci-après pour établir les règles de la classe.

- Assurez-vous que les règles peuvent être observées. Évitez les règles vagues, par exemple « Être gentil ». Choisissez des règles plus précises.

- Incluez une règle maîtresse, par exemple « Suivre les consignes ». Cette règle vous permet d'introduire de nouvelles procédures en cours de journée ou d'année.

- Énoncez les règles d'une manière positive, autant que possible. Les enfants étant souvent sensibles aux évocations imagées, aidez-les à visualiser le comportement positif de préférence au comportement négatif. Plutôt que de dire « Tu parles toujours trop fort », dites « C'est le temps de parler à voix basse ».

- Discutez des règles avec vos élèves. Expliquez-leur les raisons de chacune. Vous pouvez aussi les amener, par une discussion en classe, à tirer leurs propres conclusions sur l'importance de la règle.

- Construisez un tableau de règles. Affichez-le dans un endroit bien en vue des élèves. L'exemple qui suit présente le type de règles appropriées au primaire.

Des exemples de règles en vigueur au primaire

- Respecte les consignes.

- Respecte l'espace personnel des autres.

- Demande la permission pour sortir de la classe.

- Utilise un langage respectueux.

- Parle à voix basse et circule calmement dans la classe.

Choisissez les conséquences liées aux infractions

Quand les élèves enfreignent une règle de vie sans pour autant déranger la classe, utilisez les stratégies énumérées aux pages 50 et 51 pour les inciter à se reprendre en main. Toutefois, malgré tous vos efforts, certains élèves se déplaceront sans autorisation, ignoreront les règles ou dérangeront la classe. Vous devrez alors décider des conséquences dans le but de faire cesser le comportement inapproprié. En planifiant ces conséquences à l'avance, vous aurez l'assurance de réagir avec constance et justice en cas de désordre.

Les conséquences liées aux infractions n'ont pas à être sévères pour donner des résultats. C'est le caractère incontournable d'une conséquence, et non sa sévérité, qui la rend efficace. Les conséquences minimales, souvent les plus faciles à appliquer, peuvent motiver un changement sans humilier l'élève ou nuire à l'apprentissage.

Votre référentiel disciplinaire de base devrait comprendre seulement quelques conséquences liées aux infractions. Énumérez-les par ordre croissant. Commencez par l'avertissement, puis ajoutez graduellement des conséquences plus sévères chaque fois que l'élève réitère les comportements dérangeants dans une même journée.

La première fois qu'un élève enfreint une règle, vous pouvez simplement lui rappeler la règle en question. Toutefois, il est primordial d'utiliser votre jugement pour décider à quel moment utiliser l'une ou l'autre des conséquences. La deuxième fois, invitez-le à réfléchir deux minutes, à l'écart du groupe. À la troisième infraction dans la même journée, il pourrait être bon d'avoir un tête-à-tête avec l'enfant. Lorsque vous utilisez ce type de progression, ne reprenez pas les conséquences là où vous les avez laissées la veille. Les élèves doivent pouvoir recommencer à neuf, chaque jour. Toutefois, votre progression devrait comprendre une « conséquence sévère » applicable aux élèves qui provoquent, font de l'intimidation ou sont violents. Dans de tels cas exceptionnels, vous pouvez sauter toutes les autres étapes et envoyer l'élève directement au bureau de la direction.

Outre les conséquences énumérées précédemment, considérez les possibilités suivantes :

- donner un travail de réflexion écrit,
- retirer un privilège,
- garder en retenue quelques minutes après la classe,
- demander la réparation (un travail communautaire),
- faire quitter la classe après tous les autres.

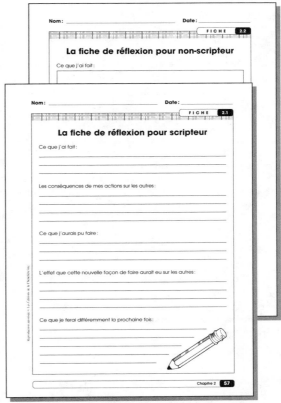

Autant que possible, choisissez des conséquences qui sont liées au geste posé et qui donnent matière à réflexion. Par exemple, si vous ordonnez à un élève de se retirer du groupe un moment parce qu'il a déchiré les pages du manuel d'un camarade, exigez aussi qu'il répare le livre. Les moments de retrait constituent une bonne occasion pour l'élève de remplir la fiche 2.1 ou la fiche 2.2, présentées aux pages 57 et 58. L'élève peut utiliser ce temps de façon productive. (Si vous décidez de recourir au retrait comme conséquence négative, assurez-vous des politiques de l'école en cette matière.) À la fin de la période de retrait, quand l'élève s'est calmé et a rempli « La fiche de réflexion », prenez-le à part pour discuter avec lui de son comportement. Parlez des meilleurs choix à faire la prochaine fois.

Vous trouverez aux pages 51 et 52 des suggestions de mise en œuvre de votre référentiel disciplinaire.

Fiches 2.1 et 2.2, p. 57 et 58

Planifiez le renforcement positif

En offrant du soutien positif, on réduit souvent les besoins de discipline. Dans l'ensemble, votre plan de gestion du comportement devrait motiver les élèves à se responsabiliser. Toutefois, certains n'auront pas immédiatement envie de suivre les règles ou de faire les bons choix. Ils auront d'abord besoin d'un renforcement extérieur. Vous devrez sans doute les encourager à bien se conduire jusqu'à ce qu'ils en aient pris l'habitude ou qu'ils y viennent de façon naturelle. Votre référentiel disciplinaire devrait donc faire en sorte d'accentuer le renforcement positif plutôt que de mettre l'accent sur les conséquences négatives découlant d'une mauvaise conduite.

Les élèves de tout âge apprécient qu'on reconnaisse leurs efforts. Même les élèves du troisième cycle, avec leur air détaché, ne sont pas insensibles aux marques concrètes d'appréciation de leur travail. Ils placeront peut-être le

« petit mot » dans un livre en n'y jetant qu'un œil apparemment distrait. Néanmoins, plus tard à la maison, ils ressortiront probablement ce bout de papier et le liront de manière attentive. Ils le conserveront peut-être même avec leurs souvenirs.

Les félicitations comme renforcement positif

Vous serez peut-être surpris de découvrir jusqu'à quel point les félicitations ou les compliments peuvent motiver un comportement. Quand vous prenez le temps de dire quelque chose de positif à un élève, c'est comme si vous lui disiez : « Je remarque tes bons efforts et je suis fier de toi. »

Certains élèves préfèrent ne pas recevoir de félicitations en public. Cependant, vous pouvez quand même reconnaître leur bonne conduite à l'aide de messages écrits, d'un hochement de tête, d'une petite tape dans le dos ou de quelques mots après la classe.

Vos félicitations doivent toujours être sincères. Les félicitations imméritées n'incitent pas à la bonne conduite et n'apportent rien à l'élève sur le plan de l'estime de soi. Certains enfants savent très bien si leur comportement est approprié ou non. Ils mépriseront les félicitations « bidon » provenant des adultes. N'offrez donc que des félicitations constructives et significatives. Retenez les points suivants :

Fiche 2.3, p. 59

Fiche 2.4, p. 60

- Adressez des félicitations précises et descriptives. Si vous dites simplement « Bon travail », vous laissez passer une occasion de renforcer une action positive en particulier. En effet, celle-ci témoigne de la croissance et du progrès personnels de l'élève. Un compliment efficace souligne le point d'amélioration observé. De plus, il fait savoir à l'élève comment il — ou toute la classe — profite de ce progrès. Par exemple, vous pouvez dire : « Tu as bien fait de rassembler tout le matériel de mathématique et de le ranger dans le bon dossier. Grâce à toi, les élèves trouveront aisément leur matériel demain. Ce geste aide vraiment la classe. »

- Personnalisez vos félicitations. Mentionnez le nom de l'élève. Regardez la personne dans les yeux. Cette attitude l'assurera de votre sincérité.

- Incitez les élèves à se complimenter entre eux.

- Lorsque vous donnez des consignes, félicitez ceux qui les suivent correctement plutôt que de relever les erreurs de ceux qui s'y prennent mal.

- Reconnaissez la participation des élèves en les remerciant pour les réponses, les réflexions et les idées émises.

- Reconnaissez et soulignez l'apport des élèves à l'aide de messages écrits.

- Renforcez les bonnes actions, même menues, ou les comportements positifs en en faisant l'éloge.

Cherchez des occasions de féliciter les élèves en affichant la fiche 2.3, « Cinquante occasions de dire "Tu es fantastique" », présentée à la page 59. Élaborez ensuite votre propre plan de renforcement positif à l'aide de la fiche 2.4, « Le plan de rappel positif », présentée à la page 60.

Les messages positifs

Outre le fait d'adresser des félicitations, renforcez positivement le comportement de l'élève en lui remettant des messages à transmettre à ses parents. Préparez-vous un paquet de messages positifs à l'aide des fiches 2.5 à 2.8, présentées aux pages 61 à 64. Conservez-les sur votre bureau et remettez-en fréquemment à tous les élèves. Plusieurs écoles fournissent un agenda scolaire à chaque enfant. Vous pouvez aussi y inscrire votre message. On a trop souvent tendance à ne reconnaître que les élèves brillants et à négliger ceux qui réussissent à améliorer légèrement leur comportement ou ceux qui sont tranquilles ou renfermés. Prenez soin de faire parvenir à tous les élèves un nombre égal de messages au cours de l'année.

La reconnaissance de l'ensemble de la classe

La détermination d'objectifs de groupe permet de mobiliser l'ensemble des élèves dans le but d'agir positivement sur leurs comportements individuels. En offrant des renforcements positifs de groupe, vous pouvez inciter les élèves à se conduire de façon responsable tout en créant un « esprit de famille » dans la classe. Au début de l'année, vous enseignez les procédures aux élèves afin de les amener à prendre de bonnes habitudes de groupe. À ce moment-là, vous aurez peut-être avantage à offrir un incitatif à la classe. Plus tard dans l'année, si vous remarquez une habitude ou un comportement indésirable, un système de récompense de classe pourra vous aider à améliorer le comportement général de la classe. Par exemple, si les élèves tardent à revenir après chaque récréation, trouvez un moyen de récompenser la ponctualité du groupe. Avec une telle stratégie, les élèves se rappelleront les uns les autres de se mettre en rang à temps.

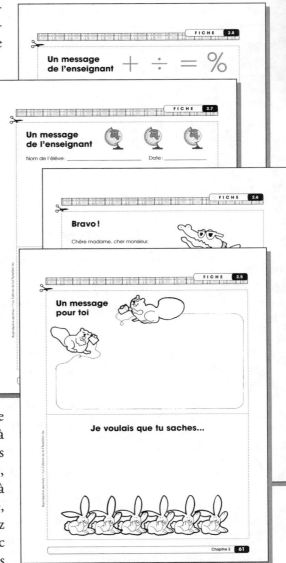

Fiches 2.5 à 2.8, p. 61 à 64

Dressez la liste des éléments de votre référentiel disciplinaire

Maintenant que vous avez réfléchi aux éléments de votre référentiel disciplinaire, ébauchez votre propre plan personnel. Servez-vous de la fiche 2.9, « Le référentiel disciplinaire de la classe », présentée à la page 65, pour déterminer les règles, les conséquences liées à une infraction et les renforcements

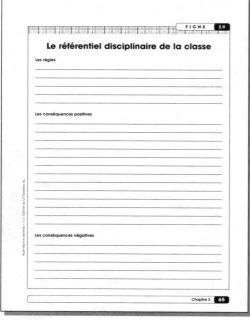

Fiche 2.9, p. 65

positifs que vous appliquerez. Retenez des idées en parcourant les exemples qui suivent. Limitez vos règles à trois — ou à cinq au maximum — et prenez soin de souligner le comportement recherché plutôt que le comportement indésirable. Ajoutez des méthodes précises de renforcement positif, puis établissez l'ordre hiérarchique de vos conséquences.

Prévoyez la fièvre du printemps

Souvenez-vous qu'à l'approche de certains congés (Noël, semaine de relâche, etc.), les élèves sont agités et ne pensent qu'aux vacances. Ce comportement est plus accentué vers la fin de l'année scolaire. Le besoin d'encadrement se fera plus pressant dans votre classe. Demandez aux élèves de penser à un ensemble d'activités qu'ils aimeraient faire. Dressez une liste des possibilités, y compris de nombreuses périodes de jeux extérieurs. Les élèves pourront mieux canaliser leur

---

Un exemple de référentiel disciplinaire de classe au primaire

Les règles de vie en classe

- Respecter les consignes
- Respecter l'espace personnel des autres
- S'exprimer avec respect

Les renforcements positifs

- Offrir des félicitations
- Placer en tête de file pour aller en récréation
- Envoyer un message positif aux parents
- Donner un message positif à l'élève
- Dîner en compagnie de l'enseignant
- Permettre de choisir sa propre place le vendredi

Les conséquences liées aux infractions

- Donner un avertissement
- Faire travailler en retrait du groupe durant 5 minutes
- Faire travailler en retrait du groupe durant 10 minutes
- Appeler les parents
- Envoyer l'élève au bureau de la direction

énergie. Prévoyez des mesures de renforcement positif pour les élèves en particulier et le groupe afin de les aider à se contenir.

Évaluez les effets à long terme de la discipline

Au début de l'année, il vous aura semblé particulièrement important de maintenir l'ordre. Néanmoins, vous en viendrez aussi à réaliser les avantages à long terme d'un référentiel axé sur la discipline plutôt que sur la punition. En élaborant votre référentiel disciplinaire, considérez les points soulevés dans l'encadré ci-dessous.

Est-il question de discipline ou de punition ?

Quelle différence y a-t-il entre la discipline et la punition ? La punition est affaire de coercition ; la discipline est une question d'éducation.

Si vous cherchez à créer un climat propice à la discipline, voici quelques points sur lesquels réfléchir :

La punition

- porte sur ce qui est arrivé (dans le passé) ;
- se fonde sur le pouvoir que confère l'autorité ;
- retire des choix à l'individu, qui doit payer pour un comportement passé ;
- est facile et expéditive ;
- est centrée sur des stratégies visant à contrôler le comportement de l'apprenant ;
- amène rarement des changements de comportement positifs ; au mieux, elle entraîne la soumission ; au pire, elle suscite le ressentiment et le désir de vengeance.

La discipline

- porte sur ce qui est en train de se passer (au présent) ;
- se fonde sur les règles que les élèves doivent apprendre et accepter pour vivre en société ;
- offre des choix à l'individu, qui peut adopter une nouvelle conduite ;
- peut être difficile et laborieuse ;
- est centrée sur le comportement de l'apprenant et les conséquences de ce comportement ;
- amène habituellement un changement de comportement plus souhaitable, acceptable et responsable que celui qui résulte de la punition.

Source : BODINE, Richard, Donna CRAWFORD et Fred SCHRUMPF. *Creating the Peaceable School Program Guide,* Research Press, 2612 N. Mattis Ave., Champaign, IL 61821.

Fiche 2.10, p. 66

Montrez les procédures

Votre référentiel disciplinaire de classe énumère les règles générales à respecter en tout temps. Outre le fait d'enseigner les règles générales de la classe, vous devez aussi enseigner plusieurs procédures qui faciliteront le fonctionnement harmonieux de certaines activités ou de certains ateliers.

Reportez-vous à la fiche 2.10 « Les procédures que j'enseignerai en début d'année », présentée à la page 66, pour déterminer les règles que vous inculquerez à vos élèves durant les premiers jours ou les premières semaines de l'année scolaire. Cochez les situations qui se dérouleront mieux si les élèves savent précisément comment procéder. Par exemple, vous serez étonné de la rapidité avec laquelle votre classe peut devenir bruyante, surtout quand les élèves circulent dans la pièce. Cela peut se produire en maintes occasions : lorsque les élèves se rassemblent en petits groupes pour un atelier, qu'ils vont travailler dans un centre d'apprentissage ou qu'ils échangent du matériel.

La première fois que vous dirigez une nouvelle activité — par exemple une activité qui oblige les élèves à circuler dans la classe ou à en sortir —, prévoyez une situation d'apprentissage pour enseigner les procédures de déplacement. L'exemple de la page suivante, « La procédure type pour sortir de la classe », montre comment rendre vos consignes explicites. De plus, vous saurez comment les adapter à l'âge et au niveau de compréhension de vos élèves.

Quand vous enseignez des procédures ou donnez des consignes, suivez les conseils suivants :

• Donnez l'information simple en premier. Laissez les élèves poser des questions, puis donnez plus de détails. Les élèves ne saisiront pas les détails si les objectifs principaux ne sont pas clairs.

• Exercez-vous avant votre présentation en classe. Écoutez-vous alors que vous donnez des consignes. Ainsi, vous aurez l'occasion de vous interroger sur leur clarté. Imaginez les élèves en train de suivre les instructions tandis que vous les expliquez. Soyez précis mais bref.

• Renforcez les consignes. Écrivez-les au tableau, mettez-les sur un transparent, remettez une feuille reproductible ou tracez des pictogrammes. Certains élèves ont besoin de repères visuels autant que d'instructions orales.

• Invitez les élèves à simuler la sortie de classe ou à pratiquer la procédure que vous voulez leur apprendre. Ainsi, ils développeront un automatisme qui se déclenchera chaque fois que vous donnerez cette consigne.

• Avec les plus jeunes élèves, désignez des « partenaires » qui s'aideront mutuellement à suivre de nouvelles procédures. Vous éviterez ainsi de devoir aider tous les élèves à la fois. (Pour obtenir d'autres suggestions de recours aux partenaires, consultez la page 161.)

La procédure type pour sortir de la classe

1. Exposez la procédure au tableau.

- Mettez-vous en file, deux par deux.
- Marchez en silence.
- Marchez tranquillement.

2. Invitez un élève volontaire à lire les consignes à haute voix.

3. Expliquez la logique de la procédure.

Amenez les élèves à découvrir et à verbaliser pourquoi il est important de suivre ces consignes. Discutez avec eux des raisons pour lesquelles ils doivent se déplacer ainsi :

- La sécurité est la raison la plus importante pour apprendre la bonne façon de se déplacer. Des élèves qui courent peuvent trébucher et se blesser ou blesser quelqu'un d'autre.
- La marche en file est une façon raisonnable d'aller d'un endroit à un autre. La classe demeure groupée.
- Les classes qui se déplacent calmement dans les corridors font preuve de respect en ne troublant pas le travail des autres classes.
- La façon dont la classe tient le rang traduit sa capacité de suivre les consignes et de fonctionner en tant que groupe.

4. Interrogez les élèves pour vous assurer qu'ils comprennent bien.

5. Demandez aux élèves de décrire ce qu'est une marche calme. Demandez-leur quel son une telle marche doit faire.

Invitez la classe à simuler l'application des consignes ou demandez à un élève de tenir le rôle de l'enseignant et de donner les consignes à ses camarades.

6. Ensuite, procédez *immédiatement* à l'activité à laquelle s'applique la procédure.

Par exemple, planifiez l'enseignement de cette procédure juste avant un déplacement à l'extérieur de la classe.

- Assurez-vous que les élèves marchent doucement et ne dérangent pas leur voisin. Faites-leur pratiquer les comportements adéquats.
- Observez les élèves tandis qu'ils marchent en file. Évitez de marcher devant eux en leur présentant votre dos. Marchez plutôt au milieu ou en bout de file. Retournez-vous souvent. Félicitez le groupe pour avoir suivi correctement la procédure. Nommez un ou deux élèves pour souligner les efforts de ceux qui ont été particulièrement calmes.

7. Revoyez ces consignes avant d'effectuer un autre déplacement hors de la classe.

Réorientez l'attention de l'élève

Votre plan de gestion du comportement fixe des limites au comportement de l'élève. De la même façon, les lignes blanches sur un terrain de football indiquent le périmètre de jeu alloué aux joueurs. À l'extérieur de ces limites, les joueurs sont hors-jeu. Par contre, à l'intérieur, les joueurs peuvent entreprendre une foule d'actions. Ainsi, vous pouvez influencer le comportement de l'élève en utilisant plusieurs stratégies. Celles-ci permettront d'endiguer le problème et vous éviteront d'avoir à sévir. Quand les élèves ne suivent pas les consignes, servez-vous de ces stratégies simples pour les ramener à l'ordre.

Le gel d'une activité

Le bruit et la confusion dans la classe font souvent boule de neige. Certains nouveaux enseignants ne savent pas quoi faire quand la situation dégénère. Apprenez aux élèves à s'immobiliser dès que vous faites un geste convenu, par exemple lever la main, ouvrir et fermer la lumière, frapper dans vos mains ou sonner une cloche. Quand ils entendent ou voient ce signal, ils devraient alors rediriger leur attention vers vous, dans l'attente de nouvelles directives.

Vous pouvez recourir au gel d'une activité pour ramener un élève qui s'est laissé distraire de sa tâche. Dans ce cas, énoncez clairement et de façon positive ce que vous attendez de cet élève plutôt que de lui donner un ultimatum. Par exemple, dites-lui « Louis, s'il te plaît, retourne à ta place », plutôt que « Louis, retourne à ta place maintenant ou tu auras cinq minutes de retenue ».

Le regard désapprobateur

Vous vous rappelez sans doute l'expression dont usaient, dans votre enfance, votre père ou votre mère lorsqu'ils désapprouvaient votre comportement. Utilisez cette technique de réorientation dans votre classe. Quand un élève griffonne durant une discussion ou que les élèves d'un groupe s'amusent plutôt que de se concentrer sur la tâche, établissez le contact visuel avec l'élève ou le groupe. Maintenez un regard ferme et calme et, en général, les élèves corrigent leur comportement sans que vous deviez souffler mot.

La proximité

Les enseignants peuvent circuler dans la classe. Ils usent ainsi délibérément de leur présence physique pour ramener à l'ordre les élèves déconcentrés. Par exemple, si vous remarquez qu'un élève regarde par la fenêtre plutôt que d'écouter l'exposé d'un camarade, placez-vous à côté de lui sans faire de commentaire et demeurez-y jusqu'à ce qu'il se rallie au groupe.

L'attribution des places

Avec le temps, vous réaliserez aussi que les élèves sont moins concentrés dans certaines parties de la classe que dans d'autres. (Par exemple, il se peut qu'un élève de la dernière rangée, qui n'entend ou ne voit pas bien, soit plus facilement distrait.) Vous pouvez réduire ou prévenir des problèmes de comportement en changeant périodiquement l'attribution des places ou la disposition des pupitres. Séparez les élèves qui sont portés à bavarder ensemble ou placez l'élève qui se laisse fréquemment distraire plus en avant dans la classe.

En déplaçant tous les élèves de temps à autre, vous changerez peut-être assez la dynamique de la classe pour éliminer le problème. Toutefois, prenez soin de pondérer les avantages de la stabilité et ceux du changement. Choisissez une disposition qui permet d'améliorer le comportement et l'apprentissage tout en demeurant propice aux activités de groupe. Vous trouverez des schémas d'aménagements types au chapitre 1, à la page 12, et des idées supplémentaires au chapitre 5, à la page 155.

Le nom de l'élève distrait

L'élève inattentif dressera l'oreille en entendant son nom. Tâchez d'insérer le prénom de l'élève à la matière enseignée. Par exemple, commencez un problème de mathématiques en disant : « Béatrice et Éva sont allées à la pêche. Elles ont attrapé 14 poissons chacune. Combien de poissons ont-elles pêchés en tout ? » Béatrice et Éva vont probablement se secouer et se remettre à vous écouter. De cette façon, vous leur aurez évité l'impression d'avoir été interpellées devant toute la classe.

Mettez en œuvre votre référentiel disciplinaire

Revoyez l'information contenue dans le présent chapitre et appliquez les directives décrites ci-après. Ainsi, vous réduirez au minimum la charge de discipline nécessaire dans votre classe pendant la mise en œuvre de votre référentiel.

- Assurez-vous d'avoir préparé des situations d'apprentissage et des activités qui captiveront vos élèves.

- Assurez-vous que les élèves comprennent les règles et les conséquences liées à une infraction.

- Expliquez à fond les procédures propres aux tâches et aux activités. Vérifiez la compréhension des élèves.

- Prenez soin d'approuver le comportement positif après avoir donné des consignes ou du travail à faire.

- Quand les élèves se laissent distraire de leur tâche, usez de stratégies de réorientation (voir les pages 49 à 51).

- En cas de désordre, si vous devez imposer des conséquences liées à une infraction, approchez-vous de l'élève et parlez de manière calme, tranquille et ferme.

- Dès que l'élève corrige son comportement, soulignez le geste positif.

- Quand un comportement désordonné persiste, ayez une conversation avec l'élève pour l'amener à réfléchir. De plus, sollicitez des entretiens avec les parents et l'administration pour aider l'enfant à changer. Vous trouverez des suggestions à la section suivante. Toutefois, n'oubliez pas de valoriser ceux qui écoutent.

- Notez tous les avertissements et toutes les conséquences donnés durant la journée.

- Maintenez vos exigences et veillez à ce que vos attentes en matière de comportement soient constantes. Les élèves s'agitent souvent lorsque la routine est perturbée, par exemple durant une sortie éducative, un rassemblement de toute l'école ou en présence d'un visiteur. Dans ces moments-là, ils auront probablement besoin de plus d'encadrement que d'habitude.

Tendez la main aux élèves difficiles

Si votre référentiel disciplinaire reste cohérent, la plupart de vos élèves respecteront vos règles et répondront à vos attentes. Certains élèves adopteront peut-être un comportement dérangeant ou hostile. Ces situations requerront une attention spéciale de votre part.

Parfois, certains élèves ayant déjà connu un échec ont un comportement inapproprié. En leur tendant la main, vous pouvez les aider à retrouver des aspirations et à se responsabiliser. Vous leur montrerez ainsi qu'au moins un adulte veut les aider à réussir.

Suivez les conseils ci-dessous pour bâtir une relation constructive avec un élève difficile :

- Imaginez ce que vous ressentiriez et ce que vous penseriez de l'école si vous étiez cet élève. Lorsque les élèves sont souvent victimes de rejet, d'abandon ou de désapprobation, ils sont susceptibles de développer des réflexes négatifs ou de réagir à une contrariété en manifestant un niveau de colère disproportionné.

- Adoptez une attitude proactive lorsque vous tentez de rétablir le niveau de confiance de l'élève. Jetez les ponts en prenant le temps de lui parler seul à seul. Faites-lui comprendre que vous croyez en sa réussite.

- Si l'élève vous repousse, ne vous montrez pas blessé ou fâché. Ne restez pas sur la défensive. Continuez simplement à l'aider à saisir la relation entre l'effort et le résultat. Aidez-le à se découvrir un talent particulier ou à cultiver une nouvelle habileté. Ainsi, il reprendra goût au bonheur d'apprendre.

Imaginez la situation suivante : parce qu'il est désabusé, un élève est incapable de faire confiance à ses camarades et à ses enseignants et de s'entendre avec eux. L'enseignant s'assure d'abord de passer du temps avec lui. Il l'aide à acquérir des habiletés mathématiques qui le stimulent de façon cognitive et permettent de conforter son estime de soi. Ensuite, l'enseignant demande à l'élève de démontrer ses nouvelles habiletés à la classe. À sa manière, il peut alors contribuer à l'apprentissage des autres élèves. Au fur et à mesure que la confiance de l'élève en son enseignant et en ses pairs s'accroît, il y gagne et toute la classe aussi.

Ayez des entretiens en tête à tête

Votre sentiment d'accomplissement en tant que nouvel enseignant dépend de votre capacité à instaurer un milieu d'apprentissage positif pour la classe entière, tout en demeurant réceptif à chaque élève. Ce dernier trait trouve généralement son épanouissement au cours de moments privilégiés tels que passer une récréation avec un enfant, dîner avec lui en tête à tête, lui demander de vous rendre un service, lui confier certaines responsabilités, etc. Plusieurs enseignants constatent qu'en mettant leurs habiletés d'écoute à la disposition des élèves, ils peuvent aider ces derniers non seulement à régler des problèmes d'apprentissage et de comportement, mais aussi à améliorer leur bien-être.

Vous pouvez avoir le sentiment que les difficultés de comportement d'un élève résultent d'un traumatisme affectif ou d'une image de soi négative. Dans ce cas, accordez-lui un entretien personnel. Montrez-vous empathique. Toutefois, n'oubliez pas que vous devez aussi aider l'élève à prendre les moyens de parvenir à un résultat souhaitable. Amorcez l'entretien personnel en suivant les étapes ci-dessous :

1. Expliquez ce qui vous tracasse.

2. Demandez le point de vue de l'élève.

3. Offrez votre aide. Faites savoir à l'élève que vous vous souciez de lui, et exprimez clairement ce que vous attendez de lui.

4. Demandez à l'élève ce qu'il peut faire pour aider à régler le problème.

5. Discutez des choix qui s'offrent à l'élève.

6. Entendez-vous sur une solution permettant de satisfaire vos exigences d'apprentissage et de comportement ainsi que les besoins de l'élève.

7. Si c'est nécessaire, enseignez-lui des techniques utiles, par exemple la gestion de la colère (voir le chapitre 6, « Enseigner les habiletés sociales »).

8. Arrangez une rencontre de suivi et surveillez les progrès de l'élève.

9. S'il y a lieu, organisez une discussion avec les parents, la direction et un ou deux membres professionnels pour débattre du problème de l'élève.

10. Si la situation persiste, élaborez un plan d'intervention où l'on définit le rôle de chaque intervenant, y compris celui de l'enfant.

Si l'élève a des besoins ou des problèmes importants, ce processus vous permettra peut-être d'obtenir l'aide supplémentaire nécessaire. Ainsi, l'élève saura que vous vous souciez de lui et que vous pouvez l'aider. Votre travail de sensibilisation et votre encouragement sont peut-être exactement ce dont il a besoin pour se remettre sur la bonne voie.

Fiche 2.11, p. 67

Au cours des rencontres, rappelez-vous que la plupart des enfants n'apprécient pas toujours de *se faire dire* quoi faire. Ils veulent prendre part aux décisions qui les concernent. Ce faisant, ils sentent qu'ils ont un certain pouvoir de décision sur leurs comportements. Dans la mesure du possible, amenez l'élève à débattre de la façon dont il pourrait modifier son comportement. Écoutez-le attentivement et tenez compte de ses propos.

Faites votre rencontre avec l'élève en vous aidant de la fiche 2.11, «Un tête-à-tête entre l'enseignant et l'élève», présentée à la page 67.

Modifiez un comportement à la fois

Le but de votre entretien est de mettre fin à un comportement inadéquat, une bonne fois pour toutes. Cependant, l'élève peut se sentir dépassé par le nombre de modifications nécessaires que vous relèverez ensemble durant la rencontre. Vous-même ignorerez peut-être par où commencer. Suivez cette règle d'or: plutôt que de tenter de redresser tous les aspects du comportement de l'élève, concentrez-vous sur un point à la fois. Fixez ensemble un but concret. À ce stade-ci, il peut être bénéfique d'élaborer un contrat pour l'enfant. Là encore, en prenant soin de bien préciser le but du contrat, vous pourrez plus facilement mesurer les progrès de l'élève. Utilisez la fiche 2.12, «Le contrat de comportement», présentée à la page 68.

Parfois, un élève bavarde continuellement avec des amis pendant que vous enseignez. Dans ce cas, incitez-le à formuler son objectif à atteindre de la façon suivante: «Je vais écouter calmement quand l'enseignant précise des consignes.» Évitez de lui présenter son objectif ainsi: «Je serai toujours sage.» Ayez des attentes réalistes. Surveillez les progrès de l'élève et aidez-le à tenir parole. Établissez un échéancier pour des rencontres de suivi. À ce moment-là, vérifiez si l'objectif est totalement ou partiellement atteint. Vous pouvez alors féliciter l'élève pour ses progrès, cibler un autre objectif et, au besoin, reprendre le même. Faites en sorte qu'il s'engage davantage dans cette démarche en l'amenant à porter lui-même un jugement critique sur sa propre évolution.

Dirigez des discussions de groupe visant l'élaboration d'un plan d'intervention

Après un entretien en tête à tête avec un élève et en dépit de la mise en œuvre d'un contrat, il peut arriver qu'un problème persiste. Convoquez alors les parents, la direction et, si c'est nécessaire, le personnel professionnel en vue d'élaborer un plan d'intervention. Ici, il s'agit de définir, avec les différents intervenants et l'enfant, un plan d'action adapté à ses besoins.

Fiche 2.12, p. 68

Le déroulement d'une rencontre dans le cadre d'un plan d'intervention

Avant de commencer, essayez de disposer d'un endroit confortable (avec une table, des chaises, etc.). Pour orienter une rencontre dans le cadre d'un plan d'intervention, voici quelques suggestions :

- Expliquez le problème et son effet sur le groupe (le cas échéant).

- Aidez l'élève à décrire son comportement, ce qu'il ressent et les conséquences qui en découlent.

- Invitez les parents à s'exprimer sur ces comportements.

- Faites un rappel des démarches déjà entreprises.

- Demandez à l'élève d'expliquer ce qu'il fera différemment pour modifier son comportement à l'avenir.

- Sollicitez la participation de chaque intervenant dans la résolution de ce problème tout en précisant le rôle de chacun.

- Déterminez ensemble les conséquences positives ou négatives applicables selon le comportement.

- Définissez des modalités de suivi pour évaluer l'évolution du comportement de l'enfant. Cela peut se faire au moyen de rencontres éventuelles, de notes écrites aux parents, de fiche d'autoévaluation, etc.

- Invitez l'élève, le parent et la direction à signer l'entente dans le cadre du plan d'intervention. Apposez également votre signature.

- Remettez une copie du plan aux parents. Conservez-en une dans le dossier de l'enfant. De cette façon, vous pourrez vous y référer à titre de document de suivi.

Constituez un dossier relevant tous les problèmes de comportement éprouvés

L'enseignant peu expérimenté ne réalise pas l'importance de tenir un registre des problèmes de comportement jusqu'à ce que, quelques jours après un incident, la direction ou un parent demande un rapport sur ce qui s'est passé. Soudain, l'enseignant ne se souvient plus très exactement de ce qui s'est passé.

Pour éviter une telle situation, reproduisez la fiche 2.13, « La fiche d'observation », présentée à la page 69. Dressez un rapport exact et factuel de la façon dont les élèves se sont comportés en classe ou ailleurs (en file, durant des réunions, etc.). Plus votre dossier sera étoffé, plus vous serez en confiance lorsque viendra le temps d'exposer le problème. Ainsi, meilleures seront vos chances d'obtenir de l'aide de la part de la direction et des parents.

Fiche 2.13, p. 69

La constitution du dossier de chaque élève

Les enseignants utilisent des fiches, des notes dans leur cahier de planification et d'autres méthodes pour constituer des dossiers sur les problèmes de comportement. L'une des meilleures façons de tenir le registre des incidents est d'ouvrir un dossier par élève. La chemise de classement peut contenir le résumé de rencontres, les lettres aux parents et les évaluations. Vous pouvez aussi y verser la fiche d'information remplie par les parents sur eux-mêmes (voir la page 23) et tous les contrats de comportement, les fiches de réflexion ou les feuilles de préparation à une rencontre. De cette façon, si vous devez appeler un parent dans la soirée, vous pourrez sortir votre dossier, l'emporter à la maison et avoir ainsi sous la main toute l'information plutôt que de la chercher un peu partout.

Quand un incident se produit, notez les renseignements suivants et versez-les au dossier :

- la date et l'heure de l'incident ;
- la description précise des faits ;
- les mesures prises ;
- le contact avec le parent (le type et la date) ;
- l'opinion du parent et les mesures sur lesquelles vous vous êtes entendus ;
- les mesures de suivi, le contact avec les parents ou tout autre intervenant.

Exemple

Incident :

Le 18 novembre

François a posé trois gestes de provocation durant la journée :

- il a poussé Gabriel dans le corridor ;
- il a caché son cahier après la récréation ;
- il l'a fait trébucher près du taille-crayon.

Les mesures prises :

- j'ai eu un entretien particulier avec François ;
- je l'ai également changé de place ;
- j'ai contacté le parent.

Le 19 novembre

J'ai téléphoné au père de François. Nous avons convenu que François rendrait un service à Gabriel, en guise de réparation, durant les heures de classe. De plus, il resterait après l'école pour lui écrire une lettre d'excuse (*ou faire un dessin dans le cas des non-scripteurs*). J'écrirai un mot dans l'agenda de François pour informer son père de la suite des événements.

Le suivi :

Le 25 novembre

J'ai appelé les parents de François pour leur donner un rapport positif.

La fiche de réflexion pour scripteur

Ce que j'ai fait :

_____

_____

_____

Les conséquences de mes actions sur les autres :

_____

_____

_____

Ce que j'aurais pu faire :

_____

_____

_____

L'effet que cette nouvelle façon de faire aurait eu sur les autres :

_____

_____

_____

Ce que je ferai différemment la prochaine fois :

_____

_____

_____

La fiche de réflexion pour non-scripteur

Ce que j'ai fait :

Les conséquences de mes actions sur les autres :

Ce que j'aurais pu faire :

L'effet que cette nouvelle façon de faire aurait eu sur les autres :

Ce que je ferai différemment la prochaine fois :

Cinquante occasions de dire « Tu es fantastique ! »

Tu es fantastique !

Les occasions quotidiennes ne manquent pas de féliciter les élèves.
Ne les laissez pas échapper. Félicitez les élèves dans les cas suivants :

1. Ils sont entrés en classe calmement.
2. Ils ont bien rangé leur manteau et leur sac à dos.
3. Ils se sont bien comportés durant l'enregistrement des présences.
4. Ils ont rapporté comme convenu les billets de permission et les formulaires de l'école.
5. Ils sont passés correctement d'une activité à une autre.
6. Ils ont respecté les consignes.
7. Ils ont dit « s'il vous plaît » et « merci ».
8. Ils ont écouté attentivement.
9. Ils ont aidé un camarade.
10. Ils se sont mis en file de la bonne manière.
11. Ils ont remis leur travail personnel.
12. Ils ont été attentifs durant un rassemblement de tous les élèves de l'école.
13. Ils se sont mis au travail sans tergiverser.
14. Ils ont posé des questions pour dissiper leurs incertitudes.
15. Ils sont restés concentrés durant leur travail.

16. Ils ont participé à une discussion de classe.
17. Ils ont circulé de façon appropriée dans les corridors.
18. Ils ont travaillé en coopération avec leur partenaire.
19. Ils se sont bien comportés durant une sortie éducative.
20. Ils ont fait le ménage.
21. Ils ont travaillé d'arrache-pied à un projet.
22. Ils ont aidé un nouvel élève.
23. Ils se sont souvenus de remettre à leurs parents la correspondance ou les billets de permission et de les rapporter ensuite.
24. Ils ont repris les travaux manqués pour cause d'absentéisme.
25. Ils ont dit « bonjour » en arrivant ce matin.
26. Ils se sont sérieusement investis dans un projet à long terme.
27. Ils ont partagé.
28. Ils ont tenu compte des sentiments des autres.
29. Ils ont appris une nouvelle habileté.
30. Ils ont utilisé correctement l'équipement de l'école.
31. Ils ont retourné les livres et le matériel empruntés.
32. Ils ont fait preuve d'enthousiasme.

33. Ils ont accepté la responsabilité d'une tâche en classe.
34. Ils ont proposé volontairement leur aide.
35. Ils n'ont pas gaspillé le matériel.
36. Ils ont respecté les tours de parole.
37. Ils ont dit la vérité.
38. Ils ont relevé un nouveau défi.
39. Ils se sont bien conduits en présence d'un suppléant.
40. Ils ont lu à la maison.
41. Ils ont assumé une responsabilité dans l'école.
42. Ils ont démontré une attitude positive.
43. Ils ont donné le meilleur d'eux-mêmes.
44. Ils sont rentrés de la cour paisiblement.
45. Ils ont participé à une activité de groupe.
46. Ils se sont servis de leurs habiletés en résolution de problèmes.
47. Ils ont fait preuve de créativité.
48. Ils se sont tenus occupés une fois leur travail réalisé.
49. Ils se sont relayés.
50. Ils ont su travailler en coopération à l'intérieur d'un groupe.

Le plan de rappel positif

Examinez les stratégies énumérées ci-dessous et intégrez-les à vos situations d'apprentis-sage. Multipliez et variez graduellement vos techniques de renforcement. Quand vous vous sentirez prêt, évaluez-vous. Ainsi, vous vérifierez combien de fois par semaine vous avez appliqué une ou plusieurs de ces stratégies.

1. **Relevez les bons comportements des élèves** Transcrivez cette phrase dans votre cahier de planification ou collez-la sur votre bureau pour vous inciter à relever systématique-ment les bons comportements et à les renforcer (voir la fiche 2.3, « Cinquante occasions de dire "Tu es fantastique !" », présentée à la page 59).

2. **Offrez des félicitations de manière équitable** Chaque fois que vous soulignez le bon comportement d'un élève en classe, notez son nom ou ses initiales. Si c'est nécessaire, tenez un registre des élèves que vous avez félicités et du nombre de fois que vous l'avez fait.

3. **Fixez-vous un objectif de félicitations par activité** Par exemple, tentez de complimenter plusieurs élèves par période. De cette façon, en une semaine, vous aurez félicité tous vos élèves. Cet exercice pourrait se révéler particulièrement utile pour vous habituer à voir les bons côtés de chaque élève.

4. **Fixez-vous un objectif d'envoi de messages positifs à la maison** Rappelez-vous combien les messages de félicitations et les appels positifs à la maison sont importants pour motiver les élèves et établir de bonnes relations avec les parents. Fixez-vous comme but d'envoyer plusieurs messages chaque mois. Ainsi, vous serez certain de contacter la famille de chaque élève durant l'année.

Les objectifs et les plans relatifs aux félicitations pour la semaine

_____

_____

_____

_____

_____

_____

_____

_____

_____

_____

_____

Un message
pour toi

Je voulais que tu saches...

Bravo !

Chère madame, cher monsieur,

_____ a été fantastique

aujourd'hui, car _____

_____

_____

_____

_____

Signature _____

Date _____

Une mention d'honneur

Est décernée à _____

pour _____

_____

_____

_____

Signature de l'élève

_____

Signature de l'enseignant

Date _____

Un message de l'enseignant

Nom de l'élève : _____ Date : _____

Un message de l'enseignant

Nom de l'élève : _____ Date : _____

Un message de l'enseignant

Nom de l'élève : _____ Date : _____

Un message de l'enseignant

 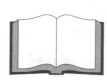 

Nom de l'élève : _____ Date : _____

Le référentiel disciplinaire de la classe

Les règles

_____

_____

_____

_____

_____

Les conséquences positives

_____

_____

_____

_____

_____

_____

_____

_____

_____

_____

_____

Les conséquences négatives

_____

_____

_____

_____

_____

Les procédures que j'enseignerai en début d'année

Les procédures quotidiennes

- ☐ Entrer en classe le matin
- ☐ Se déplacer calmement
- ☐ Écouter son enseignant
- ☐ Distribuer des papiers ou des livres
- ☐ Aiguiser des crayons
- ☐ Se déplacer dans la classe
- ☐ Utiliser l'équipement de la classe
- ☐ Travailler avec son partenaire
- ☐ Travailler en petits groupes
- ☐ Aller aux toilettes
- ☐ Se mettre en rang pour se rendre à la récréation, à la bibliothèque ou à une assemblée de toute l'école
- ☐ Revenir en classe après la récréation
- ☐ Se préparer pour le dîner
- ☐ Se rendre à la cantine
- ☐ Remettre son travail une fois terminé
- ☐ Noter les consignes d'un travail à faire à la maison
- ☐ Se préparer au retour à la maison
- ☐ _____
- ☐ _____

Les procédures particulières

- ☐ Pratiquer les exercices d'évacuation en cas d'incendie
- ☐ Faire une sortie éducative
- ☐ _____
- ☐ _____

Les activités pédagogiques

- ☐ Travailler à des projets de recherche
- ☐ Faire un travail personnel
- ☐ Travailler en groupe de deux à l'ordinateur
- ☐ Avoir une discussion de classe
- ☐ Lire en silence pendant un bon moment
- ☐ Présenter un exposé oral
- ☐ Passer des examens
- ☐ Écouter les explications de l'enseignant
- ☐ Travailler en groupe de coopération
- ☐ _____
- ☐ _____

Un tête-à-tête entre l'enseignant et l'élève

Nom de l'élève : _____

Classe, année : _____ Date : _____

Problème (et raison de votre inquiétude) :

_____

_____

Opinion de l'élève quant à la cause du problème :

_____

_____

Mesures d'aide que vous pouvez mettre en place :

_____

_____

Actions que l'élève peut entreprendre pour résoudre le problème :

_____

_____

Résumé de l'entretien (indiquez de nouveau le type de comportement que vous désirez de la part de l'élève) :

_____

_____

Suivi, commentaires :

_____

_____

_____

_____

Le contrat de comportement

Nom de l'élève : _____

Cet élève a accepté de tenter d'améliorer son comportement et s'est engagé à :

_____

_____

_____

_____

_____

Si l'élève agit comme il se doit :

_____

_____

_____

Si l'élève ne respecte pas l'entente :

_____

_____

_____

Ce contrat entre en vigueur : _____

_____

Signature de l'élève

_____

Signature de l'enseignant

La fiche d'observation

Élève : _____   Enseignant : _____

Année, période : _____   Parent : _____

Téléphone à domicile : _____   Téléphone au travail : _____

Date et heure	Problème comportemental	Mesures prises
	Qu'avez-vous observé ? Énumérez les faits : les comportements précis, ce qui s'est produit, les personnes concernées.	Décrivez vos réactions face à la mauvaise conduite, y compris les mesures visant à inciter positivement l'élève à s'améliorer et le contact avec les parents.

Résultats des mesures entreprises

Résultats des mesures entreprises

Résultats des mesures entreprises

Résultats des mesures entreprises

Chapitre 3

Gagner l'adhésion
des parents

VISITE LIBRE
BIENVENUE !
PROJET DE SCIENCES

« J'ai tellement hésité à passer ce premier coup de fil
à une mère d'élève. Mais ce contact a été formidable.
Elle m'a remercié d'avoir appelé. On a eu une rencontre
et tout a changé. Je me suis dit que
j'aurais dû appeler bien avant. »

Les parents sont les premiers éducateurs de leurs enfants. Par conséquent, ils représentent une ressource essentielle et inestimable pour tout enseignant désirant mieux connaître ses élèves. Ils peuvent vous renseigner sur les besoins d'apprentissage de leurs enfants, soutenir vos objectifs en matière de travaux personnels et faciliter les activités d'enrichissement à la maison. De plus, ils peuvent aider leurs enfants à acquérir de nouvelles habiletés de travail.

Les parents ont donc la possibilité de contribuer de façon importante au processus d'apprentissage des élèves. Dans ce but, vous devez promouvoir un contexte de coéducation, c'est-à-dire établir une relation de confiance, reconnaître les compétences des parents et les inciter à participer à la vie scolaire de leurs enfants. En misant sur vous, les parents vous accorderont leur soutien. Celui-ci pourrait vous être utile au cours de l'année et davantage si l'élève éprouve des difficultés.

Toutefois, les parents peuvent avoir connu des expériences malheureuses avec l'école ou les enseignants, ce qui explique pourquoi certains demeurent méfiants. Dans ce cas, il est encore plus important pour l'enseignant de faire les premiers pas et de prendre le temps de gagner leur confiance. En cultivant un esprit de collaboration, vous faites en sorte de consolider les liens avec vos élèves.

Certains enseignants n'ont pas reçu de formation sur la manière de travailler avec les parents. D'autres n'osent pas leur demander du soutien. Quelle que soit votre expérience, tâchez de faire des parents vos précieux alliés. Tentez de profiter au maximum de leurs compétences. Tout d'abord, définissez le rôle de chacun afin d'établir clairement les limites entre le pédagogue et le parent. Ainsi, vous mettrez en place un partenariat réussi.

Dans le présent chapitre, vous apprendrez comment gagner l'adhésion des parents et comment faire face à d'éventuels problèmes. Vous y trouverez aussi une foule de moyens et de fiches reproductibles pour vous aider à maintenir la communication avec les parents.

Communiquez à l'aide de la correspondance

Le « courrier » qu'un élève apporte à un parent a quelque chose de particulier. D'abord, l'élève sait que l'enseignant et ses parents sont en communication. Les recherches démontrent que les élèves améliorent leur rendement scolaire quand ils voient leurs parents et les enseignants collaborer positivement à leur apprentissage. De plus, les bonnes dispositions d'un parent par rapport à l'école peuvent alimenter le sentiment de sécurité et de bien-être dont l'élève a besoin pour progresser. Lorsque vous envoyez des messages positifs à la maison, vous participez à la bonne entente entre les élèves et leurs parents. Par le fait même, vous consolidez votre milieu de classe. Dans la présente section, nous décrirons plusieurs moyens de correspondance susceptibles de cimenter le lien triangulaire entre l'élève, l'enseignant et le parent.

Faites parvenir un message de salutations

En envoyant une lettre de présentation aux parents, au début de l'année, vous exprimez votre volonté de les voir participer à l'éducation de vos élèves. Votre message aura une page ou moins. Donnez-lui un ton dynamique et enthousiaste. Profitez de l'occasion pour dire aux parents que leur appui est un gage de réussite dans l'éducation de leur enfant. Ajoutez que vous considérez l'éducation de leur enfant comme un travail d'équipe.

Dans votre lettre, vous pouvez inclure les éléments suivants :

- de l'information sur vos antécédents professionnels,
- la mention de vos intérêts personnels (passe-temps, voyages, etc.),
- la liste de vos projets pédagogiques et des activités spéciales prévues pour l'année,
- quelques renseignements pertinents pour la rentrée,
- votre disponibilité à communiquer avec eux,
- une phrase exprimant votre confiance en la réussite de tous vos élèves.

Prévoyez l'envoi à domicile d'un exemplaire de votre politique de travaux à la maison, peut-être comme deuxième communication écrite aux parents (voir la page 82). Maintenez ensuite un contact hebdomadaire avec les parents de vos élèves. Vous trouverez plusieurs idées pour établir une correspondance positive. Pour plus d'information, consultez la section « Faites connaissance avec les parents de vos élèves », à la page 23.

La communication école-maison

D'abord, présentez-vous et précisez vos objectifs. Ensuite, intégrez la communication école-maison à votre routine. Préparez une enveloppe ou une pochette par élève et une lettre expliquant aux parents son utilité.

Que devez-vous dire aux parents au sujet de l'enveloppe ou de la pochette de communication ?

■ L'enveloppe contiendra les messages de la classe et de l'école pour les parents, et les messages des parents pour l'enseignant.

■ L'enfant apportera l'enveloppe à la maison chaque semaine.

■ Vous joindrez un bref compte rendu de ce qui a été et sera étudié en classe.

■ Pour inciter les parents à commenter le travail à faire à la maison de leur enfant, informez-les que le dossier comprendra un espace (ou une feuille) à cet effet. Demandez aux parents de prendre connaissance du contenu de l'enveloppe et de la retourner la semaine suivante.

Les messages de félicitations

Vos élèves oublieront parfois d'emporter leur travail à la maison. Toutefois, ils oublieront rarement de transmettre vos sincères félicitations. Utilisez la fiche 3.1, « Un message de l'enseignant aux parents », et la fiche 3.2, « Un message des parents à l'enseignant », présentées aux pages 91 et 92. Ces fiches permettront d'envoyer aux parents des messages spontanés concernant leur enfant. Vous conforterez l'élève dans l'idée que son enseignant et ses parents sont de connivence. Faites parvenir plusieurs exemplaires de la seconde fiche à la maison. Quand le parent prend l'initiative de la communication, répondez le jour suivant. Lorsque vous amorcez le contact, demandez aux parents de répondre, même s'il s'agit simplement de retourner un accusé de réception dûment signé.

Recrutez des parents bénévoles

En voyant un parent dans la classe, l'élève sent que le soutien à l'éducation vient de la maison autant que de l'école. Les parents d'aujourd'hui semblent souvent si occupés que les enseignants hésitent à leur demander de l'aide pour des sorties éducatives et des activités en classe. Si vous n'osez faire la demande de vive voix, faites simplement parvenir à la maison une note sollicitant un « coup de main ». Un ou deux parents pourraient bien vous prendre au mot. Faites appel aux bénévoles à l'aide de la fiche 3.3, « Un coup de main, s'il vous plaît », présentée à la page 93. Placez-en une sur chacun des pupitres, lors de la soirée d'information, pour faire connaître vos besoins aux parents qui voudront se porter volontaires. Vous pouvez aussi demander à l'élève d'apporter à la maison des

Fiches 3.1 et 3.2, p. 91 et 92

formulaires à remplir en prévision d'un événement, d'une sortie éducative ou d'un projet. En outre, vous pouvez prévoir un mot de remerciement pour vos parents bénévoles. Et pourquoi pas un mot rédigé par leur enfant? (Voir la fiche 3.4, p. 94.)

Prévoyez des mots ou des appels d'encouragement

À quel moment convient-il d'envoyer un mot à un parent ou de l'appeler? Que diriez-vous du moment présent? Si l'appel est positif, il est presque toujours temps. Vous pouvez aussi le faire si la famille vit des moments difficiles ou lorsque l'enfant fournit des efforts particuliers.

Beaucoup de parents ne reçoivent de nouvelles des enseignants que lorsque leur enfant a un problème. Imaginez la surprise d'un parent qui reçoit un mot d'un enseignant parce que l'élève a *bien* fait. Les parents transmettront les félicitations à l'enfant en y joignant les leurs. L'élève qui reçoit ce renforcement supplémentaire aura envie de répéter ce comportement constructif ou d'obtenir ce bon rendement de nouveau.

Commencez l'année en envoyant un message écrit aux parents de chaque élève. Vous leur direz à quel point vous êtes content d'enseigner à leur enfant. Ensuite, à l'occasion, appelez les parents pour leur faire un compte rendu favorable. Les occasions suivantes se prêtent autant à une note écrite qu'à un appel téléphonique constructif. Le choix vous revient d'utiliser le moyen le plus approprié.

Fiches 3.3 et 3.4, p. 93 et 94

- La veille de la rentrée, écrivez un mot ou téléphonez pour vous présenter. Faites part de votre enthousiasme par rapport à vos projets concernant votre classe. Profitez de l'occasion pour vous renseigner sur l'élève.

- Écrivez ou téléphonez quand l'élève a un comportement constructif, par exemple lorsqu'il accueille amicalement un nouvel élève ou qu'il aide au ménage de la classe après l'école.

- Écrivez ou téléphonez quand l'élève s'applique à une tâche particulièrement difficile.

- Écrivez ou téléphonez quand l'élève qui avait des difficultés dans un domaine fait des progrès.

- Écrivez ou téléphonez quand l'élève est absent plus d'une journée ou deux. Profitez de l'occasion pour faire savoir qu'il manque aux autres élèves de la classe. Vous pourrez aussi vous informer s'il a besoin qu'on lui fasse parvenir du travail à la maison.

Ce qu'il faut dire durant l'appel ou ce qu'il faut écrire

Passez un coup de téléphone positif semblable à celui qui est présenté dans l'exemple ci-dessous. Écoutez le parent et notez tout propos susceptible de vous aider à encourager le bon comportement et le bon rendement de l'élève. Donnez-vous une échéance pour contacter tous les parents de vos élèves.

Au début de l'année, n'oubliez pas de demander aux parents leur adresse de courriel et leur numéro de télécopieur, en plus des numéros de téléphone. Il n'est pas toujours pratique pour les parents de discuter au téléphone ou en tête à tête de questions concernant un enfant. Dans ce cas, envoyez-leur des courriels ou transmettez-leur de l'information par télécopieur. De nombreux parents apprécient l'efficacité et la rapidité de ces modes de communication.

Conversation téléphonique type

— Madame Baumier, c'est Josée Beaulieu, l'enseignante de mathématiques de Charles. Je voulais seulement vous dire à quel point Charles réussit bien en classe. Il travaille vraiment assidûment. Il s'attaque à tous ses travaux sans se faire prier, il suit magnifiquement bien les consignes et semble toujours faire de son mieux.

— À vrai dire, il a l'air de se plaire davantage à l'école, cette année.

— Ça fait plaisir à entendre. J'aime beaucoup l'avoir dans ma classe.

— Je suis contente que vous me disiez cela. Ça me comble, vraiment !

— Vous savez, je trouve que c'est tout aussi important de dire aux parents quand leur enfant va bien en classe que lorsqu'il éprouve un problème.

— Ça me semble plein de bon sens.

— C'est aussi mon avis. Oh ! une dernière chose. Dites bien à Charles que j'ai appelé et que je suis bien contente de son rendement en classe. Je veux être sûre qu'il sait que j'ai remarqué son bon travail et que je l'apprécie.

— Comptez sur moi ! Merci !

Faites part des problèmes avec assurance

Vos messages écrits et vos appels téléphoniques positifs vous aideront à établir de bonnes relations avec les parents. Toutefois, vous devrez éventuellement faire des appels ou écrire des messages moins agréables concernant le comportement ou le rendement d'un élève.

Vous trouverez peut-être délicat de prendre l'initiative d'une conversation visant à discuter d'un problème. Vous vous demanderez si le problème mérite vraiment un message ou un appel. Dans de nombreuses situations, la nécessité du message ou de l'appel ne fait aucun doute, par exemple dans le cas de violentes querelles, d'une grande détresse affective, du refus de faire les travaux scolaires ou d'une brusque altération de comportement. Dans ces circonstances, n'hésitez pas à écrire ou à appeler. La plupart des parents voudraient que vous les informiez avant que le problème ne dégénère. Cependant, que faut-il faire au sujet d'incidents quotidiens dont on ne sait trop que penser? Pour décider s'il faut informer ou non, posez-vous la question suivante: «Et si c'était mon enfant?»

1. Imaginez que vous êtes le parent d'un enfant de l'âge de l'élève qui cause problème.
2. Si votre enfant avait le problème de cet élève, voudriez-vous en être informé?
3. Si la réponse est «oui», communiquez avec le parent. Sinon, abstenez-vous.

Bien choisir le moment

La plupart des parents s'accorderont avec vous sur les moyens d'aider l'enfant à améliorer son comportement. Néanmoins, certains peuvent leur imposer des sanctions plus sévères que celles qui vous sembleraient convenir à la situation. Choisissez donc avec discernement la manière et le moment de parler aux parents du comportement de leur enfant. Consultez votre mentor si vous soupçonnez qu'un parent risque de soumettre l'enfant à des sévices corporels ou psychologiques. De plus, si vous observez des signes de maltraitance, avisez les autorités concernées.

Vous pouvez également informer l'enfant de votre intention de parler à ses parents. Demandez-lui s'il se sent à l'aise pour aborder le sujet avec ses parents de lui-même avant vous. Certains enfants le font très bien, et leurs parents apprécient beaucoup cette façon de procéder. En effet, celle-ci permet aux deux parties de clarifier la situation, de trouver des pistes de solutions et, par la même occasion, de faciliter le dialogue entre le parent et l'enseignant.

Quand vous avez décidé de contacter un parent pour lui signaler un problème, faites-le par téléphone. C'est le mode de communication le plus immédiat. Vous avez alors la possibilité de clarifier le problème et de répondre aux questions des parents. Avant d'appeler, prenez le temps de noter brièvement ce que vous direz. Pour préparer votre appel, utilisez la fiche 3.5, «La préparation d'un appel visant à résoudre un problème», présentée à la page 95. Pour vous aider, consultez la section «Ce qu'il faut dire lors d'un appel visant à régler un problème», à la page 78. Servez-vous de vos notes pour diriger la conversation. Conservez-les, car elles pourraient vous servir de nouveau en cours d'année.

Ayez l'esprit positif et faites preuve de compréhension. Rappelez-vous que vous n'appelez pas pour blâmer l'élève ou vous plaindre. Vous appelez parce que vous vous souciez du bien-être de l'élève et de sa réussite scolaire et que vous appréciez le soutien et les suggestions des parents.

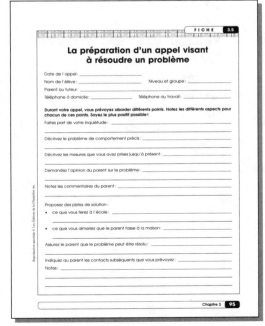

Fiche 3.5, p. 95

Ce qu'il faut dire lors d'un appel visant à régler un problème

Préparez votre appel en considérant les objectifs suivants :

1. **Exprimez d'abord votre véritable inquiétude** Vos premières paroles donneront le ton à la conversation. Formulez donc vos remarques avec soin. Plutôt que de dire : « Madame Meilleur, je vous appelle parce que je suis mécontente du comportement de Marie », dites plutôt : « Madame Meilleur, je vous appelle parce que je m'inquiète au sujet des relations de Marie avec les autres élèves. »

2. **Décrivez le comportement problématique qui suscite votre appel** Énoncez clairement au parent ce que l'élève a fait ou n'a pas fait. Décrivez le comportement (comme frapper, crier ou refuser de participer) et le nombre de fois où le problème s'est présenté. Plutôt que de dire : « Marie est méchante avec les autres », dites : « Marie a frappé trois élèves aujourd'hui. »

3. **Décrivez les mesures que vous avez prises pour régler le problème** Faites savoir au parent que vous n'appelez pas pour vous décharger du problème sur lui. Expliquez précisément ce que vous avez fait pour y remédier. « La semaine dernière, j'ai discuté de la règle avec elle et je lui ai demandé de s'engager par écrit à ne plus frapper d'élèves. Aujourd'hui, je l'ai envoyée au bureau de la direction et j'ai ensuite parlé avec la directrice des moyens d'aider Marie à régler ce problème. »

4. **Recueillez de l'information auprès du parent** Demandez au parent tout renseignement susceptible d'aider à résoudre le problème. Écoutez sa réponse pour tenter de découvrir ce qui trouble l'élève et qui est susceptible d'aggraver son comportement.

5. **Présentez vos solutions pour résoudre les problèmes** Préparez-vous à dire au parent exactement ce que vous ferez et ce que vous aimeriez qu'il fasse de son côté. Demandez-lui de faire part à l'enfant de votre appel et de votre préoccupation partagée au sujet du problème en question.

6. **Exprimez votre assurance de pouvoir régler le problème** Inquiet, le parent voudra sans doute avoir l'assurance que vous pouvez travailler avec l'enfant dans le but de corriger le problème. De la même façon, une mère voudrait savoir si tel pédiatre peut guérir son enfant. Plutôt que de dire : « Je ne sais trop quoi faire, mais je vais essayer », dites : « Ne vous en faites pas. Ce problème n'est pas rare. D'autres élèves l'ont déjà eu. Nous pouvons aider Marie. »

7. **Prévoyez un appel pour assurer le suivi** Promettez au parent de tenir compte de cette conversation et de le rappeler. Dites-lui : « Je vous contacterai de nouveau vendredi, et je vous ferai savoir comment cela s'est passé. »

Sachez faire face à un échange hostile

De temps à autre, vous aurez affaire à des parents en colère ou verbalement agressifs. Pour vous préparer à cette éventualité, simulez une rencontre avec un tel parent. Demandez à votre mentor ou à un autre collègue de tenir le rôle du parent.

En suivant ces étapes, au cours d'une âpre discussion avec un parent, vous pourrez faire face à la situation avec assurance. Vous en viendrez ainsi à trouver une solution constructive.

La démarche pour désamorcer un échange hostile

1. Restez calme et remerciez le parent d'avoir exprimé ses préoccupations.

2. Écoutez les critiques du parent sans tenter de vous défendre ou de justifier vos actions.

3. Faites preuve d'empathie en demandant au parent de préciser certains renseignements.

4. Exposez de nouveau le problème de comportement de l'élève. Expliquez clairement pourquoi ce comportement peut lui nuire.

5. Parfois, le parent demeure hargneux ou en colère. Dans ce cas, soulignez qu'il est de l'intérêt de l'enfant de trouver ensemble une solution au problème.

6. Enfin, si le parent demeure réfractaire, suggérez-lui une rencontre avec un médiateur nommé par la direction. Vous pouvez aussi lui proposer de remettre la rencontre à une prochaine fois. Ainsi, chacun aura l'occasion de prendre du recul par rapport à ses émotions.

Alliez-vous les parents en vue de la réalisation des travaux à la maison

Les travaux à faire à la maison en fin de journée vous reviendront-ils? Cela dépend en grande partie des parents. Sur ce plan, ces derniers peuvent en effet se révéler vos plus efficaces alliés. Ils peuvent veiller à ce que les élèves fassent leur travail assidûment, à temps et de manière à renforcer les connaissances acquises en classe. Les projets familiaux d'apprentissage peuvent stimuler l'intérêt pour la matière au programme. Afin d'aider les parents à remplir leur rôle de partenaires en cette matière, il vous suffit de prendre quelques mesures élémentaires.

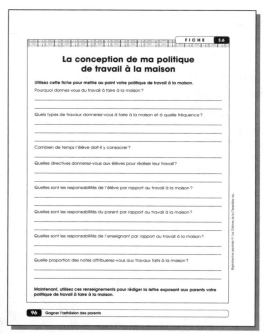

Fiche 3.6, p. 96

Au début de l'année, envoyez-leur d'abord une lettre énonçant ce que vous attendez d'eux. Expliquez-leur la collaboration qu'ils peuvent apporter. Décrivez comment ils peuvent aider leur enfant à accomplir ses travaux à la maison sans les faire à sa place. Votre communiqué aux parents devrait comprendre les points suivants :

- Expliquez pourquoi vous donnez du travail à faire à la maison ; décrivez les avantages que les élèves en retireront.

- Expliquez le type de travail que vous assignerez.

- Informez les parents de la quantité de travaux et de leur fréquence. Indiquez les jours de la semaine où vous donnerez du travail et le temps que l'élève devrait mettre à le réaliser.

- Précisez la date de remise du travail et la présentation souhaitée. Soulignez l'importance relative de remettre un travail propre au moment prévu. De plus, faites-leur savoir qu'il est important de rattraper le travail après une absence.

- Informez les parents des dates d'examens.

- Indiquez, s'il y a lieu, la possibilité pour les parents d'inscrire leur enfant au service d'aide aux devoirs fourni par l'école ou par un autre organisme.

- Avisez les parents du renforcement à l'aide duquel vous saluerez les efforts des élèves lorsqu'ils réalisent leur travail à la maison. Expliquez-leur aussi les conséquences liées au fait de ne pas accomplir le travail.

- Clarifiez ce que vous attendez du parent.

La plupart des parents tiennent à s'assurer que leur enfant fait son travail à la maison. Ils apprécieront probablement le soin que vous mettez à les informer et à les aider à jouer leur rôle de soutien. « La lettre type sur la politique de travail individuel au primaire », présentée à la page 82, vous donnera des idées pour exprimer votre opinion en la matière. Utilisez ensuite la fiche 3.6, « La conception de ma politique de travail à la maison », présentée à la page 96, pour mettre au point votre propre politique.

Déterminez le suivi que vous accorderez aux travaux faits à la maison

Une fois que les élèves et les parents ont fait leur part, l'enseignant doit agir de même. Vous vous sentirez peut-être submergé par la tâche d'assigner du travail, de le corriger et de le remettre. Toutefois, si vous trouvez important que l'élève réalise et remette son travail à temps, vous considérerez aussi que votre rétroaction à point nommé est essentielle. Plus votre réponse sera immédiate et complète, plus l'élève tirera profit de son travail. Pour assurer un suivi harmonieux, définissez clairement les modalités d'un travail fait à la maison.

- Trouvez une façon efficace de recueillir les travaux et de noter vos observations. Ainsi, vous pourrez éventuellement utiliser cette information en vue d'une évaluation. Vous pouvez demander à un élève de ramasser les travaux. En outre, il vous est possible de recourir à un aide, à un bénévole ou à un élève pour vous aider à enregistrer les travaux terminés, les notes ou les commentaires. Vous pouvez aussi prévoir une case ou une boîte où les élèves déposeront leur travail.

- Les élèves doivent savoir que vous vérifierez leur production et que vous y indiquerez un commentaire. Pour obtenir de meilleurs résultats, exprimez vos commentaires de façon positive. Ne vous contentez pas de commentaires généraux, par exemple « Beau travail ». Faites plutôt une rétroaction personnalisée.

- Déterminez les modes de correction des travaux. Les travaux écrits ou les gros projets nécessitent des commentaires détaillés de la part de l'enseignant. Cependant, les simples feuilles de calcul ou de problèmes de mathématiques donnent l'occasion aux élèves de se corriger mutuellement. Songez à des procédures grâce auxquelles ils pourraient corriger leur propre travail ou celui des autres. Ainsi, ils auront l'occasion de discuter d'un travail en groupe ou entre camarades. Encouragez les corrections collectives dirigées par l'enseignant, car elles favorisent de riches échanges de stratégies entre les élèves.

Présentez en avant-première les travaux de la semaine suivante

Au début de chaque semaine, donnez aux parents un aperçu de la semaine à venir. Servez-vous de la fiche 3.7, « En avant-première », présentée à la page 97. Ainsi, vous pourrez annoncer les situations d'apprentissage, les examens, les travaux, les rassemblements d'élèves de toute l'école, les congés et les événements spéciaux. Utilisez l'enveloppe, présentée aux pages 73 et 74, comme outil de communication parent – enseignant. Durant les causeries en famille, suggérez aux parents de s'informer, auprès de leurs enfants, des activités et des événements annoncés.

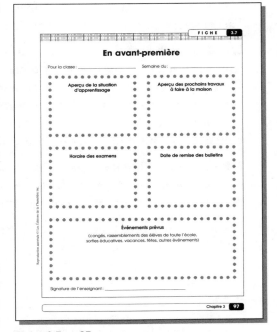

Fiche 3.7, p. 97

Les travaux longs : simplifiez et prévenez

Les parents vivent dans la crainte de découvrir à la dernière minute que leur enfant a un gros projet... à remettre le lendemain ! Vous pouvez leur éviter ce cauchemar. Informez-les du début d'un projet long et tenez-les au courant durant tout le processus.

Suivez de près l'avancement des travaux longs (les comptes rendus, les articles ou les projets) et tenez les parents au courant de la manière suivante :

- Faites parvenir à la maison une description détaillée du projet.

La lettre type sur la politique de travail individuel au primaire

Classe n° 6 La politique de travail à la maison

Aux parents de _____

La raison pour laquelle je donne des travaux à faire à la maison Je crois que ces travaux sont importants, car ils aident les élèves à renforcer ce qu'ils ont appris en classe. De plus, ces travaux les préparent aux situations d'apprentissage subséquentes. Ils permettent d'inculquer le sens des responsabilités et aident les élèves à acquérir de bonnes habitudes de travail.

Les travaux varient d'un enfant à l'autre Il se peut que votre enfant n'ait pas régulièrement des travaux à faire à la maison. Tout dépend de son cheminement en classe.

À quel moment les élèves auront des travaux à faire à la maison Je donnerai des travaux à faire entre le lundi et le jeudi. Ces travaux ne devraient pas demander aux élèves plus d'une demi-heure par soir.

Les responsabilités des élèves en matière de travail à la maison J'attends des élèves qu'ils fassent leur travail de leur mieux. Ils doivent remettre un travail propre, pas un brouillon. Ils doivent aussi faire leur travail eux-mêmes et ne demander de l'aide qu'en dernier recours. De plus, je prévois qu'ils respecteront l'échéance de remise.

Les responsabilités de l'enseignant par rapport aux travaux individuels Je vérifierai tous les travaux et les retournerai avec rapidité. Je crois fermement qu'on peut, en offrant un soutien positif, motiver les élèves à acquérir de bonnes habitudes d'étude. Je leur remettrai donc leur travail en l'accompagnant de mes encouragements et d'une rétroaction constructive.

Les responsabilités des parents Vous pouvez grandement contribuer à ce que le travail à la maison soit une expérience positive pour votre enfant. Il est donc important d'en faire une priorité. Pour y arriver, vous pouvez rassembler les fournitures nécessaires, procurer un environnement calme, réserver un moment de la journée à cette activité, offrir des félicitations et des encouragements et ne pas laisser votre enfant se soustraire à son travail. De plus, vous êtes invités à me contacter si vous remarquez un problème.

Si les élèves ne terminent pas le travail Parfois, les élèves décident de ne pas faire leur travail. Dans ce cas, je leur parlerai pour vérifier s'ils comprennent bien ce qu'ils doivent faire. Si le problème persiste, je vous contacterai pour discuter de solutions possibles.

Je vous invite à lire et à discuter de cette politique de travail à la maison avec votre enfant. Veuillez également apposer votre signature au bas de la lettre et la retourner à l'école.

Josée Beaulieu

J'ai lu cette politique de travaux à la maison et j'en ai discuté avec mon enfant.

_____   _____   _____
Signature du parent   Signature de l'élève   Date

- Incitez les élèves à s'attaquer aux travaux longs, étape par étape.

- Écrivez des commentaires détaillés sur les copies que vous envoyez à la maison, dans la mesure du possible. Les parents apprécieront vos commentaires positifs et vos critiques objectives. De plus, les élèves comprendront mieux vos attentes pour le *prochain* projet d'envergure.

Intensifiez la capacité d'étude des élèves

Aidez les élèves plus âgés à se sentir responsables d'améliorer leurs habitudes d'étude. Remettez-leur la fiche 3.8, «Des conseils pour faciliter l'étude», présentée à la page 98. Vous pouvez inclure cette feuille dans un dossier que vous remettrez aux parents lors de la soirée d'information (voir la page 86) ou la confier directement aux élèves.

Fiche 3.8, p. 98

Enrichissez l'apprentissage à la maison

Un parent peut tenter d'enrichir l'apprentissage en aidant aux travaux, en réservant une période de lecture et en participant aux activités quotidiennes de l'enfant. Vous pouvez sans doute trouver plusieurs façons de faire participer les parents au processus d'apprentissage. Cette section présente certains de ces outils.

Examinez les fiches 3.9 à 3.15, présentées aux pages 99 à 109, et choisissez celles qui sont appropriées en fonction des familles de vos élèves et de votre programme. Personnalisez-les au besoin ou reproduisez-les telles quelles. Elles traitent de divers sujets: les travaux scolaires, le soutien des parents, la lecture, les ressources Internet, etc. Distribuez ces fiches de temps à autre durant l'année, selon les activités scolaires. Vous pouvez aussi les rassembler dans des porte-documents que vous distribuerez aux parents durant la soirée d'information. Consultez la page 86 pour connaître d'autres éléments de contenu à verser aux porte-documents des parents.

Entrez en communication avec les parents allophones

La diversité de la composition des classes d'aujourd'hui représente de nouveaux défis pour les enseignants. Dans leurs classes, les enseignants ont parfois des élèves de langue maternelle autre que le français.

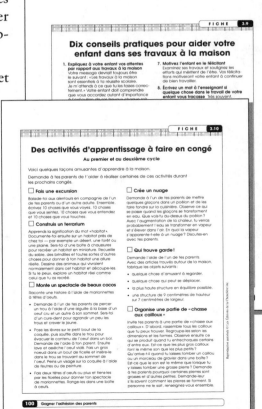

Fiche 3.9 et 3.10, p. 99 et 100

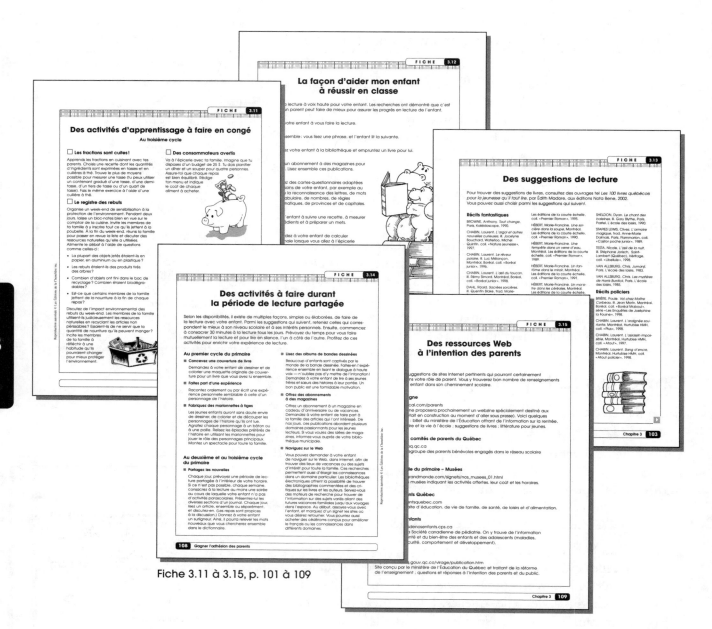

Fiche 3.11 à 3.15, p. 101 à 109

Le fait d'être bilingue peut faciliter vos rapports avec des parents allophones. Si vous ne pouvez communiquer dans la langue d'un parent, vous voudrez sans doute profiter des ressources offertes pour y parvenir. Votre école met peut-être à votre disposition des interprètes ou des communiqués écrits dans les langues les plus répandues parmi vos élèves. Votre commission scolaire fournit peut-être aussi les services de formateurs en français langue seconde, d'aides ou de bénévoles capables de traduire oralement ou par écrit des communiqués aux parents. Si vous n'avez pas accès à de telles ressources, vous pouvez demander à un élève plus âgé de vous servir d'interprète durant une rencontre avec les parents. Il existe également des sites Web offrant gratuitement des services de traduction. Comme il s'agit de traductions littérales, rédigez un texte très simple, dénué d'expressions idiomatiques. Ensuite, demandez à une personne qui parle la langue d'arrivée de s'assurer que le sens du message a été respecté.

Conviez les parents à une soirée d'information enrichissante

La soirée d'information à l'école ne remplira ses promesses d'une nouvelle collaboration avec les parents que si ces derniers acceptent d'abord votre invitation. Malheureusement, les parents n'assistent pas tous à la soirée d'information. Ils sont peut-être déjà venus à des soirées qui n'étaient pas vraiment informatives ou ils n'aiment pas venir à l'école.

Ayez comme objectif de rassembler tous les parents. Pour qu'il y ait foule et que l'expérience soit enrichissante, envoyez à la maison des invitations faisant la « promotion » de l'événement et en expliquant les avantages aux parents. Par exemple, si vous en avez le temps et le goût, si vous disposez du matériel et des personnes-ressources, tournez une vidéo des élèves travaillant à leurs projets, présentant un exposé ou se faisant interviewer. Annoncez cette présentation spéciale de la vidéo dans votre invitation. Si vous ne pouvez pas présenter un court film, prévoyez un diaporama créé par les élèves ou une exposition de travaux artistiques.

Facilitez la venue des parents. Informez-vous auprès de l'administration de la disponibilité du service de garde et annoncez-le. Prévoyez une section « Prière de répondre » sur l'invitation. Communiquez avec les parents qui ne prévoient pas assister à la soirée. Faites-leur parvenir le matériel qu'ils ne pourront pas recevoir à cette occasion. Copiez ou personnalisez la fiche 3.16, « Une invitation à une soirée d'information », présentée à la page 110.

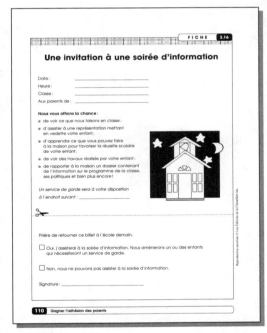

Fiche 3.16, p. 110

Une fois que les parents seront dans votre classe, accueillez-les chaleureusement. Faites-leur sentir à quel point vous vous souciez de leurs enfants. Assurez-les que vous mettrez en place les éléments nécessaires pour que les enfants profitent de leur expérience scolaire. Retenez les conseils suivants :

- Suivez un plan déjà défini sur papier lorsque vous vous adressez aux parents. Présentez-vous avec entrain. Exposez avec dynamisme et humour votre référentiel disciplinaire et vos politiques de travail à faire à la maison. Expliquez votre approche disciplinaire.

- Précisez l'aide qu'ils peuvent apporter. Prévoyez suffisamment de temps pour répondre aux questions. Notez les suggestions des parents de façon à pouvoir leur en reparler plus tard, lors d'un appel téléphonique ou de l'envoi d'un message écrit. Indiquez-leur comment vous contacter. Assurez-les de votre désir de connaître leurs préoccupations et leurs attentes.

- Présentez votre matériel pédagogique.

- Songez à montrer un diaporama des élèves travaillant aux activités de classe. Vous pouvez aussi présenter une bande sonore ou vidéo des élèves discutant de leurs ateliers ou de leurs projets. Assurez-vous que tous les élèves de la classe apparaissent sur les diapositives ou sur la bande magnétoscopique.

- Invitez chaque élève à laisser une note écrite à ses parents. Ces derniers pourront lire la note, puis rédiger une réponse que l'enfant trouvera à sa place le lendemain matin.

- Présentez divers échantillons des travaux des élèves sur les tableaux d'affichage, les tables et les pupitres.

- Parlez des projets spéciaux auxquels vous avez pensé.

Des suggestions d'éléments à joindre au dossier destiné aux parents

☐ La liste des élèves de la classe

☐ La liste du personnel

☐ L'adresse et le numéro de téléphone de l'école et les heures d'ouverture

☐ Un mot sur vous

☐ L'horaire quotidien de la classe

☐ Les objectifs pédagogiques

☐ Votre politique concernant le travail à la maison

☐ Votre référentiel disciplinaire

☐ Le calendrier scolaire

☐ Les politiques concernant l'absentéisme, les visites chez le médecin et les travaux de rattrapage

☐ Les questions de santé et d'hygiène

Ajoutez des fiches reproductibles tirées de la présente section

☐ Un message des parents à l'enseignant

☐ Un coup de main, s'il vous plaît

☐ Des conseils pour faciliter l'étude

☐ Dix conseils pratiques pour aider votre enfant dans ses travaux à la maison

☐ La façon d'aider mon enfant à réussir en classe

☐ Des suggestions de lecture

☐ Des activités à faire durant la période de lecture partagée

☐ Des ressources Web pour les parents

- Expliquez comment les bénévoles peuvent apporter leur aide dans votre classe. De plus, invitez les parents à participer à la réalisation de projets spéciaux que vous avez préparés. Décrivez vos besoins sur un tableau où les parents pourront inscrire leur nom.

- Remettez aux parents un porte-documents ou une chemise contenant de l'information utile, de même que des outils pour les aider à soutenir l'apprentissage de leur enfant (voir les suggestions à la page 86). Assurez-vous que tous les parents reçoivent ce dossier d'information, même ceux qui n'ont pu se présenter. Prévoyez une feuille de présence. Ainsi, vous pourrez envoyer des documents aux parents absents (voir les fiches 3.17 et 3.18, « La feuille de présence des parents », présentées aux pages 111 et 112).

- Quelques jours après la soirée d'information, faites parvenir un mot de remerciement aux parents qui sont venus et un compte rendu à ceux qui n'ont pu se présenter. Incluez des explications ayant trait à votre exposé et des réponses aux questions posées par les parents.

Fiches 3.17 et 3.18, p. 111 et 112

Envisagez les rencontres d'évaluation avec les parents avec confiance

Beaucoup de nouveaux enseignants appréhendent leur premier tête-à-tête avec un parent. Même les enseignants aguerris peuvent se sentir pris de court. Pourtant, si vous tenez régulièrement ce genre de rencontre, la tâche sera plus facile et votre enseignement en bénéficiera. Grâce à ces rencontres, vous pourrez raffermir votre partenariat avec les parents, leur donner un aperçu général des progrès de leur enfant et les rassurer quant à leurs préoccupations. En parlant avec les parents, vous parviendrez sans doute à une meilleure compréhension de la pensée de l'enfant.

Au moment de la rencontre, vous aurez peut-être déjà établi des contacts positifs avec les parents. Le tête-à-tête vous permettra d'avoir une discussion plus éclairée sur leur enfant. Informez-vous des moments où l'école planifie des rencontres avec les parents et préparez-vous d'avance à solliciter le parent.

Les étapes suivantes vous aideront à vous sentir mieux préparé et plus en confiance. Elles aideront les parents à recueillir des renseignements précieux sur leur enfant et rendront la rencontre plus enrichissante.

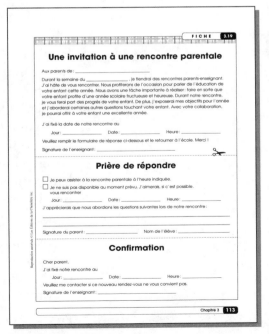

Fiche 3.19, p. 113

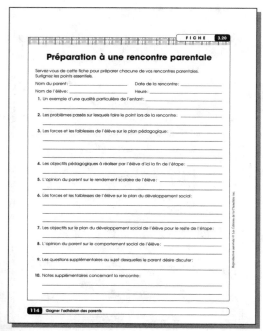

Fiche 3.20, p. 114

- Faites parvenir à la maison la fiche 3.19, « Une invitation à une rencontre parentale », présentée à la page 113. Joignez-y une note personnalisée. Expliquez le but de la rencontre. Insistez sur sa nature positive, au cas où certains parents présumeraient qu'il s'agit de discuter de problèmes.

- Offrez aux parents des choix de rendez-vous flexibles. Présentez-leur ces choix sur une invitation pourvue d'une section à retourner. Inscrivez les dates appropriées avant de reproduire l'invitation.

- Préparez-vous à la rencontre en réunissant des exemples de travaux réalisés par chacun des élèves. Utilisez-les pour illustrer votre propos sur le rendement scolaire de l'élève.

- En prévision de la rencontre, remplissez une fiche 3.20 par élève, « Préparation à une rencontre parentale », présentée à la page 114. Comme chaque rencontre est brève, tâchez d'en tirer le meilleur parti possible. Notez donc d'avance toutes les questions que vous avez l'intention d'aborder. Gardez la feuille devant vous. Ainsi, vous pourrez y noter les commentaires des parents. Versez ensuite ce document au dossier de l'élève.

- Le jour de la rencontre, tâchez d'aménager un environnement adéquat. Prévoyez des chaises pour adultes dans votre classe. Songez au confort des parents qui attendent. Installez deux chaises à l'extérieur de la classe. Placez une pile de manuels d'élèves et de cahiers sur lesquels les parents pourront jeter un coup d'œil en attendant.

- Accueillez les parents avec entrain et donnez un ton cordial et empathique à la rencontre. Traitez-les comme vous voudriez qu'on vous traite. Puisque le parent est un invité et que vous êtes son hôte, c'est à vous qu'il revient de faire de cette rencontre une expérience agréable, fructueuse et informative.

- Suivez les points inscrits sur votre fiche de préparation. Toutefois, gardez suffisamment de temps pour permettre aux parents de s'exprimer. Votre capacité d'écoute se révélera tout aussi importante que votre capacité d'informer. Si le parent semble négatif, déconcerté ou hostile, saisissez l'occasion pour vous gagner son appui. Certains parents ont gardé une mauvaise opinion de l'école à la suite d'expériences malheureuses. L'engagement et la passion d'un enseignant peuvent suffire à modifier leur point de vue et celui de leur enfant. Si la barrière de la langue pose problème, offrez les services d'un interprète.

  Assurez-vous de bien gérer le temps disponible. Les parents ont peut-être beaucoup à vous dire, mais vous devez disposer du temps nécessaire pour aborder les points importants. Vous voudrez également trouver une bonne façon de terminer l'entretien afin d'éviter qu'il ne se prolonge indûment.

- Prévoyez des communications téléphoniques avec les parents n'ayant pu participer à un tête-à-tête avec vous. Offrez les services d'un interprète, au besoin.

Ouvrez grandes les portes pour la visite libre

En général, la soirée d'information permet à l'enseignant de renseigner les parents. D'un autre côté, la visite libre, qui se tient plus tard dans l'année, donne à vos élèves l'opportunité de partager leurs découvertes et de montrer leurs travaux. Invitez les élèves à présenter leurs travaux et à décrire les centres d'intérêt de leur autre chez-soi. Accueillez chaleureusement les élèves et leurs parents. Profitez de l'occasion pour mettre en valeur ce que les élèves ont appris. Aidez-vous en respectant les étapes suivantes.

Fiche 3.21, p. 115

Préparez des invitations spéciales

Même si votre école fait parvenir un mot à chaque famille, invitez vos élèves à rédiger des invitations personnelles. Demandez-leur de parler à leurs parents des choses qu'ils veulent spécialement leur montrer. Vous pouvez aussi les inviter à mentionner ces points d'intérêt sur la fiche 3.21, « Une invitation à une visite libre », présentée à la page 115.

Soyez prévoyant

Conservez quelques projets d'élèves afin de les exposer lors de la visite libre. Laissez les élèves participer au choix de leur meilleur travail. Ils pourront l'exposer au tableau d'affichage ou dans le corridor, ou encore le joindre au portfolio qui sera placé sur leur pupitre. Demandez aux élèves de remplir la fiche 3.22 « La visite de la classe », présentée à la page 116. Ils s'en serviront pour guider leurs parents dans la classe. Plus les élèves s'investiront dans la préparation de l'événement, plus ils seront emballés de montrer leur travail à leurs parents. Préparez une feuille de présence à faire signer aux parents. Il vous sera alors plus facile d'envoyer des notes de remerciement à ceux qui sont venus.

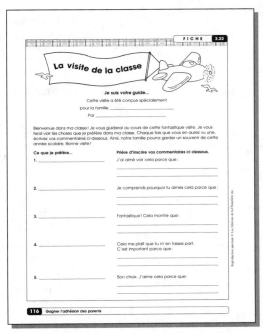

Fiche 3.22, p. 116

Mettez en valeur le travail des élèves

Montrez vos élèves « à l'œuvre » durant l'année. Inspirez-vous des idées suivantes :

- Présentez un diaporama ou créez un tableau d'affichage mettant en vedette les moments marquants d'une sortie éducative ou d'exposés en classe. En prévision de cette présentation, chargez des élèves ou des parents de prendre des photos, dès le début de l'année.

- Invitez les élèves à montrer leur travail informatique. Mettez les ordinateurs à la disposition des familles pour qu'ils puissent visualiser le travail.

- Présentez une vidéo des exposés oraux de certains élèves en classe.

- Recouvrez les fenêtres, les portes et les murs de travaux d'élèves. Suspendez leurs œuvres d'art au plafond.

- Sur une table, exposez des livres de classe, un album de photos de classe et des portfolios des élèves.

- Montez une expérience scientifique pratique à laquelle toute la famille pourra mettre la main.

Vous avez maintenant appris quelques façons d'établir une correspondance active, de passer des appels téléphoniques positifs, de régler des problèmes et de planifier des rencontres avec les parents. Durant l'année, trouvez d'autres occasions, de façon que les parents puissent se réjouir de l'apprentissage de leur enfant. En leur ouvrant la porte de votre classe, vous favoriserez un plus haut niveau de réussite et de bien-être chez vos élèves.

Saluez l'apport des parents en fin d'année

Les messages d'appréciation occasionnels peuvent avoir un effet durable sur les élèves et leurs parents, spécialement les messages d'au revoir envoyés à la fin de l'année. Prenez quelques minutes pour écrire un message d'encouragement cordial à chaque élève et parent de votre classe. Pour le rédiger, inspirez-vous au besoin de l'exemple suivant.

Un exemple de message aux parents

Chère madame, cher monsieur,

Félix a passé une très bonne année. J'espère que vous réalisez jusqu'à quel point vous y êtes pour beaucoup. En intégrant la réalisation de son travail à la maison à sa routine, Félix a réussi à exceller autant sur le plan pédagogique qu'en gymnastique. Merci de l'avoir encouragé dans ses études et le sport. Je vous souhaite un bon été. Il me fera plaisir de vous rencontrer à l'occasion d'autres événements à l'école, l'année prochaine.

Michel Gouin

Un message de l'enseignant aux parents

Aux parents de : _____

_____

_____

_____

_____

_____

_____

_____

Signature : _____ Date : _____

··············· *Pliez ici* ···············

Réponse des parents

_____

_____

_____

_____

_____

_____

_____

_____

Signature : _____ Date : _____

Un message des parents à l'enseignant

À l'enseignant de : _____

J'ai remarqué que mon enfant a progressé ou s'est amélioré de la façon suivante :

_____

_____

_____

_____

_____

_____

_____

Signature : _____ Date : _____

· · · · · · · · · · · · · · Pliez ici · · · · · · · · · · · · · ·

Réponse de l'enseignant

_____

_____

_____

_____

_____

_____

_____

_____

Signature : _____ Date : _____

Un coup de main, s'il vous plaît !

Cher parent,

Notre classe aurait besoin d'un peu d'aide. Nous espérons que vous pourrez vous porter volontaire.

Voici ce dont nous avons besoin :

_____

_____

_____

_____

_____

_____

Signature : _____   Date : _____   Classe n° _____

----- *Découpez ici et retournez la section ci-dessous à l'école.* -----

Je peux vous aider.

☐ Il me fera plaisir de donner un coup de main. Vous pouvez compter sur moi pour :

_____

_____

_____

_____

_____

☐ Merci d'avoir pensé à moi, mais je ne pourrai pas vous aider cette fois-ci. N'hésitez pas à me contacter de nouveau.

Signature : _____   Date : _____

Téléphone : _____

Merci à mes parents !

Cher _____

Te souviens-tu de _____

_____

_____

_____

_____

Moi, je m'en souviens et je veux simplement te dire «merci»!

De _____

Merci à mes parents !

Cher _____

Te souviens-tu de _____

_____

_____

_____

_____

Moi, je m'en souviens et je veux simplement te dire «merci»!

De _____

La préparation d'un appel visant à résoudre un problème

Date de l'appel : _____

Nom de l'élève : _____ Niveau et groupe : _____

Parent ou tuteur : _____

Téléphone à domicile : _____ Téléphone au travail : _____

Durant votre appel, vous prévoyez aborder différents points. Notez les différents aspects pour chacun de ces points. Soyez le plus positif possible !

Faites part de votre inquiétude : _____

_____

Décrivez le problème de comportement précis : _____

_____

Décrivez les mesures que vous avez prises jusqu'à présent : _____

_____

Demandez l'opinion du parent sur le problème : _____

_____

Notez les commentaires du parent : _____

_____

Proposez des pistes de solution :

• ce que vous ferez à l'école : _____

_____

• ce que vous aimeriez que le parent fasse à la maison : _____

_____

Assurez le parent que le problème peut être résolu : _____

_____

Indiquez au parent les contacts subséquents que vous prévoyez : _____

Notes : _____

_____

_____

La conception de ma politique de travail à la maison

Utilisez cette fiche pour mettre au point votre politique de travail à la maison.

Pourquoi donnez-vous du travail à faire à la maison?

_____

_____

Quels types de travaux donnerez-vous à faire à la maison et à quelle fréquence?

_____

_____

_____

Combien de temps l'élève doit-il y consacrer?

_____

Quelles directives donnerez-vous aux élèves pour réaliser leur travail?

_____

_____

Quelles sont les responsabilités de l'élève par rapport au travail à la maison?

_____

_____

Quelles sont les responsabilités du parent par rapport au travail à la maison?

_____

_____

Quelles sont les responsabilités de l'enseignant par rapport au travail à la maison?

_____

_____

Quelle proportion des notes attribuerez-vous aux travaux faits à la maison?

_____

_____

Maintenant, utilisez ces renseignements pour rédiger la lettre exposant aux parents votre politique de travail à faire à la maison.

En avant-première

Pour la classe : _____   Semaine du : _____

Aperçu de la situation d'apprentissage

Aperçu des prochains travaux à faire à la maison

Horaire des examens

Date de remise des bulletins

Événements prévus

(congés, rassemblements des élèves de toute l'école, sorties éducatives, vacances, fêtes, autres événements)

Signature de l'enseignant : _____

Des conseils pour faciliter l'étude

Certains jours, tu as du mal à te concentrer. Peut-être n'es-tu tout simplement pas d'humeur à étudier ? As-tu de la difficulté à te concentrer sur une matière en particulier ? As-tu choisi le bon endroit pour travailler ? Quelle que soit la raison de ton problème, tu arriveras à mieux te concentrer si tu prends certaines dispositions.

Par où commencer ?	Attaque-toi d'abord à ton projet le plus difficile. Si tu aimes travailler les mathématiques mais pas l'histoire, commence par le travail d'histoire. Tu auras les idées plus claires et tu t'en tireras plus rapidement.
Un petit creux ?	Si tu as continuellement envie de grignoter, alors mange avant de te mettre à l'étude. Ensuite, tu ne bouges plus. C'est fou le temps que tu perds en faisant la navette entre le frigo et ta table de travail.
Chut !	Élimine toutes les distractions. Ferme la télé, change de pièce si des gens y bavardent, dis à ton petit frère de cesser de frapper à la porte de ta chambre. Et ne réponds pas au téléphone avant d'avoir terminé.
Commence de bonne heure.	Tâche de faire ton travail le plus tôt possible. Si tu attends jusqu'à l'heure du coucher, tu devras non seulement te presser, mais tu n'auras plus l'esprit alerte.
Au travail !	N'attends pas un moment plus favorable. Ton travail ne se fera pas de lui-même. Il vaut donc mieux te décider à t'asseoir, puis à te mettre rapidement à la tâche. Une fois que tu auras terminé, tu seras libre de passer à autre chose.
Besoin d'aide ?	Si tu n'y arrives pas après avoir essayé, ne te décourage pas. Demande de l'aide à un parent, à une sœur ou à un frère. Tu peux aussi téléphoner à un ami.

Source : Adapté de © 1998, Cathy Spalding (homeworkhelp.about.com), sous licence d'About.com. Reproduit avec l'autorisation d'About.com, Inc. www.about.com. Tous droits réservés.

Étude
Ne pas déranger — génie à l'oeuvre !

Dix conseils pratiques pour aider votre enfant dans ses travaux à la maison

1. **Expliquez à votre enfant vos attentes par rapport aux travaux à la maison** Votre message devrait toujours être le suivant : «Les travaux à la maison sont essentiels à ta réussite scolaire. Je m'attends à ce que tu les fasses correctement.» Votre enfant doit comprendre que vous accordez autant d'importance à l'exécution de ses travaux chaque soir qu'à son assiduité en classe.

2. **Chaque soir, réservez un moment précis pour les travaux** La plupart des activités sportives, des leçons de musique ou des visites médicales de votre enfant suivent un horaire déterminé. Intégrez-y la réalisation des travaux à la maison. Avec votre enfant, fixez une heure appropriée pour qu'il fasse ses travaux.

3. **Ménagez une aire d'étude convenable** Les experts s'entendent pour dire qu'un environnement d'étude calme est essentiel. Assurez-vous que votre enfant dispose d'un pupitre ou d'une table dans un endroit tranquille. Insistez pour qu'il fasse toujours son travail à cet endroit.

4. **Rassemblez un «nécessaire de travail»** Réduisez le temps que l'enfant perd à chercher des articles nécessaires à la réalisation de son travail. Préparez un «nécessaire de travail» — une boîte contenant les fournitures essentielles telles que du papier, des crayons bien taillés, une gomme à effacer, une règle, des chemises de classement, des onglets et de la colle.

5. **Assurez-vous que votre enfant range son matériel scolaire dans son sac d'école une fois ses travaux terminés** Vous éviterez ainsi la recherche matinale frénétique.

6. **Manifestez de l'intérêt pour les travaux de votre enfant** Lorsque ce dernier vous montre ses réalisations, prenez le temps de les regarder et de poser des questions. Montrez-vous solidaire en faisant des remarques précises : «Tu as tracé une très belle carte. Tu as tenu compte de tous les détails.»

7. **Motivez l'enfant en le félicitant** Examinez ses travaux et soulignez les efforts qui méritent de l'être. Vos félicitations motiveront votre enfant à continuer de bien travailler.

8. **Écrivez un mot à l'enseignant si quelque chose dans le travail de votre enfant vous tracasse** Très souvent, il pourra suggérer une solution à un problème qui vous ennuie, vous ou votre enfant. En travaillant ensemble, vous améliorez les chances de réussite scolaire de votre enfant.

9. **Passez un «contrat de travail» avec votre enfant si sa difficulté à faire ses travaux persiste** Ce contrat (une entente écrite et signée entre vous et votre enfant) précise : 1) la règle à respecter concernant les travaux à la maison, 2) la conséquence positive liée au respect de la règle concernant les travaux à la maison et 3) les conséquences négatives inévitables en cas de non-respect du «contrat».

10. **Investissez-vous et informez-vous** Chaque soir, si c'est possible, parcourez la liste des travaux de votre enfant. Ainsi, vous aurez l'assurance que tout le travail est fait. De plus, vous demeurerez au courant de ce qui se passe en classe et de tous les travaux longs et les examens.

Zone de travail personnel

Silence, s'il vous plaît !

Des activités d'apprentissage à faire en congé

Au premier et au deuxième cycle

Voici quelques façons amusantes d'apprendre à la maison.

Demande à tes parents de t'aider à réaliser certaines de ces activités durant les prochains congés.

☐ Fais une excursion

Balade-toi aux alentours en compagnie de l'un de tes parents ou d'un autre adulte. Ensemble, écrivez 10 choses que vous voyez, 10 choses que vous sentez, 10 choses que vous entendez et 10 choses que vous touchez.

☐ Construis un terrarium

Apprends la signification du mot «habitat». Documente-toi ensuite sur un habitat près de chez toi — par exemple un désert, une forêt ou une plaine. Sers-toi d'une boîte à chaussures pour recréer un habitat en miniature. Recueille du sable, des brindilles et toutes sortes d'autres choses pour donner à ton habitat une allure réelle. Dessine des animaux qui vivraient normalement dans cet habitat et découpe-les. Si tu le peux, explore un habitat réel comme celui que tu as recréé.

☐ Monte un spectacle de beaux cocos

Raconte une histoire à l'aide de marionnettes à têtes d'oeufs.

- Demande à l'un de tes parents de percer un trou à l'aide d'une aiguille à la base d'un oeuf cru et un autre à son sommet. Sers-toi d'un cure-dent pour agrandir un peu les trous et crever le jaune.

- Pose les lèvres sur le petit bout de la coquille, puis souffle dans le trou pour évacuer le contenu de l'oeuf dans un bol. Demande de l'aide à ton parent. Ensuite lave et assèche l'oeuf vidé. Fais un gros noeud dans un bout de ficelle et insère-le dans le trou se trouvant au sommet de l'oeuf. Peins un visage sur la coquille à l'aide de feutres ou de peinture.

- Fais deux têtes d'oeufs ou plus et tiens-les par les ficelles pour donner ton spectacle de marionnettes. Range-les dans une boîte à oeufs.

☐ Crée un nuage

Demande à l'un de tes parents de mettre quelques glaçons dans un poêlon et de les faire fondre sur la cuisinière. Observe ce qui se passe quand les glaçons se transforment en eau. Que vois-tu au-dessus du poêlon ? Avec l'augmentation de la chaleur, tu verras probablement l'eau se transformer en vapeur et s'élever dans l'air. En quoi la vapeur s'apparente-t-elle à un nuage ? Discutes-en avec tes parents.

☐ Qui trouve garde !

Demande l'aide de l'un de tes parents. Avec des articles trouvés autour de la maison, fabrique les objets suivants :

- quelque chose d'amusant à regarder,
- quelque chose qui peut se déplacer,
- la plus haute structure en équilibre possible,
- une structure de 9 centimètres de hauteur sur 7 centimètres de largeur.

☐ Organise une partie de «chasse aux cailloux»

Invite tes parents à une partie de «chasse aux cailloux». D'abord, rassemble tous les cailloux que tu peux trouver. Regroupe-les selon les dimensions et les formes. Observe ensuite ce qui se produit quand tu entrechoques certains d'entre eux. Est-ce que les plus gros cailloux font le même son que les plus petits ? Qu'arrive-t-il quand tu laisses tomber un caillou ou un morceau de gravier dans une boîte ? Est-ce que le son est le même que lorsque tu y laisses tomber une grosse pierre ? Demande à tes parents pourquoi certaines pierres sont grosses et d'autres petites. Demande-leur s'ils savent comment les pierres se forment. Si personne ne le sait, renseignez-vous ensemble.

Des activités d'apprentissage à faire en congé

Au troisième cycle

☐ Les fractions sont cuites!

Apprends les fractions en cuisinant avec tes parents. Choisis une recette dont les quantités d'ingrédients sont exprimées en tasses et en cuillères à thé. Trouve le plus de moyens possible pour mesurer une tasse (tu peux utiliser un contenant gradué d'une tasse, d'une demi-tasse, d'un tiers de tasse ou d'un quart de tasse). Fais le même exercice à l'aide d'une cuillère à thé.

☐ Le registre des rebuts

Organise un week-end de sensibilisation à la protection de l'environnement. Pendant deux jours, laisse un bloc-notes bien en vue sur le comptoir de la cuisine. Invite les membres de ta famille à y inscrire tout ce qu'ils jettent à la poubelle. À la fin du week-end, réunis la famille pour passer en revue la liste et discuter des ressources naturelles qu'elle a utilisées. Alimente le débat à l'aide de questions comme celles-ci:

- La plupart des objets jetés étaient-ils en papier, en aluminium ou en plastique?

- Les rebuts étaient-ils des produits tirés des arbres?

- Combien d'objets ont fini dans le bac de recyclage? Combien étaient biodégradables?

- Est-ce que certains membres de la famille jettent de la nourriture à la fin de chaque repas?

Discutez de l'impact environnemental des rebuts du week-end. Les membres de la famille utilisent-ils judicieusement les ressources naturelles en recyclant les articles non périssables? Essaient-ils de ne servir que la quantité de nourriture qu'ils peuvent manger?

Incite les membres de ta famille à réfléchir à une habitude qu'ils pourraient changer pour mieux protéger l'environnement.

☐ Des consommateurs avertis

Va à l'épicerie avec ta famille. Imagine que tu disposes d'un budget de 25 $. Tu dois planifier un dîner et un souper pour quatre personnes. Assure-toi que chaque repas est bien équilibré. Rédige ton menu et indique le coût de chaque aliment à acheter.

☐ Le jeu des catégories

Tu peux t'adonner à ce jeu en voiture ou durant une soirée passée en famille. Ce jeu consiste à mettre à l'épreuve votre connaissance de la géographie, des animaux, de la littérature et des autres sujets d'étude.

La première personne choisit une catégorie, par exemple «pays». Ensuite, elle mentionne le nom d'un pays, qui pourrait être «Kenya». La personne suivante doit trouver un pays dont le nom commence par la dernière lettre du mot «Kenya», c'est-à-dire «A». Si elle dit «Afghanistan», la personne suivante pourrait poursuivre avec «Nicaragua».

Continuez ainsi jusqu'à ce que les participants soient à court d'idées, puis changez de catégorie. Inspirez-vous des exemples suivants portant sur les animaux et les titres de livres:

- Animaux: Porc-épic... couguar... rat... tigre... éléphant... tamanoir... rhinocéros... serpent... tatou...

- Livres (ne tiens pas compte de l'article): *Boucles d'or et les trois ours*... *Le sceptre d'Ottokar*... *Ricquet à la houppe*...

La façon d'aider mon enfant à réussir en classe

- Faites la lecture à voix haute pour votre enfant. Les recherches ont démontré que c'est ce qu'un parent peut faire de mieux pour assurer les progrès en lecture de l'enfant.

- Invitez votre enfant à vous faire la lecture.

- Lisez ensemble : vous lisez une phrase, et l'enfant lit la suivante.

- Abonnez votre enfant à la bibliothèque et empruntez un livre pour lui.

- Prenez un abonnement à des magazines pour enfants. Lisez ensemble ces publications.

- Préparez des cartes-questionnaires adaptées aux besoins de votre enfant, par exemple au sujet de la reconnaissance des lettres, de mots de vocabulaire, de nombres, de règles mathématiques, de provinces et de capitales.

- Incitez l'enfant à suivre une recette, à mesurer les ingrédients et à préparer un mets.

- Demandez à votre enfant de calculer la monnaie lorsque vous allez à l'épicerie ou au magasin à rayons.

- Aidez votre enfant à organiser son travail à la maison. Faites-en la relecture avec lui pour corriger les erreurs avant la remise de son travail.

- Réjouissez-vous des découvertes de votre enfant et montrez-lui votre joie d'apprendre avec lui.

Des suggestions de lecture

Pour trouver des suggestions de livres, consultez des ouvrages tel *Les 100 livres québécois pour la jeunesse qu'il faut lire,* par Édith Madore, aux éditions Nota Bene, 2002.
Vous pouvez aussi choisir parmi les suggestions qui suivent.

Récits fantastiques

BROWNE, Anthony. *Tout change,* Paris, Kaléidoscope, 1990.

CHABIN, Laurent. *L'argol et autres nouvelles curieuses,* ill. Jocelyne Bouchard, Waterloo, Michel Quintin, coll. «Nature jeunesse», 1997.

CHABIN, Laurent. *Le rêveur polaire,* ill. Luc Mélançon, Montréal, Boréal, coll. «Boréal junior», 1996.

CHABIN, Laurent. *L'œil du toucan,* ill. Rémy Simard, Montréal, Boréal, coll. «Boréal junior», 1998.

DAHL, Roald. *Sacrées sorcières,* ill. Quentin Blake, trad. Marie-Raymond Farré, Paris Gallimard, coll. «Folio junior», 1994.

DELERM, Philippe. *Sortilège au Muséum,* Paris, Magnard Jeunesse, coll. «Les fantastiques», 1996.

DUCHESNE, Christiane. *Le bonnet bleu,* ill. Béatrice Leclercq, Montréal, Hurtubise HMH, coll. «Plus», 1998.

ENDE, Michael. *L'histoire sans fin,* Paris, Le livre de poche, 1984.

HÉBERT, Marie-Francine. *Un blouson dans la peau,* Montréal, Les éditions de la courte échelle, coll. «Premier Roman», 1989.

HÉBERT, Marie-Francine. *Un crocodile dans la baignoire,* Montréal, Les éditions de la courte échelle, coll. «Premier Roman», 1993.

HÉBERT, Marie-Francine. *Un dragon dans les pattes,* Montréal, Les éditions de la courte échelle, coll. «Premier Roman», 1997.

HÉBERT, Marie-Francine. *Une maison dans la baleine,* Montréal,

Les éditions de la courte échelle, coll. «Premier Roman», 1995.

HÉBERT, Marie-Francine. *Une sorcière dans la soupe,* Montréal, Les éditions de la courte échelle, coll. «Premier Roman», 1990.

HÉBERT, Marie-Francine. *Une tempête dans un verre d'eau,* Montréal, Les éditions de la courte échelle, coll. «Premier Roman», 1989.

HÉBERT, Marie-Francine. *Un fantôme dans le miroir,* Montréal, Les éditions de la courte échelle, coll. «Premier Roman», 1991.

HÉBERT, Marie-Francine. *Un monstre dans les céréales,* Montréal, Les éditions de la courte échelle, coll. «Premier Roman», 1988.

HÉBERT, Marie-Francine. *Un oiseau dans la tête,* Montréal, Les éditions de la courte échelle, coll. «Premier Roman», 1997.

HUBERT-RICHOU, Gérard. *Maudite épave,* Paris, Magnard Jeunesse, coll. «Les fantastiques», 1998.

LANGLOIS, Alain. *La garde-robe démoniaque,* ill. Rémy Simard, Montréal, Pierre Tisseyre, coll. «Papillon», 1998.

MARQUIS, André. *Un navire dans une bouteille,* ill. Natacha Sangalli, Montréal, Tryptique, 1998.

NADJA. *La petite fille du livre,* Paris, L'école des loisirs, 1997.

OTTLEY, Matt. *La nuit de Faust,* Paris, Kaléidoscope, 1996.

PAPINEAU, Lucie. *Casse-Noisette,* ill. Stéphane Jorisch, Saint-Lambert (Québec), Héritage, 1996.

SERNINE, Daniel. *La magicienne bleue,* Montréal, Pierre Tisseyre, coll. «Papillon», 1991.

SHELDON, Dyan. *Le chant des baleines,* ill. Gary Blythe, Paris, Pastel, L'école des loisirs, 1990.

STAPIES LEWIS, Clives. *L'armoire magique,* trad. Anne-Marie Dalmais, Paris, Flammarion, coll. «Castor poche junior», 1989.

TESTA, Nicole. *L'œil de la nuit,* ill. Stéphane Jorisch, Saint-Lambert (Québec), Héritage, coll. «Libellule», 1998.

VAN ALLSBURG, Chris. *Jumanji,* Paris, L'école des loisirs, 1983.

VAN ALLSBURG, Chris. *Les mystères de Harris Burdick,* Paris, L'école des loisirs, 1985.

Récits policiers

BRIÈRE, Paule. *Vol chez Maître Corbeau,* ill. Jean Morin, Montréal, Boréal, coll. «Boréal Maboul», série «Les Enquêtes de Joséphine la Fouine», 1998.

CHABIN, Laurent. *L'araignée souriante,* Montréal, Hurtubise HMH, coll. «Plus», 1998.

CHABIN, Laurent. *L'assassin impossible,* Montréal, Hurtubise HMH, coll. «Atout», 1997.

CHABIN, Laurent. *Sang d'encre,* Montréal, Hurtubise HMH, coll. «Atout policier», 1998.

(Suite)

COLLECTIF. *L'affaire Léandre et autres nouvelles policières*, Montréal, Pierre Tisseyre, coll. «Conquête», 1987.

CONVARD, Didier. *Les trois crimes d'Anubis*, Paris. Magnard jeunesse, coll. «Les policiers», 1997.

DAVIDTS, Robert. *Les parfums font du pétard*, Montréal, Boréal, coll. «Boréal junior», 1992.

DESROSIERS, Sylvie. *Faut-il croire en la magie?*, ill. Daniel Sylvestre, Montréal, Les éditions de la courte échelle, coll. «Roman Jeunesse», série «Notdog».

DESROSIERS, Sylvie. *La fille venue du froid*, ill. Daniel Sylvestre, Montréal, Les éditions de la courte échelle, coll. «Roman Jeunesse», série «Notdog».

DESROSIERS, Sylvie. *La patte dans le sac*, ill. Daniel Sylvestre, Montréal, Les éditions de la courte échelle, coll. «Roman Jeunesse», série «Notdog».

DESROSIERS, Sylvie. *Le mystère du lac Carré*, ill. Daniel Sylvestre, Montréal, Les éditions de la courte échelle, coll. «Roman Jeunesse», série «Notdog».

DESROSIERS, Sylvie. *Les princes ne sont pas tous charmants*, ill. Daniel Sylvestre, Montréal, Les éditions de la courte échelle, coll. «Roman Jeunesse», série «Notdog».

DESROSIERS, Sylvie. *Mais qui va trouver le trésor?*, ill. Daniel Sylvestre, Montréal, Les éditions de la courte échelle, coll. «Roman Jeunesse», série «Notdog».

DESROSIERS, Sylvie. *Méfiez-vous des monstres marins*, ill. Daniel Sylvestre, Montréal, Les éditions de la courte échelle, coll. «Roman Jeunesse», série «Notdog».

DESROSIERS, Sylvie. *Où sont passés les dinosaures?*, ill. Daniel Sylvestre, Montréal, Les éditions de la courte échelle, coll. «Roman Jeunesse», série «Notdog».

DESROSIERS, Sylvie. *Qui a déjà touché à un vrai tigre?*, ill. Daniel Sylvestre, Montréal, Les éditions de la courte échelle, coll. «Roman Jeunesse», série «Notdog».

DESROSIERS, Sylvie. *Qui a peur des fantômes?*, ill. Daniel Sylvestre, Montréal, Les éditions de la courte échelle, coll. «Roman Jeunesse», série «Notdog».

DESROSIERS, Sylvie. *Qui veut entrer dans la légende?*, ill. Daniel Sylvestre, Montréal, Les éditions de la courte échelle, coll. «Roman Jeunesse», série «Notdog».

GUILLET, Jean-Pierre. *Enquête sur la falaise*, Michel Quintin, coll. «Nature jeunesse», 1992.

GUILLET, Jean-Pierre. *Mystère aux Îles-de-la-Madeleine*, Waterloo, Michel Quintin, coll. «Nature jeunesse».

GUINAND-BOCKSBERGER, Corinne. *L'affaire des bijoux*, ill. Hervé Blondon, Paris, Épigones, coll. «Maximômes», 1994.

MAJOR, Henriette. *Sophie et le monstre aux grands pieds*, ill. Garnotte, Saint-Lambert (Québec), Héritage, coll. «Pour lire avec toi», 1988.

PÉRIGOY, Joseph. *Qui a tué Minou-Bonbon?*, ill. Frédéric Rébéna, Paris, Syros, coll. «Souris noire», 1986.

SOULIÈRES, Robert. *Un cadavre de classe*, Montréal, Soulières, coll. «Graffiti», 1997.

VAN Dine *in* Boileau-Narcejac, *Le roman-policier*, Paris, Petite Bibliothèque Payot, 1964, p. 106-113.

VILLARD, Marc. *Les doigts rouges*, ill. Loustal, Paris, Syros, coll. «Souris noire».

Contes

CLÉMENT, Claude. *L'Homme qui allumait les étoiles*, ill. John Howe, Paris, Casterman, 1993.

DEDIEU, Thierry. *Feng, fils du vent*, Paris, Seuil, 1995.

DEDIEU, Thierry. *Yakouba*, Paris, Seuil, 1994.

ESTREL, Arnica. *Les plumes du dragon*, ill. Olga et Adrej Dugin, Paris, Casterman, 1994.

FARIBAULT, Marthe. *Le petit Chaperon rouge*, ill. Mireille Levert, Saint-Lambert (Québec), Héritage jeunesse, 1995.

GAY, Marie-Louise. *Les trois petits cochons*, Saint-Lambert (Québec), Héritage jeunesse, 1994.

GILMAN, Phoebe. *Un merveilleux petit rien*, trad. Marie-Andrée Clermont, Richmond Hill (Ontario), Scholastic Canada, 1992.

GRAVEL GALOUCHKO, Annouchka. *Sho et les dragons d'eau*, Willowdale (Ontario), Annick Press, 1995.

JESSEL, Tim. *Amorak*, Toulouse, éd. Milan, 1994.

KRAUSS MELMED, Laura. *Les bébés de lune*, ill. Jim Lamarche, Paris, Bayard, 1995.

KRYLORLA, Vladyana. *Le chandelier géant*, ill. Rafe Martin, trad. Christiane Duchesne, Richmond Hill (Ontario), Scholastic Canada, 1993.

MACGILL-CALLAHAN, Sheila. *Les enfants de Lir*, ill. Gennadij Spirin, trad. Arnaud de la Croix, Paris, Les albums Duculot, Casterman, 1993.

TIMMERMANS, Félix. *Un bateau du ciel*, ill. Stéphane Poulin, trad. Jean Fugère, Laval, Les 400 coups, coll. «Les grands albums», 1998.

(Suite)

WOLF, Gita. *Mala et la perle de pluie*, ill. Annouchka Gravel Galouchko, Willowdale (Ontario), Annick Press, 1996.

YAKO. *Le chasseur d'arc-en-ciel*, Laval, Les 400 coups, coll. «Monstres, Sorcières, et autres Féeries», 1998.

Contes à saveur écologique

DUCHESNE, Christiane. *Un dessin pour Tara*, ill. Pierre Pratt, Hull, éd. Jeunesse, Agence canadienne de développement international, 1989.

ECO, Umberto. *Les Gnomes de Gnou*, ill. Eugenio Carmi, s. l., Grasset & Fasquelle, coll. «Grasset jeunesse», 1993.

GRAVEL GALOUCHKO, Annouchka. *Le jardin de monsieur Préfontaine*, Laval, Les 400 coups, coll. «Les grands albums», 1997.

GUILLET, Jean-Pierre. *La fête à l'eau*, ill. Gilles Tibo, Waterloo, Michel Quintin, coll. «Contes écologiques», 1993.

GUILLET, Jean-Pierre. *La machine à bulles*, ill. Gilles Tibo, Waterloo, Michel Quintin, coll. «Contes écologiques», 1994.

GUILLET, Jean-Pierre. *La poudre magique*, ill. Gilles Tibo, Waterloo, Michel Quintin, coll. «Contes écologiques», 1992

VIGNEAULT, Gilles. *Gaya et le petit désert*, ill. Jacques A. Blanpain, Montréal, Nouvelles éditions de l'Arc, coll. «Histoires à conter dans la main», 1994.

Contes réinventés

BICHONNIER, Henriette. *Le monstre poilu*, ill. Pef, Paris, Gallimard, coll. «Folio benjamin», 1982.

CALMENSON, Stéphane. *Le nouvel habit du directeur*, ill. Denise Brunkus, Richmond Hill (Ontario), Scholastic Canada, 1991.

CARDUCCI, Lisa. *Chèvres et loups*, ill. Béatrice Leclercq, Montréal, Hurtubise HMH, coll. «Plus», 1996.

DELAUNOIS, Angèle. *La chèvre de Monsieur Potvin*, ill. Philippe Germain, Saint-Lambert (Québec), Soulières, coll. «Ma petite vache a mal aux pattes», 1997.

DELAUNOIS, Angèle. *Les trois petits sagouins*, ill. Philippe Germain, Montréal, Pierre Tisseyre, coll. «Sésame», 1998.

DUBÉ, Jasmine. *Le petit Capuchon rouge*, ill. Doris Barrette, Saint-Hubert (Québec), Les éditions du Raton Laveur, 1992.

LAVERDURE, Daniel. *Princesse Éloise cherche prince charmant*, ill. Magali, Montréal, Pierre Tisseyre, coll. «Coccinelle», 1990.

MUNSCH, Robert. *La princesse dans une robe de papier*, ill. Michael Marchenko, Richmond Hill (Ontario), Scholastic Canada, 1980.

RENO, Alain. *Un Tartare pour le bonhomme Sept Heures*, Laval, Les 400 coups, coll. «Monstres, Sorcières et autres Féeries», 1997.

SOLOTAREFF, Grégoire. *Le petit Chaperon vert*, ill. Nadja, Paris, L'école des loisirs, coll. «Renardeau», 1989.

Récits à structure répétitive

BOJANOWSKI, Nathalie-Anne. *Si j'étais un animal*, ill. Benoît Laverdière, Saint-Hubert (Québec), Le Raton Laveur, 1997.

GILMAN, Phoebe. *Un merveilleux petit rien !*, trad. Marie-Andrée Clermont, Richmond Hill (Ontario), Scholastic Canada, 1992.

REES, Mary. *Dix dans un lit*, Paris, Nathan, 1988.

Autres

ANFOUSSE, Ginette. *Devine*, Montréal, Les éditions de la courte échelle.

ANFOUSSE, Ginette. *Je boude*, Montréal, Les éditions de la courte échelle.

ANFOUSSE, Ginette. *La cachette*, Montréal, Les éditions de la courte échelle.

ANFOUSSE, Ginette. *L'école*, Montréal, Les éditions de la courte échelle.

ANFOUSSE, Ginette. *Le savon*, Montréal, Les éditions de la courte échelle.

BITTNER, Wolfgang. *Les grizzlis au lit*, ill. Gusti, trad. Michelle Nikly, s. l., Nord-Sud, 1996.

BOUJON, Claude. *La brouille*, Paris, L'école des loisirs, coll. «Lutins poche», 1989.

BOURGEOIS, Paulette. *Un nouvel ami pour Benjamin*, ill. Brenda Clark, trad. Christiane Duchesne, Richmond Hill (Ontario), Scholastic Canada, 1997.

BRAMI, Elisabeth. *Les deux arbres*, ill. Christophe Blain, Paris, Casterman, 1997.

BROWNE, Anthony. *Une histoire à quatre voix*, Paris, Kaléidoscope, 1998.

CARRIER, Roch. *Le chandail de hockey*, ill. Sheldon Cohen, Toronto, Livres Toundra, 1984.

(Suite)

CARRIER. Roch. *Le joueur de basket-ball*, ill. Sheldon Cohen, Toronto, Livres Toundra, 1996.

CARRIER, Roch. *Le plus long circuit*, ill. Sheldon Cohen, Toronto, Livres Toundra, 1991.

CARRIER, Roch. *Un champion*, ill. Sheldon Cohen, Toronto, Livres Toundra, 1991.

CARROLL, Lewis. *Tout Alice*, trad. Henri Parisot, Paris, GF-Flammarion, 1979.

CORTAZAR, Julio. *Les armes secrètes*, Paris, Gallimard, coll. «Folio», n° 448, 1963.

CREIGHTON, Jill. *L'heure des poules*, ill. Pierre-Paul Pariseau, trad. Christiane Duchesne, Richmond Hill (Ontario), Scholastic Canada, 1995.

DAVIDTS, Robert. *Le trésor de Luigi*, Montréal, Boréal, coll. «Boréal junior» 1993.

DUBÉ, Pierrette. *Au lit princesse Émilie*, ill. Yayo, Laval, Le Raton Laveur, 1995.

FARMER, Patti. *A. A. aime H. H.*, ill. Daniel Sylvestre, trad. Cécile Gagnon, Richmond Hill (Ontario), Scholastic Canada, 1998.

FRANCIA, Silvia. *Les vacances de Roberta*, Paris, Seuil Jeunesse, 1996.

GAUTHIER, Bertrand. *Zunik dans Je suis Zunik*, ill. Daniel Sylvestre, Montréal, Les éditions de la courte échelle.

GAUTHIER, Bertrand. *Zunik dans La pleine lune*, ill. Daniel Sylvestre, Montréal, Les éditions de la courte échelle.

GAUTHIER, Bertrand. *Zunik dans Le championnat*, ill. Daniel Sylvestre, Montréal, Les éditions de la courte échelle.

GAUTHIER, Bertrand. *Zunik dans Le choucou*, ill. Daniel Sylvestre, Montréal, Les éditions de la courte échelle.

GAUTHIER, Bertrand. *Zunik dans Le dragon*, ill. Daniel Sylvestre, Montréal, Les éditions de la courte échelle.

GAUTHIER, Bertrand. *Zunik dans Le grand magicien*, ill. Daniel Sylvestre, Montréal, Les éditions de la courte échelle.

GAUTHIER, Bertrand. *Zunik dans Le rendez-vous*, ill. Daniel Sylvestre, Montréal, Les éditions de la courte échelle.

GAUTHIER, Bertrand. *Zunik dans Le spectacle*, ill. Daniel Sylvestre, Montréal, Les éditions de la courte échelle.

GAUTHIER, Bertrand. *Zunik dans Le wawazonzon*, ill. Daniel Sylvestre, Montréal, Les éditions de la courte échelle.

GAY, Marie-Louise. *Magie d'un jour de pluie*, Saint-Lambert (Québec), Héritage, 1986.

JOLIN, Dominique. *Au cinéma avec papa*, Saint-Hubert (Québec), Le Raton Laveur, 1991.

JOLIN, Dominique. *Le bobo de Toupie*, Saint-Lambert (Québec), Dominique et cie, coll. «Chatouille».

JOLIN, Dominique. *Toupie a peur*, Saint-Lambert (Québec), Dominique et cie, coll. «Chatouille».

JOLIN, Dominique. *Toupie dit Bonne nuit*, Saint-Lambert (Québec), Dominique et cie, coll. «Chatouille».

JOLIN, Dominique. *Toupie joue à cache-cache*, Saint-Lambert (Québec), Dominique et cie, coll. «Chatouille».

JOLIN, Dominique. *Toupie se fâche*, Saint-Lambert (Québec), Dominique et cie, coll. «Chatouille».

JOLIN, Dominique. *Un ami pour Toupie*, Saint-Lambert (Québec), Dominique et cie, coll. «Chatouille».

MARI, Lela. *Mange que je te mange*, Paris, L'école des loisirs.

POINTI, Claude. *Le bébé bonbon*, Paris, L'école des loisirs, 1995.

POULAIN, Stéphane. *As-tu vu Joséphine ?*, Toronto, Livres Toundra, 1986.

POULAIN, Stéphane. *Peux-tu attraper Joséphine ?*, Toronto, Livres Toundra, 1987.

POULAIN, Stéphane. *Pourrais-tu arrêter Joséphine ?*, Toronto, Livres Toundra, 1988.

RATHMAN, Peggy. *Chloé la copieuse*, trad. Cécile Gagnon, Richmond Hill (Ontario), Scholastic Canada, 1991.

SARA. *Dans la gueule du loup*, Paris, Épigones, coll. «La langue au chat», 1990.

STEHR, Frédéric. *Coin-coin*, Paris, L'école des loisirs, coll. «Minimax», 1995.

TIBO, Gilles. *Le dodo des animaux*, ill. Sylvain Tremblay, Saint-Lambert (Québec), Héritage, coll. «Petits secrets bien gardés», 1996.

TIBO, Gilles. *Les cauchemars du petit géant*, Montréal, Québec/Amérique, coll. «Mini-Bilbo», 1997.

TIBO, Gilles. *L'hiver du petit géant*, Montréal, Québec/Amérique, coll. «Mini-Bilbo», 1997.

TIBO, Gilles. *Simon et le petit cirque*, Toronto, Livres Toundra.

(Suite)

TOLKIEN, John Ronald Reuel. *Bilbo le Hobbit*, ill. Evelun Drouhin, trad. Francis Ledoux, Paris, Hachette, coll. «Le livre de poche Jeunesse», 1992.

VAN LAAN, Nancy. *Le beau ver dodu,* ill. Marisabina Russo, Paris, L'école des loisirs, coll. «Lutin poche», 1991.

WATSON, Joy. *Les pantoufles de grand-papa,* trad. Lucie Duchesne, ill. Wendy Hodder, Richmond Hill (Ontario), Scholastic Canada, 1988.

Références

BETTELHEIM, Bruno. *Psychanalyse des contes de fées,* trad. Théo Carlier, Paris, Robert Laffont, coll. «Pluriel», 1976.

BOMBARDIER, Hélène, et Elourdes PIERRE. *L'extrait, outil de découvertes,* Montréal, Chenelière/McGraw-Hill, 2002.

CARRÉ, J.M., et Francis DEBYSER. *Jeu, langage et créativité, les jeux dans la classe de français,* Paris, Hachette Larousse, coll. «Le français dans le monde/B.E.L.C», 1978.

DEMERS, C., et G. TREMBLAY. *Pour une didactique renouvelée de la lecture : du cœur, des stratégies, de l'action…, guide pédagogique,* Rimouski, éd. de l'Artichaut, 1992.

DENHIÈRE, Guy, et Serge BEAUDET. *Lecture, compréhension de texte et science cognitive,* Paris, P.U.F., coll. «Le Psychologue», 1992.

DUPRIEZ, Bernard. *Gradus, les procédés littéraires (dictionnaire),* Christian Bourgeois éditeur, coll. «10/18», 1984.

FAYOL, Michel. *Le récit et sa construction, une approche de psychologie cognitive,* Delachaux & Niestlé Éditeurs, coll. «Actualités pédagogiques et psychologiques», 1985.

FREUD, Sigmund. *L'inquiétante étrangeté et autres essais,* trad. Bertrand Féron, Paris, Gallimard, coll. «Folio essais», 1985.

GERVAIS, Bertrand. *Récits et actions, pour une théorie de la lecture,* Le Préambule, coll. «L'Univers des discours», 1990.

GIRARD, Martine. «Le conte : pas seulement une histoire d'enfants», *in Des Livres et des jeunes,* n° 45, automne 1993, p. 14-19.

MAHEU, Sylvie-Anne. *Québec Français,* n° 100, hiver 1996.

PELLETIER, Francine. *Initiation aux littératures de l'imaginaire,* Montréal, Médiaspaul.

PENNAC, Daniel. *Comme un roman,* Paris, Gallimard, 1992.

POULIOT, Suzanne. «Le roman historique», *in Lurelu,* vol. 18, n° 3, hiver 1996, p. 6-11.

PROPP, Vladimir. *Morphologie du conte,* trad. Marguerite Derrida et Tzvetan Todorov, Paris, Seuil (Points), coll. «Poétique» n° 12, 1965 et 1970.

RIOUX, J.-C. «Littérarité et historicité», *in Le français aujourd'hui,* vol. 73, p. 19-31.

SAINT-GELAIS, Richard. «Détections science-fictionnelles», *in Tangence,* n° 38, décembre 1992, p. 74-84.

STEINMETZ, Jean-Luc. *La littérature fantastique,* P.U.F., coll. «Que sais-je ?», n° 907, 1990.

STURGEON, Debbie. *À livres ouverts,* Montréal, Les Éditions de la Chenelière, 1994.

TODOROV, Tzvetan. «Les catégories du récit littéraire», *in Communications,* 8, *L'analyse structurale du récit,* Paris, Seuil, coll. «Points», 1981.

Des activités à faire durant la période de lecture partagée

Selon les disponibilités, il existe de multiples façons, simples ou élaborées, de faire de la lecture avec votre enfant. Parmi les suggestions qui suivent, retenez celles qui correspondent le mieux à son niveau scolaire et à ses intérêts personnels. Ensuite, commencez à consacrer 30 minutes à la lecture tous les jours. Prévoyez du temps pour vous faire mutuellement la lecture et pour lire en silence, l'un à côté de l'autre. Profitez de ces activités pour enrichir votre expérience de lecture.

Au premier cycle du primaire

■ Concevez une couverture de livre

Demandez à votre enfant de dessiner et de colorier une maquette originale de couverture pour un livre que vous avez lu ensemble.

■ Faites part d'une expérience

Racontez oralement ou par écrit une expérience personnelle semblable à celle d'un personnage de l'histoire.

■ Fabriquez des marionnettes à tiges

Les jeunes enfants auront sans doute envie de dessiner, de colorier et de découper les personnages de l'histoire qu'ils ont lue. Agrafez chaque personnage à un bâton ou à une paille. Relisez les épisodes préférés de l'histoire en utilisant les marionnettes pour jouer le rôle des personnages principaux. Montez un spectacle pour toute la famille.

Au deuxième et au troisième cycle du primaire

■ Partagez les nouvelles

Chaque jour, prévoyez une période de lecture partagée à l'intérieur de votre horaire. Si ce n'est pas possible, chaque semaine, consacrez à la lecture au moins une soirée au cours de laquelle votre enfant n'a pas d'activités parascolaires. Présentez-lui les diverses sections d'un journal. Chaque jour, lisez un article, ensemble ou séparément, et discutez-en. (Les repas sont propices à la discussion.) Donnez à votre enfant un surligneur. Ainsi, il pourra relever les mots nouveaux que vous chercherez ensemble dans le dictionnaire.

■ Lisez des albums de bandes dessinées

Beaucoup d'enfants sont captivés par le monde de la bande dessinée. Faites-en l'expérience ensemble en lisant le dialogue à haute voix — n'oubliez pas d'y mettre de l'intonation! Demandez à votre enfant de lire à ses jeunes frères et sœurs des histoires à leur portée. Un bon public est une formidable motivation.

■ Offrez des abonnements à des magazines

Offrez un abonnement à un magazine en cadeau d'anniversaire ou de vacances. Demandez à votre enfant de faire part à la famille des articles qui l'ont intéressé. De nos jours, ces publications abordent plusieurs domaines passionnants pour les jeunes lecteurs. Si vous voulez des idées de magazines, informez-vous auprès de votre bibliothèque municipale.

■ Naviguez sur le Web

Vous pouvez demander à votre enfant de naviguer sur le Web, dans Internet, afin de trouver des lieux de vacances ou des sujets d'intérêt pour toute la famille. Ces recherches permettent aussi d'élargir les connaissances dans un domaine particulier. Les bibliothèques électroniques offrent la possibilité de trouver des bibliographies commentées et des critiques sur les livres et les auteurs. Servez-vous des moteurs de recherche pour trouver de l'information sur des sujets variés allant des futures vacances familiales jusqu'aux voyages dans l'espace. Au début, assoyez-vous avec l'enfant, et marquez d'un signet les sites où vous désirez retourner. Vous pourriez aussi acheter des cédéroms conçus pour améliorer le français ou les connaissances dans différents domaines.

Des ressources Web
à l'intention des parents

Voici quelques suggestions de sites Internet pertinents qui pourront certainement vous soutenir dans votre rôle de parent. Vous y trouverez bon nombre de renseignements pour aider votre enfant dans son cheminement scolaire.

Éducation en ligne

http://www.educal.com/parents
Éducation en ligne proposera prochainement un webzine spécialement destiné aux parents (le site était en construction au moment d'aller sous presse). Voici quelques thèmes abordés : billet du ministère de l'Éducation offrant de l'information sur la rentrée, le système scolaire et la vie à l'école ; suggestions de livres ; littérature pour jeunes.

Fédération des comités de parents du Québec

http://www.fcppq.qc.ca
Fédération qui regroupe des parents bénévoles engagés dans le réseau scolaire du Québec.

Le grand monde du primaire – Musées

http://primaire.grandmonde.com/signets/nos_musees_01.html
Liste de plusieurs musées indiquant les activités offertes, leur coût et les horaires.

Magazine Enfants Québec

http://www.enfantsquebec.com
Ce magazine traite d'éducation, de vie de famille, de santé, de loisirs et d'alimentation.

Soins de nos enfants

http://www.soinsdenosenfants.cps.ca
Site conçu par la Société canadienne de pédiatrie. On y trouve de l'information au sujet de la santé et du bien-être des enfants et des adolescents (maladies, alimentation, sécurité, comportement et développement).

Virage

http://www.meq.gouv.qc.ca/virage/publication.htm
Site conçu par le ministère de l'Éducation du Québec et traitant de la réforme de l'enseignement ; questions et réponses à l'intention des parents et du public.

Une invitation à une soirée d'information

Date : _____

Heure : _____

Classe : _____

Aux parents de : _____

Nous vous offrons la chance :

■ de voir ce que nous faisons en classe ;

■ d'assister à une représentation mettant en vedette votre enfant ;

■ d'apprendre ce que vous pouvez faire à la maison pour favoriser la réussite scolaire de votre enfant ;

■ de voir des travaux réalisés par votre enfant ;

■ de rapporter à la maison un dossier contenant de l'information sur le programme de la classe, ses politiques et bien plus encore !

Un service de garde sera à votre disposition à l'endroit suivant : _____

✂ -

Prière de retourner ce billet à l'école demain.

☐ Oui, j'assisterai à la soirée d'information. Nous amènerons un ou des enfants qui nécessiteront un service de garde.

☐ Non, nous ne pouvons pas assister à la soirée d'information.

Signature : _____

La feuille de présence des parents

Rencontre de _____

Date _____

Nom de l'enfant   **Nom du parent**

_____   _____

_____   _____

_____   _____

_____   _____

_____   _____

_____   _____

_____   _____

_____   _____

_____   _____

_____   _____

_____   _____

_____   _____

_____   _____

_____   _____

_____   _____

_____   _____

_____   _____

_____   _____

_____   _____

La feuille de présence des parents

Liste des élèves	Soirée _____ Date _____	Soirée _____ Date _____	Soirée _____ Date _____	Soirée _____ Date _____
	Père ☐ Mère ☐	Père ☐ Mère ☐	Père ☐ Mère ☐	Père ☐ Mère ☐
	Père ☐ Mère ☐	Père ☐ Mère ☐	Père ☐ Mère ☐	Père ☐ Mère ☐
	Père ☐ Mère ☐	Père ☐ Mère ☐	Père ☐ Mère ☐	Père ☐ Mère ☐
	Père ☐ Mère ☐	Père ☐ Mère ☐	Père ☐ Mère ☐	Père ☐ Mère ☐
	Père ☐ Mère ☐	Père ☐ Mère ☐	Père ☐ Mère ☐	Père ☐ Mère ☐
	Père ☐ Mère ☐	Père ☐ Mère ☐	Père ☐ Mère ☐	Père ☐ Mère ☐
	Père ☐ Mère ☐	Père ☐ Mère ☐	Père ☐ Mère ☐	Père ☐ Mère ☐
	Père ☐ Mère ☐	Père ☐ Mère ☐	Père ☐ Mère ☐	Père ☐ Mère ☐
	Père ☐ Mère ☐	Père ☐ Mère ☐	Père ☐ Mère ☐	Père ☐ Mère ☐
	Père ☐ Mère ☐	Père ☐ Mère ☐	Père ☐ Mère ☐	Père ☐ Mère ☐
	Père ☐ Mère ☐	Père ☐ Mère ☐	Père ☐ Mère ☐	Père ☐ Mère ☐
	Père ☐ Mère ☐	Père ☐ Mère ☐	Père ☐ Mère ☐	Père ☐ Mère ☐

Une invitation à une rencontre parentale

Aux parents de : _____

Durant la semaine du _____ , je tiendrai des rencontres parents-enseignant.
J'ai hâte de vous rencontrer. Nous profiterons de l'occasion pour parler de l'éducation de
votre enfant cette année. Nous avons une tâche importante à réaliser : faire en sorte que
votre enfant profite d'une année scolaire fructueuse et heureuse. Durant notre rencontre,
je vous ferai part des progrès de votre enfant. De plus, j'exposerai mes objectifs pour l'année
et j'aborderai certaines autres questions touchant votre enfant. Avec votre collaboration,
je pourrai offrir à votre enfant une excellente année.

J'ai fixé la date de notre rencontre au

   Jour : _____   Date : _____   Heure : _____

Veuillez remplir le formulaire de réponse ci-dessous et le retourner à l'école. Merci !

Signature de l'enseignant : _____

- ✂

Prière de répondre

☐ Je peux assister à la rencontre parentale à l'heure indiquée.

☐ Je ne suis pas disponible au moment prévu. J'aimerais, si c'est possible,
  vous rencontrer

   Jour : _____   Date : _____   Heure : _____

J'apprécierais que nous abordions les questions suivantes lors de notre rencontre :

_____

_____

Signature du parent : _____   Nom de l'élève : _____

- -

Confirmation

Cher parent,

J'ai fixé notre rencontre au

   Jour : _____   Date : _____   Heure : _____

Veuillez me contacter si ce nouveau rendez-vous ne vous convient pas.

Signature de l'enseignant : _____

Préparation à une rencontre parentale

Servez-vous de cette fiche pour préparer chacune de vos rencontres parentales.
Surlignez les points essentiels.

Nom du parent : _____   Date de la rencontre : _____

Nom de l'élève : _____   Heure : _____

1. Un exemple d'une qualité particulière de l'enfant : _____
   _____

2. Les problèmes passés sur lesquels faire le point lors de la rencontre : _____
   _____

3. Les forces et les faiblesses de l'élève sur le plan pédagogique : _____
   _____
   _____
   _____

4. Les objectifs pédagogiques à réaliser par l'élève d'ici la fin de l'étape : _____
   _____

5. L'opinion du parent sur le rendement scolaire de l'élève : _____
   _____

6. Les forces et les faiblesses de l'élève sur le plan du développement social :
   _____
   _____
   _____

7. Les objectifs sur le plan du développement social de l'élève pour le reste de l'étape :
   _____

8. L'opinion du parent sur le comportement social de l'élève : _____
   _____

9. Les questions supplémentaires au sujet desquelles le parent désire discuter :
   _____

10. Notes supplémentaires concernant la rencontre :
    _____
    _____

Une invitation
à une visite libre

Venez nous voir ! L'admission est gratuite !

Heure : _____   Date : _____   Classe : _____

Vous pourrez voir un tas de choses intéressantes dans notre classe.

Regardez par la porte, vous y verrez...

La visite de la classe

Je suis votre guide...

Cette visite a été conçue spécialement

pour la famille _____

Par _____

Bienvenue dans ma classe ! Je vous guiderai au cours de cette fantastique visite. Je vous ferai voir les choses que je préfère dans ma classe. Chaque fois que vous en aurez vu une, écrivez vos commentaires ci-dessous. Ainsi, notre famille pourra garder un souvenir de cette année scolaire. Bonne visite !

Ce que je préfère...

Prière d'inscrire vos commentaires ci-dessous.

1. _____

J'ai aimé voir cela parce que :

_____

_____

2. _____

Je comprends pourquoi tu aimes cela parce que :

_____

_____

3. _____

Fantastique ! Cela montre que :

_____

_____

4. _____

Cela me plaît que tu m'en fasses part.
C'est important parce que :

_____

_____

5. _____

Bon choix. J'aime cela parce que :

_____

_____

Chapitre 4

Inciter les élèves à s'investir dans leur apprentissage

LA LISTE DE MES STRATÉGIES D'ANIMATION

- VISAGE OUVERT
- GESTUELLE DYNAMIQUE
- CONTACT VISUEL
- VOIX EXPRESSIVE
- EXPRESSION CORPORELLE AVENANTE

« Enseigner, c'est une expérience de vie palpitante.
Quand je sens que j'ai transmis le goût d'apprendre
aux enfants et qu'ils sont emballés, je me dis:
"Ça y est, je le fais vraiment : j'enseigne !" »

P lus que jamais, la pratique pé-dagogique mise sur la créativité, l'expérience professionnelle et l'autonomie de l'enseignant. Mé-diateur entre l'élève et le savoir, l'enseignant doit le stimuler, soutenir sa motivation intrin-sèque et exiger le meilleur de lui-même. Il a aussi la responsabilité de créer un environnement éducatif qui incite l'élève à jouer un rôle actif dans sa formation. En outre, l'enseignant doit amener l'élève à prendre conscience de ses pro-pres ressources, l'encourager à les exploiter et, enfin, le motiver à effectuer le transfert de ses acquis d'une discipline à l'autre, de l'école à la vie courante (ministère de l'Éducation du Québec, *Programme de formation de l'école québécoise : éducation préscolaire et enseignement au primaire*, 2001, p. 6).

Dans un tel contexte, l'enseignant doit miser sur la participation maximale de l'enfant. En effet, l'apprentissage est considéré comme un processus dont l'élève est le premier artisan.

De toute évidence, l'enseignement englobe plusieurs composantes. Celles-ci peuvent être la source même du questionnement qui précède la pratique.

Voici une liste non exhaustive de composantes susceptibles de nourrir votre réflexion :

• donner le goût d'apprendre aux élèves;
• faire en sorte qu'ils s'investissent dans leur processus d'apprentissage;
• les aider à développer leur pensée critique;
• respecter le style d'apprentissage de chacun;
• tenir compte des formes d'intelligence;
• adapter l'enseignement aux besoins d'ap-prentissage particuliers des élèves;
• différencier et qualifier les apprentissages;
• diversifier les stratégies d'apprentissage;
• réfléchir aux différents types d'évaluation;
• explorer divers outils d'évaluation;
• évaluer l'efficacité des diverses stratégies d'enseignement;
• adapter les interventions pédagogiques, etc.

De quoi a-t-on besoin pour vraiment donner aux élèves le goût d'apprendre? De la foi en leurs capacités? D'une passion pour la matière à l'étude? De la faculté de transmettre ses connaissances d'une manière dynamique? De plans de situations d'apprentissage originaux? D'une aptitude à inciter les élèves à réfléchir tout autant qu'à s'amuser? De la détermi-nation à établir le contact avec chacun?

Oui, toutes ces caractéristiques sont vraiment nécessaires.

Dans le présent chapitre, vous trouverez des outils et des stratégies qui vous aideront à développer tous ces merveilleux attributs. Grâce à ceux-ci, vous deviendrez une personne signi-fiante pour vos élèves et, peut-être, une source d'inspiration pour les enseignants de demain.

Perfectionnez vos stratégies d'animation

Vous pouvez donner l'envie d'apprendre aux élèves en leur communiquant votre enthousiasme. Commencez par évaluer vos stratégies d'animation. Pensez au comportement de votre enseignant, conteur, acteur ou orateur favori. Cette personne vous regarde-t-elle droit dans les yeux lorsqu'elle parle? Fait-elle des gestes expressifs? Varie-t-elle son intonation pour mieux faire comprendre le sens ou transmettre l'émotion? Vous donne-t-elle l'impression de s'adresser à vous personnellement?

Votre travail d'enseignant revient à transmettre votre passion pour la matière que vous enseignez. Discernez d'abord les stratégies propres à un exposé dynamique et appliquez-les. Ainsi, vous parviendrez plus facilement à donner aux élèves le goût d'apprendre. Ils se laisseront alors entraîner vers de nouveaux domaines de découverte.

Par exemple, vous prévoyez enseigner une situation d'apprentissage donnée. Appliquez les stratégies d'animation suivantes, puis répétez votre exposé jusqu'à ce que vous vous sentiez à l'aise. Souvenez-vous qu'enseigner signifie aussi jouer des personnages.

- **Premier conseil**: Travaillez votre jeu d'expressions faciales. Transmettez votre passion pour le sujet. Au moyen de votre physionomie, retenez l'attention des élèves pour exprimer la cordialité, l'humour ou le drame.

- **Deuxième conseil**: Établissez le contact visuel. Lorsque vous avez exprimé une pensée, regardez un élève et soutenez son regard un peu plus longtemps que de coutume. Cet élève recevra votre message plus clairement, et d'autres élèves y prêteront aussi attention.

- **Troisième conseil**: Intégrez l'expression corporelle. Votre corps peut devenir votre meilleur auxiliaire visuel. Dynamisez votre exposé en utilisant le geste pour transmettre le sens ou l'émotion et bougez. N'hésitez pas à circuler dans la pièce pour mimer l'action ou rallier chaque élève à l'histoire ou à l'exposé.

- **Quatrième conseil**: Variez votre intonation. Écoutez-vous parler aux autres. Notez comment ils réagissent selon votre intonation. Faites l'essai de hauteurs et d'intensités de voix variées. Les élèves vous écouteront et prêteront attention à votre propos si vous avez une voix expressive.

Apprenez les stratégies participatives

Les jeux vidéo, les jeux électroniques interactifs, la télé, le cinéma… Voilà vos plus formidables compétiteurs. En effet, ce qui vous dispute l'attention de vos élèves se trouve à l'extérieur de l'école. Les élèves d'aujourd'hui, peu importe leur niveau d'intelligence, s'attendent davantage à avoir du plaisir à l'école que ceux des générations précédentes. Est-il possible pour vous, nouvel enseignant, de concurrencer toutes ces attractions qui meublent la vie de vos élèves? Si oui, comment pouvez-vous y arriver?

Le secret consiste à maximiser la participation des élèves. Si ces derniers sont des «participants» plutôt que des «spectateurs», ils trouveront probablement leur classe aussi formidable que la salle de jeux d'arcades des environs. Bien sûr, en classe, l'interactivité ne signifie pas que l'élève doit appuyer sur des boutons ou actionner une manette de jeu. L'interactivité consiste plutôt à inciter les élèves à faire travailler leurs neurones. Elle équivaut à présenter des idées qui captivent l'imagination, éveillent les sens et répondent à la soif des humains de s'interroger sur le sens de la vie.

Appliquez les stratégies participatives exposées dans la présente section. Ainsi, vous pourrez exploiter le potentiel des élèves et maintenir leur engagement et leur motivation. Parcourez les suggestions et retenez-en quelques-unes. Vous tenterez de les mettre en œuvre dans votre classe. Quand vous serez à l'aise avec une stratégie, essayez-en une autre. Après avoir exploré diverses stratégies, vous pourrez faire un choix et adopter certaines d'entre elles. Ces nouvelles stratégies feront naturellement partie de votre façon d'enseigner.

Mettez chaque élève en vedette

Créez des contextes variés qui permettent à chacun de faire montre de ses habiletés.

En général, les enfants cherchent à être à la hauteur des attentes de leurs parents et de leurs enseignants. Votre confiance en eux pourrait donc influer sur leur perception d'eux-mêmes. Montrez-leur que vous croyez en eux. Pour ce faire, questionnez-les et écoutez les réponses de chacun.

Selon les recherches, les enseignants entretiennent parfois inconsciemment des attentes peu élevées par rapport à certains élèves, et ce, pour des raisons de mauvais rendements scolaires précédents, de sexe ou de race. En fait, il convient de fonder vos attentes de manière équitable. Si vous vous attendez à ce que tous vos élèves fassent de leur mieux, ceux-ci le réaliseront et en tiendront compte.

Les élèves s'attendent souvent à ce qu'une discussion de classe les désintéresse rapidement. Avez-vous déjà observé les physionomies des élèves une fois que l'enseignant a posé une question? Aussitôt qu'une main se lève et que l'enseignant déclare «bonne réponse» à l'élève en question, les autres visages s'allongent. Les élèves peu sollicités finissent par s'ennuyer et cessent de réfléchir à la matière. En donnant la parole à chacun des élèves, vous les incitez tous à participer à la discussion. Ainsi, vous leur faites sentir combien leur apprentissage vous tient à cœur.

Efforcez-vous de mettre à l'aise et de valoriser tous vos élèves. Aidez-les à se considérer comme des participants. Assurez-vous de donner à chaque élève la chance de réfléchir et de participer en suivant les consignes suivantes:

• Dressez la liste des élèves qui semblent participer le plus. Faites-en une autre de ceux qui participent le moins.

Les stratégies participatives – interrogez tous les élèves

Ménagez un temps d'attente

Selon les recherches, les élèves ont tendance à se désintéresser du sujet quand l'enseignant désigne un élève sachant « la bonne réponse ». Réfrénez votre tendance à choisir parmi les premières mains levées. Attendez que plusieurs élèves aient levé la main avant de désigner quiconque. Dites aux élèves que vous continuerez à attendre. Ainsi, ils se décideront à lever la main, même lorsque les premiers élèves l'auront fait. Comptez lentement jusqu'à cinq ou six avant de demander une réponse à quiconque.

Le temps d'attente renvoie non seulement à l'attente précédant l'interrogation d'un élève, mais aussi à une pause après qu'il a donné sa réponse. Au lieu de passer rapidement à quelqu'un d'autre pour obtenir la réponse attendue, écoutez attentivement. Accordez aux élèves le temps de réfléchir à chaque réponse. Interrogez plusieurs élèves avant d'émettre un commentaire.

Effectuez le relais

Favorisez la participation de tous les élèves en posant une question qui offre plusieurs possibilités de réponses. Demandez ensuite aux élèves de s'asseoir en cercle et de faire circuler une balle, une peluche ou un objet quelconque. Pendant qu'ils se passent l'objet, tous et chacun ajoutent quelque chose aux réponses déjà données. De cette façon, ils étoffent leurs réponses plutôt que de s'arrêter à une réponse facile ou de laisser un élève dominer toute la discussion.

Par exemple, posez la question suivante : « Comment le personnage se sentait-il ? » Un élève peut répondre « Seul ». L'élève suivant peut ajouter « En colère contre son père », et le troisième peut dire « Il avait peur d'appeler à l'aide ».

Tirez les noms au sort

Quand vous posez une question à l'ensemble de la classe, utilisez certaines techniques ne nécessitant pas qu'on lève la main. Pour vous assurer de choisir les élèves au hasard, tirez plusieurs noms d'un chapeau, d'un sac ou d'une boîte. Invitez ces élèves à répondre. Vous pouvez aussi pointer un nom sur la liste des élèves de la classe ou dans le registre des tâches.

Demandez un signal

Accordez aux élèves un « moment de réflexion ». Demandez-leur de signaler qu'ils ont une réponse. Ils peuvent se mettre la main sur l'épaule ou sur la tête, ou donner un autre signal quelconque. Quand la plupart des élèves ont ainsi indiqué qu'ils sont prêts, demandez à tous de baisser la main. Comme chacun a eu le temps de réfléchir, vous pouvez maintenant choisir n'importe quel élève de la classe.

4

- Faites un examen de conscience. Réagissez-vous différemment avec les élèves inscrits sur une liste ou sur l'autre ? Posez-vous les questions suivantes : Est-ce que j'interroge certains élèves plus que d'autres ? Ai-je déjà ignoré certains élèves ou les ai-je laissés se débrouiller parce que je ne nourris pas de grandes attentes par rapport à eux ? Est-ce que j'interroge certains élèves dans le but de contrôler leur comportement ? Est-ce que j'oublie de solliciter les élèves tranquilles et timides ?

- Si c'est possible, demandez à une personne de filmer vos échanges avec vos élèves sur vidéo. Ensuite, relevez le nombre de fois que vous avez interrogé chaque enfant durant une journée. Observez les réactions de ceux qui reçoivent peu d'attention de votre part.

- Notez les noms de quelques élèves que vous tenterez d'inciter à participer plus souvent. Bavardez avec eux, de façon à leur exprimer votre intérêt et votre soutien.

Tendez la main aux élèves récalcitrants

Beaucoup de nouveaux enseignants ne réussissent pas à rallier tous leurs élèves. En effet, certains élèves n'ont pas envie de prendre la parole dans une discussion de classe. Ils se sentent parfois timides ou mal à l'aise à cause de barrières linguistiques.

Plutôt que d'ignorer ces élèves silencieux, donnez-leur l'occasion de répondre sans devoir s'exprimer devant le groupe. Lisez à fond chacune des stratégies de réponses présentées à la page 123. Outre le fait d'aider les élèves non verbaux, ces techniques ajouteront de la variété à vos stratégies d'enseignement.

Exploitez à fond vos questions

En posant des questions, les enseignants obtiennent immédiatement la participation des élèves. Par le fait même, ces derniers saisissent que la quête de savoir est une expérience partagée. Cette attitude enrichit l'apprentissage, car elle incite les élèves à analyser, à trier et à assimiler l'information. De plus, comme il y a découverte personnelle, la quantité d'information retenue augmente. Vous pouvez utiliser des questions pour les raisons suivantes :

- éveiller l'intérêt des élèves par rapport à un nouveau sujet,

- nourrir la pensée critique des élèves sur un sujet,

- récapituler la matière,

- évaluer l'apprentissage de l'élève.

Interrogez les élèves de manières variées afin de soutenir leur participation. Essayez les stratégies d'interrogation décrites à la page 124.

Faites vivre le contenu

Les enseignants efficaces — ceux qui donnent vraiment aux élèves le goût d'apprendre — ne se limitent pas à soigner leur style d'animation et à perfectionner leurs stratégies participatives. Ils présentent la matière au programme de façon créative. En fait, votre touche personnelle déterminera parfois dans quelle mesure les élèves vont acquérir les nouvelles connaissances et satisfaire aux normes éducatives fixées pour eux. Il existe différentes façons de rendre la

Les stratégies participatives –
donnez une voix aux élèves non verbaux

Faites place aux signaux silencieux

Posez une question, demandez un temps de réflexion ou soumettez un problème. Ensuite, dites aux élèves de répondre d'une manière non verbale. Ils peuvent lever la main ou le pouce en signe d'assentiment ou le tourner vers le bas en signe de désaccord. Ils peuvent aussi répondre par écrit sur de petites tablettes ou en levant des cartes-mots ou des cartes-nombres.

Demandez de répondre tous ensemble

Aidez les élèves à intérioriser ou à mémoriser la matière en les faisant répondre tout haut, tous ensemble. Vous pouvez appliquer cette technique à l'aide de cartes-questionnaires ou d'autres accessoires éducatifs. Par exemple, levez une carte-questionnaire de mathématiques et demandez aux élèves de répondre tous ensemble. Cette stratégie fonctionne très bien avec les élèves qui sont mal à l'aise si on les désigne en particulier.

Faites-les voter

Posez des questions auxquelles les élèves peuvent répondre non verbalement à volonté. Par exemple, commencez la question en demandant : « Combien d'entre vous… ? » Il peut s'agir de déterminer combien d'élèves ont déjà une certaine connaissance de la nouvelle notion que vous leur présenterez. (Par exemple, posez la question suivante : « Combien d'entre vous ont déjà lancé un caillou dans un lac ou une rivière et ont observé les ronds se former dans l'eau ? », « Combien d'entre vous ont l'impression de comprendre *l'effet de vague* ? », « Combien d'entre vous aimeraient voir d'autres exemples ? ») Les élèves peuvent répondre à ces questions en hochant la tête ou en levant la main. Cela facilite leur participation. De plus, ces réponses vous donnent une idée de ce qu'ils pensent sans pour autant ralentir le déroulement de la leçon.

Laissez les élèves enregistrer les réponses

Présentez la matière à la classe en donnant périodiquement aux élèves le temps d'écrire une réaction personnelle, un résumé de ce qu'ils ont retenu ou une question qu'ils se posent. Par exemple, lorsque vous faites un exposé oral, arrêtez-vous et demandez aux élèves d'en résumer les points principaux. Cette stratégie leur offre l'occasion de réfléchir à leurs idées, d'en faire la synthèse et de les retenir même s'ils ne les communiquent pas à la classe.

Donnez l'occasion à chaque élève d'échanger avec un partenaire

Les élèves ayant du mal à s'exprimer devant un groupe préféreront peut-être parler avec un autre élève. Comme prolongement de la stratégie précédente, invitez chaque élève à confier sa réponse écrite à un partenaire avant de demander à des volontaires d'exprimer verbalement leurs réponses au profit de toute la classe.

Encouragez la collaboration

Poussez le processus participatif un peu plus loin. Invitez les élèves à se présenter mutuellement la matière à l'étude plutôt que de vous en rendre compte, à vous. Formez de petits groupes et demandez aux élèves de lire à voix haute et de discuter du sujet à l'intérieur de leur groupe.

Les stratégies participatives –
donnez-leur la parole à l'aide de questions

Lancez une série de questions

Posez une question et donnez la réponse. (Par exemple : «Quelle est la formule pour calculer l'aire d'un triangle ? L'aire d'un triangle est égale à la moitié de sa base multipliée par sa hauteur.») Tournez-vous ensuite vers un élève et posez la même question. L'élève donne la réponse et se tourne ensuite vers un autre élève et lui pose la même question. Les élèves reprennent le cycle jusqu'à ce que chacun ait participé. Cette stratégie participative permet aux élèves d'assimiler un fait ou de revoir un sujet qu'ils doivent mémoriser.

Faites passer la question en bout de ligne

Posez une question ayant plusieurs possibilités de réponses, comme «Peux-tu énumérer quelques caractéristiques des mammifères ?» Montrez que vous croyez à la possibilité d'une réponse personnelle de la part de chaque élève. Demandez à chacun d'ajouter de l'information ou de dire : «Je passe. Revenez quand j'aurai entendu d'autres réponses.»

Favorisez un niveau d'interrogation accru

En échafaudant vos questions, vous pouvez stimuler la pensée critique et éveiller l'intérêt de tous les types d'apprenants. «Échafauder des questions» signifie poser des questions qui obligent les élèves à se rappeler les faits fondamentaux, à proposer des explications et à formuler des hypothèses. En passant par des questions de premier, puis de deuxième et enfin de troisième niveau, vous les aiderez à mieux saisir le sujet à l'étude. Référez-vous aux indications énumérées ci-après. Les exemples montrent comment vous pourriez échafauder vos questions au cours d'une discussion sur le premier alunissage.

- **Les questions de premier niveau** nécessitent la collecte de faits — le dénombrement, la définition, la description, l'énumération, la nomenclature ou le rappel de données. Pour les formuler, utilisez des mots déclencheurs comme «qui», «qu'est-ce que», «où» et «quand».

Exemple : Qui faisait partie du premier voyage sur la Lune ? Quand ce voyage a-t-il eu lieu ?

- **Les questions de deuxième niveau** nécessitent le traitement de l'information. Il faut maintenant comparer, mettre en contraste, classer, distinguer ou expliquer. Posez des questions commençant par «comment» et «pourquoi».

Exemple : Comment les astronautes ont-ils mené leur recherche ? Pourquoi sont-ils allés sur la Lune ?

- **Les questions de troisième niveau** incitent les élèves à faire des liens et à dégager des modèles. Ils évaluent, formulent des hypothèses, imaginent, font des prédictions ou idéalisent. Posez des questions commençant par «qu'arriverait-il si» afin de les obliger à faire des suppositions.

Exemple : Que se serait-il passé s'ils avaient découvert des mammifères vivant sur la Lune ? Que se serait-il passé s'ils avaient amené des mammifères terrestres sur la Lune ? Que serait-il arrivé aux astronautes s'ils étaient restés sur la Lune pendant très longtemps ?

Préparez le terrain à l'aide d'une question

Éveillez la curiosité des élèves au début d'un chapitre ou d'une unité en posant une question ouverte comme celles-ci :

- Que pouvez-vous me dire au sujet de… ?
- Comment expliquez-vous… ?
- En tenant compte de ce que vous savez au sujet de…, qu'est-ce que vous aimeriez inventer ?

matière plus vivante. Vous pouvez adapter votre enseignement aux besoins et aux capacités de vos élèves, faire ressortir pour eux la pertinence et l'utilité de leur apprentissage dans leur vie et utiliser de façon créative les outils dont vous disposez.

Adaptez votre enseignement aux besoins d'apprentissage particuliers de vos élèves

Chacun des élèves d'une classe a sa personnalité, sa culture familiale et son expérience propres. Les enseignants ne devraient pas s'étonner de ce que chacun ait des dispositions d'apprentissage différentes. Certains élèves adorent les exercices et la mémorisation. D'autres apprennent mieux au moyen de débats et de tâches orales. D'autres encore sont plus à l'aise s'ils créent des choses, travaillent de leurs mains ou disposent d'un soutien musical. Aujourd'hui, beaucoup d'élèves savent se servir de l'ordinateur pour faire du traitement de texte et recueillir de l'information dans Internet. Faire vivre la matière à l'étude, cela signifie donner aux élèves le temps de découvrir comment ils apprennent le mieux et de développer de nouvelles habiletés.

Résistez à la tentation d'enseigner uniquement de la manière dont on vous a enseigné. Évitez aussi de ne présenter que les types de situations d'apprentissage qui vous plaisaient lorsque vous étiez élève. Tâchez plutôt de varier les travaux à faire. Ainsi, vous solliciterez tour à tour les forces de chaque élève. De plus, vous favorisez le développement de nouvelles habiletés. Respectez le style d'apprentissage de chacun en cherchant continuellement d'autres façons de répondre aux besoins individuels durant la journée ou la semaine.

Consultez les fiches 4.1 et 4.2, « Voici pourquoi la journée sera formidable ! » et « Pour comprendre vos élèves », présentées aux pages 136 à 138. Vous pourrez ainsi susciter des expériences d'apprentissage répondant aux besoins et aux niveaux d'habileté de tous vos élèves. N'hésitez pas à suivre un cours sur les styles d'apprentissage ou les intelligences multiples afin d'approfondir votre compréhension des différences individuelles.

Reproduisez la fiche 4.3, « Une banque d'idées pour diversifier votre enseignement », présentée à la page 139. Vous pourrez vous assurer que vos plans de situations d'apprentissage stimuleront chaque type d'apprenant.

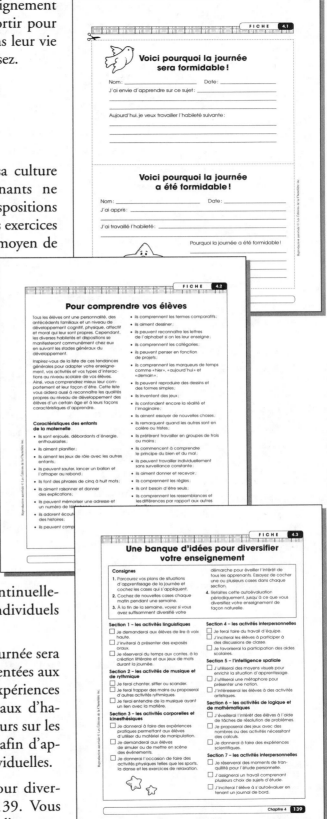

Fiches 4.1 à 4.3, p.136 à 139

4

Faites ressortir la pertinence de l'apprentissage

La pertinence permet d'enrichir l'apprentissage. Les recherches sur le cerveau démontrent que lorsque les élèves voient comment appliquer leur nouveau savoir, ils le retiennent mieux. Quand l'apprentissage se fait dans un cadre d'expérience familier, ils peuvent extraire et retenir l'information plus aisément.

Examinez vos objectifs et déterminez la matière à couvrir. Établissez ensuite la façon de la rendre signifiante pour les élèves en leur montrant comment elle s'applique à leur propre vie. Supposons qu'un enseignant essaie de faire comprendre l'impact social du gaspillage de l'eau. À divers points du processus d'apprentissage, il peut faire ressortir la pertinence de la matière de plusieurs façons. En utilisant diverses stratégies, vous aiderez les élèves à comprendre le sens de ce gaspillage. Ainsi, vous établirez un lien entre l'information et leur propre expérience.

Proposez des applications aux nouveaux savoirs

En général, les élèves sont beaucoup plus intéressés par l'acquisition de connaissances qu'ils peuvent mettre en pratique dans leur quotidien. Quel que soit votre programme ou votre niveau d'enseignement, vous pouvez aider les élèves à appliquer leur savoir. Une leçon de géométrie peut être pour eux l'occasion de construire un nichoir. Une expérience scientifique leur permettra d'apporter une recette à la maison. Un exercice d'écriture poétique en français leur servira de cadeau pour la fête des mères.

Incitez les élèves à appliquer leur nouveau savoir. Pour y parvenir, outillez-les. La fiche 4.4, « La banque d'apprentissages », présentée à la page 140, permet aux élèves de revoir, d'appliquer et d'enregistrer leur savoir. Si vous utilisez cette fiche, il serait bon de l'inclure dans le portfolio des élèves, une fois qu'elle est remplie.

Inspirez-vous des exemples présentés à la page suivante pour imaginer comment vous pourriez adapter la banque d'apprentissages à vos élèves. Avant de leur remettre une fiche reproductible, expliquez-leur en quoi consiste un dépôt bancaire. Dites-leur que les adultes déposent de l'argent dans un compte bancaire lorsqu'ils travaillent et retirent un salaire sous la forme d'un chèque de paie. Plus tard, quand ils veulent faire un achat, ils retirent de l'argent de leur compte bancaire. Décrivez la similarité de ce concept avec celui du fonctionnement du cerveau. (Le savoir emmagasiné maintenant vous sera utile plus tard, quand vous en aurez besoin.)

Fiche 4.4, p. 140

Choisissez bien vos outils

Jadis, il suffisait aux enseignants d'avoir des craies et un tableau noir pour passer à travers une journée de classe. Aujourd'hui, les bons enseignants recourent à un choix toujours plus vaste d'outils pour éveiller l'intérêt des élèves et

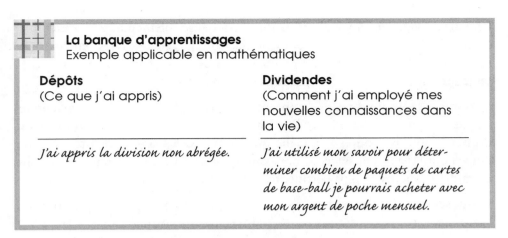

La banque d'apprentissages
Exemple applicable en mathématiques

Dépôts (Ce que j'ai appris)	**Dividendes** (Comment j'ai employé mes nouvelles connaissances dans la vie)
J'ai appris la division non abrégée.	*J'ai utilisé mon savoir pour déterminer combien de paquets de cartes de base-ball je pourrais acheter avec mon argent de poche mensuel.*

La banque d'apprentissages
Exemple applicable en sciences

Dépôts (Ce que j'ai appris)	**Dividendes** (Comment j'ai employé mes nouvelles connaissances dans la vie)
J'ai appris le fonctionnement des poulies.	*J'ai utilisé mon savoir pour aider mon frère à réparer sa bicyclette.*

La banque d'apprentissages
Exemple applicable en anglais

Dépôts (Ce que j'ai appris)	**Dividendes** (Comment j'ai employé mes nouvelles connaissances dans la vie)
J'ai appris à dire « Salut », « S'il vous plaît », « Merci », « Comment ça va ? » et « Je vais bien » en anglais.	*Je me suis lié d'amitié avec une dame de mon immeuble qui ne parle qu'anglais. Je lui dis quelques mots chaque jour. Elle me donne des fleurs de son jardin et je lui dis « Thank you ».*

---

faciliter leur apprentissage. La démarche pratique d'enseignement consiste à donner aux élèves des occasions de recueillir, d'organiser, d'échanger de l'information et d'en discuter. Il faut donc les initier aux outils que beaucoup utiliseront dans leur vie professionnelle, par exemple le téléphone, la calculatrice, l'ordinateur et même la caméra vidéo.

Utilisés de façon créative, les moyens technologiques et les outils didactiques peuvent vous aider à atteindre vos objectifs. De plus, ils vous permettent de présenter la matière à l'étude de façon plus vivante. Toutefois, les ressources ne sont pas toujours réparties équitablement dans les écoles et les commissions scolaires. Si des contraintes budgétaires limitent vos outils d'enseignement, vous aurez peut-être envie d'acquérir du matériel supplémentaire (par exemple, du matériel d'artiste, de l'équipement électronique et des livres) en écumant les ventes-débarras et en faisant connaître vos besoins à vos amis. Vous constaterez qu'il suffit souvent de demander pour recevoir.

Le nombre croissant d'outils d'apprentissage reflète le monde du travail auquel accéderont un jour les élèves. Peu importe leur spécialité, ils devront savoir utiliser les outils propres à la tâche qui les attend. Quand vous présentez un nouvel outil d'apprentissage, assurez-vous qu'il favorisera les facteurs de réussite et rendra l'expérience plus pertinente. Tenez compte des suggestions suivantes:

- En sciences et en technologie, servez-vous d'un appareil-photo pour documenter la croissance d'une plante ou d'un animal.

- Si votre classe présente une pièce de théâtre sur l'histoire de la ville, utilisez une caméra vidéo pour la filmer. Faites don de votre document vidéo à la bibliothèque ou à la société d'histoire de la municipalité.

- Invitez les élèves à fabriquer un objet utilitaire en usage à une époque qu'ils ont étudiée, à l'aide de matériel de récupération. Par exemple, demandez-leur d'apporter des morceaux d'étoffe pour fabriquer une courtepointe en classe.

- Utilisez une enregistreuse pour permettre aux élèves de constater leurs progrès en lecture.

- Assignez des projets nécessitant l'utilisation de l'ordinateur pour la recherche ou la présentation de données. Ensuite, demandez aux élèves de présenter leur travail à un auditoire.

Peut-être plus que tout autre nouvel outil, l'ordinateur peut soutenir l'apprentissage. Tandis que certaines écoles arrivent à peine à fournir le matériel de base, d'autres ont enrichi leurs ressources grâce à des subventions destinées à l'amélioration technologique. Un nombre croissant de commissions scolaires ont déjà relié leurs classes à Internet.

Les nouveaux enseignants sont souvent plus familiarisés avec Internet que leurs collègues plus âgés. Vous avez peut-être acquis une certaine connaissance de l'informatique grâce à de récentes expériences à l'université ou sur le marché du travail. Par contre, certains de vos élèves en sauront peut-être autant, sinon plus que vous, à ce sujet. Toutefois, votre expérience technique importe peu. Ce qui compte le plus, c'est la façon dont vous prévoyez utiliser ces outils dans votre enseignement. Lisez les conseils présentés à la page 129 si vous désirez donner du travail à faire au moyen d'Internet.

Soutenez l'apprentissage à l'aide d'intermèdes amusants

Lorsque vous aurez gagné l'approbation des élèves par des exposés captivants, de judicieuses stratégies participatives et des activités d'apprentissage signifiantes, vous commencerez à vous sentir à votre place dans l'enseignement.

Des conseils technologiques

- Mettez de l'avant des projets qui inciteront les élèves à poser des questions pertinentes sur la matière. Par exemple, une leçon de science sur l'oxygène pourrait les amener à s'interroger sur l'effet de la pollution atmosphérique. De plus, elle pourrait mener à une recherche dans Internet au sujet de la qualité de l'air dans différentes villes.

- Assurez-vous que les travaux que vous assignez aux élèves leur permettent à la fois d'acquérir de nouvelles habiletés en recherche et d'exercer leurs habiletés usuelles. Par exemple, ils pourraient devoir étayer un texte à l'aide de photos historiques glanées sur le site de la Bibliothèque nationale du Canada. Vous pourriez leur assigner un travail les obligeant à consulter des répertoires de livres dans Internet ou des données qu'ils trouveront à la bibliothèque.

- Inculquez l'esprit de collaboration en demandant un travail d'équipe, en ligne. Les membres du groupe se partagent les tâches. Des groupes d'élèves provenant d'autres écoles peuvent aussi participer en ligne à la compilation de données.

- Concevez des projets susceptibles de rallier les élèves à une communauté plus vaste. En contactant des organismes et des individus à l'extérieur de l'école, les élèves réaliseront peut-être mieux la pertinence de leur travail. Par exemple, une classe pourrait établir une correspondance avec des pensionnaires d'une maison de retraite. Ceux-ci pourraient les aider à se documenter sur une période plus ancienne de l'histoire du Canada.

- Assignez des travaux offrant une expérience authentique ou permettant aux élèves de fabriquer un produit utile. Certaines classes ont créé leur propre site Web. Dans certaines écoles, des élèves ont conçu des pages Web ou des cédéroms. D'autres encore transmettent en ligne des données d'observation météorologique, des tests sur la qualité de l'eau ou des dénombrements fauniques à des organismes extérieurs. Ces classes contribuent ainsi très utilement à la société.

- Comme vous en êtes à vos débuts, vous préférerez peut-être participer à des projets qui existent déjà dans Internet plutôt que d'en créer un nouveau. Explorez la documentation dont dispose votre classe.

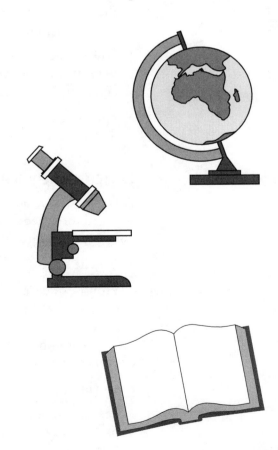

Tirez profit de votre avantage et planifiez des activités pour les moments libres inattendus. Ayez en réserve une foule de courtes activités d'apprentissage en prévision des leçons qui se terminent plus tôt que prévu ou des changements d'horaire inopinés. Supposons que votre classe est déjà en file pour se rendre à un rassemblement général. Vous apprenez alors que l'événement est reporté de 10 minutes. Profitez de ce temps pour stimuler l'esprit des élèves. Essayez les suggestions suivantes.

Proposez des activités au pied levé

- Dressez la liste de tous les noms de choses que vous pouvez apercevoir.

- Dessinez votre animal favori. Dites ce que vous savez de lui.

- Dressez la liste de vos cinq livres favoris et montrez-la à un partenaire.

- Rédigez, à l'aide de mots, l'énoncé du problème de mathématiques suivant : 24 + 31. (Adaptez le problème selon la matière à l'étude.)

- Énumérez autant de continents (pays, provinces, villes de votre province) que vous pouvez.

- Exercez-vous à l'épellation de mots, à la formulation des lois mathématiques, etc.

Posez des rébus et des devinettes

- Préparez-vous des exemplaires de plusieurs mots croisés et autres casse-tête à distribuer.

- Posez des énigmes mathématiques ou des jeux de logique au tableau. (Les livres de mathématiques, les recueils d'énigmes et les revues d'enseignants en contiennent beaucoup.)

- Pour occuper une minute ou deux, demandez à un élève de piger une devinette dans une boîte et de la poser à la classe.

Dirigez des jeux en grand groupe

À l'occasion, un jeu en grand groupe peut égayer la routine quotidienne et servir d'intermède entre deux activités. Les publications s'adressant aux enseignants proposent souvent des idées de jeux. Essayez les jeux suivants :

- **Cloche !**

  Proposez aux élèves de compter jusqu'à 100. Circulez dans la classe en demandant à chacun, à tour de rôle, de dire le chiffre suivant. Cependant, chaque fois qu'un multiple de trois survient, l'élève dit « cloche » plutôt que le nombre. (Variez le jeu en utilisant les multiples d'autres nombres. Pour que cela soit plus excitant, accélérez la cadence.)

- **Devine ce que je fais**

  Pensez à une opération mathématique comme « fois 4 », mais ne la dites pas aux élèves. Demandez-leur à tour de rôle de vous donner un nombre. Répondez-leur par un nombre multiplié par 4. (Un élève dit « 3 » et vous répondez « 12 ».) Si l'élève croit avoir deviné l'opération que vous avez en tête, mettez-le à l'épreuve en lui donnant deux ou trois autres nombres. L'élève qui a deviné correctement choisit la prochaine opération et dirige le jeu dans la classe.

- **Je pense à...**

  Utilisez une variation de ce jeu en donnant des indices comprenant des notions ou des mots de vocabulaire que vous avez étudiés. Par exemple, les indices pourraient être ceux-ci : « Je pense à quelque chose qui commence par un *b* », « C'est symétrique », « Cela comprend des lignes horizontales ».

L'évaluation – un gage de réussite

Pour certains, l'évaluation est une action qui se produit à la fin du processus d'apprentissage, lors du passage d'un examen. En fait, si vous choisissez bien vos outils d'évaluation et les moments appropriés, l'évaluation vous aidera à éveiller l'intérêt des élèves et à enrichir leur apprentissage. Les conseils suivants permettront d'atteindre ces objectifs plus facilement :

- Choisissez quelques stratégies d'évaluation qui incitent les élèves à maîtriser des habiletés et à améliorer leur rendement.

- N'attendez pas la fin du semestre. Évaluez plutôt les élèves quand ils travaillent sur telle habileté ou tel projet. Ainsi, ils ont encore le temps de l'améliorer. Cette démarche vous permettra d'évaluer l'efficacité de vos stratégies d'enseignement. Vous pourrez déterminer sur quels éléments de contenu faire porter les explications supplémentaires ou la récapitulation.

- À l'occasion, laissez les élèves évaluer leur propre travail ou définir entre eux ce que la classe considère comme une production de qualité. Plus les élèves participent à l'évaluation de leur travail, plus ils sont motivés à s'améliorer.

Apportez rapidement votre rétroaction

Les enseignants débutants mettent souvent un certain temps à équilibrer la période allouée à la préparation des travaux et celle pour les corriger. De ce fait, il arrive que les élèves étudient la matière, sont ensuite évalués, mais ils ont oublié le sujet au moment de la remise des examens corrigés. Parfois, ils travaillent avec acharnement à un projet, et l'année s'achève sans qu'ils aient reçu de rétroaction de la part de l'enseignant. Or, pour bénéficier pleinement de votre rétroaction, les élèves doivent encore avoir leur travail à l'esprit. Prenez les précautions suivantes pour assurer votre promptitude à corriger les travaux :

- **Établissez des priorités** Laissez les élèves se corriger l'un l'autre dans le cas de tests ou de pages de calculs. Réservez votre temps aux évaluations nécessitant une analyse plus subjective, comme les comptes rendus, les projets et les examens.

- **Fixez les échéances des projets importants de façon réaliste** Avancez ou retardez la date d'échéance des travaux de façon à pouvoir les évaluer rapidement après que les élèves vous les auront remis.

- **Réservez autant — sinon plus — de temps à l'évaluation du travail des élèves qu'à la planification** Quand vous planifiez votre horaire de la semaine, prévoyez du temps pour écrire des commentaires constructifs sur chaque copie.

Choisissez judicieusement vos outils d'évaluation

Prenez soin de réfléchir autant à vos évaluations qu'à la préparation des travaux que vous donnerez à faire. Choisissez un moyen d'évaluation approprié aux objectifs poursuivis. Voici quelques exemples :

- Évaluez la connaissance des notions de base à l'aide de tests et d'examens à choix multiples, de phrases à compléter et de questions auxquelles répondre par vrai ou faux.

- Évaluez la capacité de l'élève à faire la synthèse de ses connaissances et à aller au-delà au moyen de judicieuses questions ouvertes.

- Évaluez la capacité de l'élève à appliquer les habiletés acquises en observant ses prestations et ses productions.

- Évaluez les progrès des élèves dans le temps en vous basant sur leur portfolio. Celui-ci contient des échantillons de travail reflétant le savoir de l'élève, ses habiletés et sa compréhension.

- Évaluez le niveau de maîtrise des élèves dans certains domaines particuliers en utilisant des grilles d'évaluation critériée.

Les moyens décrits ci-dessus ne donnent qu'un aperçu des outils d'évaluation utilisés à l'heure actuelle. Consultez vos conseillers pédagogiques et votre programme de formation du ministère de l'Éducation pour en apprendre davantage sur le sujet. Enfin, les fiches 4.5 et 4.6 , « Préparer un examen à l'aide de la taxonomie de Bloom » et « L'élaboration d'un examen », présentées aux pages 141 à 143, peuvent aussi vous être utiles.

FICHE 4.5

Préparer un examen à l'aide de la taxonomie de Bloom

Préparez des examens pour mesurer le niveau de compréhension de vos élèves. Prévoyez six types de questions par examen. Commencez par évaluer le degré d'acquisition de la matière en posant des questions élémentaires. Posez ensuite des questions ouvertes pour mesurer la capacité des élèves à atteindre des facteurs de réussite plus vastes, par exemple exercer leur sens critique et utiliser leur nouveau savoir. Ce type d'évaluation vous aidera à mieux cibler vos récapitulations et vos autres activités. Ainsi, vous aiderez les élèves à mieux saisir les notions abordées.

Les questions types suivantes montrent comment adapter les mots déclencheurs au niveau scolaire et au domaine d'apprentissage. Reproduisez la fiche 4.6, « L'élaboration d'un examen », présentée à la page 143. Cette fiche permettra de concevoir vos propres examens.

Niveaux de c...

FICHE 4.6

L'élaboration d'un examen

Niveaux de compréhension	Questions types d'examen
1. **La connaissance** : rappel élémentaire des termes, des faits et des notions. Les mots déclencheurs : énumérer, nommer, définir	
2. **La compréhension** : peut saisir le sens de l'information, l'interpréter et le traduire dans ses propres mots. Les mots déclencheurs : expliquer, résumer, paraphraser	
3. **L'application** : peut utiliser au quotidien ce qu'il a appris. Les mots déclencheurs : démontrer, utiliser, dessiner	
4. **L'analyse** : comprend les éléments et les rapports qu'ils entretiennent entre eux. Les mots déclencheurs : comparer, classifier, séparer, distinguer	
5. **La synthèse** : peut rassembler des notions pour en faire un tout. Les mots déclencheurs : combiner, réorganiser, établir des liens	
6. **L'évaluation** : peut juger un scénario, une situation ou un objet à l'aide de critères logiques. Les mots déclencheurs : évaluer, justifier, juger, défendre	

Chapitre 4 143

Fiches 4.5 et 4.6, p. 141 à 143

Administrez des contrôles

Entre les examens, faites fréquemment des récapitulations. Ainsi, vous vérifierez le taux d'assimilation de la matière par les élèves. Dans votre révision, incluez quelques questions qui obligeront les élèves à appliquer leur savoir à de nouveaux contextes.

Favorisez le développement des habiletés à l'aide de grilles d'évaluation critériée

Certains enseignants trouvent utile d'élaborer des grilles d'évaluation critériée dans le cas de projets importants. Cette grille d'évaluation est basée sur la description de différents degrés de maîtrise. La grille d'évaluation critériée est un outil d'apprentissage élaboré. En effet, elle aide autant les élèves que les enseignants à déterminer les *critères* d'évaluation du rendement. Ce type de grille fonctionne bien quand les élèves sont assez âgés pour pouvoir la lire et la comprendre. Vous préférerez probablement des méthodes d'évaluation plus simples avec les élèves du premier cycle du primaire.

Les grilles d'évaluation critériée présentent plusieurs avantages. Les élèves peuvent s'y reporter fréquemment pour vérifier la qualité de leur travail. Les enseignants l'utilisent pour noter un travail terminé. La mise au point de ce type de grille prend un certain temps. Toutefois, vous ne regretterez pas le travail accordé lorsque des parents remettront en question le rendement de leur enfant. Vous pourrez leur présenter avec assurance les critères ayant servi à déterminer le rendement de l'élève et leur expliquer les normes régissant la qualité du travail.

En concevant une grille d'évaluation critériée, établissez les domaines et les degrés de maîtrise recherchés. Décrivez en détail l'aspect du travail à chaque degré de maîtrise. Ensuite, aidez les élèves à établir des objectifs qui tendent vers le plus élevé.

Dans l'exemple de la page suivante, un enseignant donne un cours de littérature aux élèves de troisième cycle. Il utilise la production écrite pour mesurer les acquisitions des élèves, à la fin d'une unité intitulée « Des auteurs qui savent camper un lieu ». Les élèves ont tous fait une recherche sur l'époque de la vie d'un écrivain. De plus, ils ont rédigé un passage narratif sur un lieu où ce dernier aurait pu mettre en scène un de ses récits. Le travail permet aux élèves d'*appliquer* leur savoir plutôt que de simplement en *faire état*. La grille d'évaluation critériée les aide à canaliser leurs efforts et facilite le travail d'évaluation de l'enseignant. En examinant l'exemple, pensez aux critères susceptibles d'entrer dans l'élaboration d'une grille d'évaluation critériée convenant aux échelles d'habiletés du programme de formation.

Remarquez que la grille critériée ne permet pas de noter les élèves à l'aide d'une cote ou d'un nombre de points. Elle comprend quatre degrés de maîtrise que l'enseignant pourra plus tard convertir sous forme de cotes. Dans l'exemple, l'élève qui remet un « classique » dans chaque catégorie obtiendrait un A+. Les autres degrés correspondent à A, à B et à C. La fiche 4.7, de la page 144, vous aidera à concevoir une grille d'évaluation critériée.

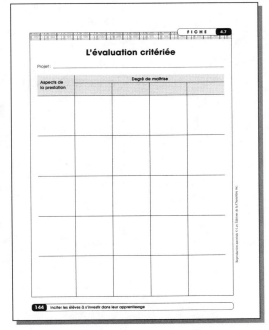

Fiche 4.7, p.144

Un exemple de grille d'évaluation critériée

Aspects de la prestation	Degré de maîtrise			
	Aspect du potentiel	Lecture intéressante	Un livre à succès	Un classique
Imagerie	Les éléments du décor sont mentionnés mais non décrits.	Les descriptions de l'endroit donnent certains détails des lieux, mais le lecteur doit imaginer le reste.	La description de l'endroit est assez détaillée pour que le lecteur puisse vraiment le visualiser.	La description de l'endroit sollicite tous ou presque tous les sens avec des vues, des sons, des senteurs, des goûts ou des sentiments.
Métaphore et comparaison	Le passage descriptif ne contient ni métaphore ni comparaison.	Le passage comprend des métaphores ou des comparaisons, mais celles-ci sont artificielles ou ne facilitent pas la compréhension du lecteur.	Le passage utilise efficacement les métaphores ou les comparaisons ; le traitement des objets, des notions ou des sentiments non familiers les rend plus réels pour le lecteur.	Le passage contient des métaphores et des comparaisons ; le traitement des objets, des notions ou des sentiments non familiers les rend plus réels pour le lecteur.
Documentation sur le décor	Le passage comprend au moins une référence directe au paysage, à l'architecture, à la tenue vestimentaire, aux coutumes ou aux gens de l'époque.	Le passage comprend au moins deux références précises au paysage, à l'architecture, à la tenue vestimentaire, aux coutumes ou aux gens de l'époque.	Le passage démontre une compréhension profonde du paysage, de l'architecture, de la tenue vestimentaire, des coutumes ou des gens de l'époque.	Le passage démontre une compréhension profonde du paysage, de l'architecture, de la tenue vestimentaire, des coutumes et des gens de cette époque.

4

Aidez les élèves à réfléchir à leur apprentissage

Les élèves vivent une transition importante à la fin de chaque année. Ils devront le plus souvent changer d'enseignants. Aidez-les à conclure la merveilleuse année qu'ils ont passée dans votre classe. Encouragez-les à avoir confiance en leurs capacités de s'adapter aux changements à venir. Tenez compte des suggestions suivantes.

Créez un souvenir

Invitez chaque élève à écrire un court essai sur ce qu'il a appris dans votre classe. Réunissez en un recueil des productions écrites. Ajoutez-y des dessins ou des photos des élèves. Si c'est possible, remettez à chacun une copie du recueil. Au cours d'une discussion en classe, aidez les élèves à imaginer ce qu'ils apprendront vraisemblablement l'année prochaine.

Donnez aux élèves un aperçu de l'année à venir

Invitez en classe un enseignant du futur niveau de vos élèves. Demandez-lui de leur donner un aperçu des principaux sujets auxquels ils s'attaqueront l'année prochaine. Cet enseignant peut aussi suggérer certaines lectures ou activités estivales susceptibles de les aider à s'intéresser à ces nouveaux domaines.

Aidez les élèves à se fixer des objectifs

Après la visite de cet enseignant, invitez les élèves à écrire leurs objectifs de croissance personnelle pour l'année à venir et à indiquer ce qu'ils espèrent apprendre. Ajoutez à ces objectifs votre propre message personnel et positif. Donnez aux élèves une enveloppe qu'ils s'adresseront à eux-mêmes. Au début de la nouvelle année, faites-leur parvenir leur liste d'objectifs par la poste.

Faites circuler les portfolios

À la fin de l'année, veillez à ce que chaque élève apporte chez lui un portfolio contenant son meilleur travail. Entendez-vous avec l'enseignant de l'année suivante pour que celui-ci demande les portfolios au début de l'année. Ainsi, les élèves auront l'impression que leur apprentissage se prolonge dans la nouvelle année.

Voici pourquoi la journée sera formidable !

Nom : _____ Date : _____

J'ai envie d'apprendre sur ce sujet : _____

_____

_____

Aujourd'hui, je veux travailler l'habileté suivante :

_____

_____

_____

Voici pourquoi la journée a été formidable !

Nom : _____ Date : _____

J'ai appris : _____

_____

J'ai travaillé l'habileté : _____

_____

Pourquoi la journée a été formidable !

_____

_____

_____

_____

Pour comprendre vos élèves

Tous les élèves ont une personnalité, des antécédents familiaux et un niveau de développement cognitif, physique, affectif et moral qui leur sont propres. Cependant, les diverses habiletés et dispositions se manifesteront communément chez eux en suivant les stades généraux du développement.

Inspirez-vous de la liste de ces tendances générales pour adapter votre enseignement, vos activités et vos types d'interactions au niveau scolaire de vos élèves. Ainsi, vous comprendrez mieux leur comportement et leur façon d'être. Cette liste vous aidera aussi à reconnaître les qualités propres au niveau de développement des élèves d'un certain âge et à leurs façons caractéristiques d'apprendre.

Caractéristiques des enfants de la maternelle

- Ils sont enjoués, débordants d'énergie, enthousiastes ;
- ils aiment planifier ;
- ils aiment les jeux de rôle avec les autres enfants ;
- ils peuvent sauter, lancer un ballon et l'attraper au rebond ;
- ils font des phrases de cinq à huit mots ;
- ils aiment raisonner et donner des explications ;
- ils peuvent mémoriser une adresse et un numéro de téléphone ;
- ils adorent écouter et raconter des histoires ;
- ils peuvent compter jusqu'à 10 et plus ;

- ils comprennent les termes comparatifs ;
- ils aiment dessiner ;
- ils peuvent reconnaître les lettres de l'alphabet si on les leur enseigne ;
- ils comprennent les catégories ;
- ils peuvent penser en fonction de projets ;
- ils comprennent les marqueurs de temps comme «hier», «aujourd'hui» et «demain» ;
- ils peuvent reproduire des dessins et des formes simples ;
- ils inventent des jeux ;
- ils confondent encore la réalité et l'imaginaire ;
- ils aiment essayer de nouvelles choses ;
- ils remarquent quand les autres sont en colère ou tristes ;
- ils préfèrent travailler en groupes de trois ou moins ;
- ils commencent à comprendre le principe du bien et du mal ;
- ils peuvent travailler individuellement sans surveillance constante ;
- ils aiment donner et recevoir ;
- ils comprennent les règles ;
- ils ont besoin d'être seuls ;
- ils comprennent les ressemblances et les différences par rapport aux autres familles ;
- ils sont embarrassés lorsqu'ils font une erreur ;
- ils développent leur sens de l'humour.

Pour comprendre vos élèves (suite)

Caractéristiques des élèves de la première à la troisième année

- Ils sont plus intéressés par les tâches terre à terre que par l'imaginaire ;

- ils sont fascinés par les règles ;

- ils ont une propension à élaborer des jeux comprenant d'innombrables règles et rituels ;

- ils sont habiles dans la manipulation de petits outils ;

- ils aiment les épreuves de force et d'équilibre ;

- ils aiment copier des dessins ;

- ils ont tendance à inverser les caractères d'imprimerie comme *b* et *d* et les chiffres ;

- ils aiment construire ;

- ils peuvent se passionner pour la lecture ;

- ils aiment les tours de magie ;

- ils aiment collectionner ;

- ils distinguent la gauche de la droite ;

- ils savent lire l'heure et différencient les jours de la semaine ;

- ils peuvent doubler l'étendue de leur vocabulaire entre six et huit ans ;

- ils commencent à faire des distinctions en fonction du sexe ;

- ils sont égocentriques, mais ils commencent à éprouver de l'empathie ;

- ils craignent l'échec ;

- ils peuvent avoir un meilleur ami et un ennemi.

Caractéristiques des élèves de la quatrième à la sixième année

- Ils développent le sentiment de leur individualité ;

- ils aiment les codes, le langage et les rituels secrets qui renforcent les amitiés ;

- ils rejettent la surveillance, mais ils sont craintifs quand il n'y en a pas ;

- ils aiment lire des romans et des manuels pratiques ;

- ils rêvent d'avenir ;

- ils comprennent les concepts sans avoir autant besoin d'exemples concrets ;

- ils commencent à se rendre compte que les adultes ne sont pas infaillibles ;

- ils s'intéressent aux sports de compétition ;

- ils peuvent défier l'autorité ;

- ils mûrissent différemment, filles et garçons ;

- ils sont soucieux de justice ;

- ils peuvent aimer faire plaisir aux adultes.

Une banque d'idées pour diversifier votre enseignement

Consignes

1. Parcourez vos plans de situations d'apprentissage de la journée et cochez les cases qui s'appliquent.
2. Cochez de nouvelles cases chaque matin pendant une semaine.
3. À la fin de la semaine, voyez si vous avez suffisamment diversifié votre démarche pour éveiller l'intérêt de tous les apprenants. Essayez de cocher une ou plusieurs cases dans chaque section.
4. Refaites cette autoévaluation périodiquement, jusqu'à ce que vous diversifiez votre enseignement de façon naturelle.

Section 1 – les activités linguistiques

- ☐ Je demanderai aux élèves de lire à voix haute.
- ☐ J'inviterai à présenter des exposés oraux.
- ☐ Je réserverai du temps aux contes, à la création littéraire et aux jeux de mots durant la journée.

Section 2 – les activités de musique et de rythmique

- ☐ Je ferai chanter, siffler ou scander.
- ☐ Je ferai frapper des mains ou proposerai d'autres activités rythmiques.
- ☐ Je ferai entendre de la musique ayant un lien avec la matière.

Section 3 – les activités corporelles et kinesthésiques

- ☐ Je donnerai à faire des expériences pratiques permettant aux élèves d'utiliser du matériel de manipulation.
- ☐ Je demanderai aux élèves de simuler ou de mettre en scène des événements.
- ☐ Je donnerai l'occasion de faire des activités physiques telles que les sports, la danse et les exercices de relaxation.

Section 4 – les activités interpersonnelles

- ☐ Je ferai faire du travail d'équipe.
- ☐ J'inciterai les élèves à participer à des discussions de classe.
- ☐ Je favoriserai la participation des aides scolaires.

Section 5 – l'intelligence spatiale

- ☐ J'utiliserai des moyens visuels pour enrichir la situation d'apprentissage.
- ☐ J'utiliserai une métaphore pour présenter une notion.
- ☐ J'intéresserai les élèves à des activités artistiques.

Section 6 – les activités de logique et de mathématiques

- ☐ J'éveillerai l'intérêt des élèves à l'aide de tâches de résolution de problèmes.
- ☐ Je proposerai des jeux avec des nombres ou des activités nécessitant des calculs.
- ☐ Je donnerai à faire des expériences scientifiques.

Section 7 – les activités interpersonnelles

- ☐ Je réserverai des moments de tranquillité pour l'étude personnelle.
- ☐ J'assignerai un travail comprenant plusieurs choix de sujets d'étude.
- ☐ J'inciterai l'élève à s'autoévaluer en tenant un journal de bord.

La banque d'apprentissages

Nom de l'élève : _____   Date : _____

Sujet : _____

Décris ce que tu as appris et comment tu utiliseras cette nouvelle information à l'extérieur de l'école.

_____

_____

Dépôts
(Ce que j'ai appris)

Dividendes
(Comment j'ai appliqué mes nouvelles habiletés dans ma vie)

_____   _____

_____   _____

_____   _____

Signature de l'élève : _____

La banque d'apprentissages

Nom de l'élève : _____   Date : _____

Sujet : _____

Décris ce que tu as appris et comment tu utiliseras cette nouvelle information à l'extérieur de l'école.

_____

_____

Dépôts
(Ce que j'ai appris)

Dividendes
(Comment j'ai appliqué mes nouvelles habiletés dans ma vie)

_____   _____

_____   _____

_____   _____

Signature de l'élève : _____

Préparer un examen à l'aide de la taxonomie de Bloom

Préparez des examens pour mesurer le niveau de compréhension de vos élèves. Prévoyez six types de questions par examen. Commencez par évaluer le degré d'acquisition de la matière en posant des questions élémentaires. Posez ensuite des questions ouvertes pour mesurer la capacité des élèves à atteindre des facteurs de réussite plus vastes, par exemple exercer leur sens critique et utiliser leur nouveau savoir. Ce type d'évaluation vous aidera à mieux cibler vos récapitulations et vos autres activités. Ainsi, vous aiderez les élèves à mieux saisir les notions abordées.

Les questions types suivantes montrent comment adapter les mots déclencheurs au niveau scolaire et au domaine d'apprentissage. Reproduisez la fiche 4.6, «L'élaboration d'un examen», présentée à la page 143. Cette fiche permettra de concevoir vos propres examens.

Niveaux de compréhension	Questions types d'examen
1. **La connaissance**: rappel élémentaire des termes, des faits et des notions. Les mots déclencheurs: énumérer, nommer, définir	Nomme les quatre derniers premiers ministres du Canada. Nomme les parties d'une fleur. Définis le mot «estuaire».
2. **La compréhension**: peut saisir le sens de l'information, l'interpréter et le traduire dans ses propres mots. Les mots déclencheurs: expliquer, résumer, paraphraser	Explique pourquoi Galilée a été exécuté. Résume les événements qui ont mené à la Seconde Guerre mondiale. Dans tes propres mots, exprime les sentiments du garçon de l'histoire après le départ de son père.
3. **L'application**: peut utiliser ce qu'il a appris au quotidien Les mots déclencheurs: démontrer, utiliser, dessiner	Démontre comment tu pourrais trouver le nombre de crayons de couleur que la boîte peut contenir. Pour démontrer l'emploi des quatre catégories grammaticales, rédige une phrase comprenant un verbe, un nom, un adjectif et un adverbe. Dessine une machine munie d'une poulie, d'un piston ou d'un roulement à billes. Utilise des flèches pour montrer le fonctionnement de la machine. Classe les animaux sur l'image en marquant les amphibiens d'un «A» et les reptiles d'un «R».

Préparer un examen à l'aide de la taxonomie de Bloom (suite)

Niveaux de compréhension	Questions types d'examen
4. L'analyse : comprend les éléments et les rapports qu'ils entretiennent entre eux. Les mots déclencheurs : comparer, classifier, séparer, distinguer	Compare les aiguilles de sapin et les aiguilles d'épinette. En quoi les objectifs et le style de vie des premiers colons au Canada se distinguaient-ils de ceux des Autochtones ? Classifie les perles selon leur forme : les perles rondes, les perles carrées et les perles triangulaires.
5. La synthèse : peut rassembler des notions pour en faire un tout. Les mots déclencheurs : combiner, réorganiser, établir des liens	Dresse la liste de tous les multiples de deux contenus dans cet ensemble. Réorganise la liste suivant l'ordre d'importance de chaque type de citoyens dans la société aztèque : ___ les architectes, ___ les artistes et les artisans, ___ les agriculteurs, ___ les chefs du gouvernement, ___ les grands-prêtres.
6. L'évaluation : peut juger un scénario, une situation ou un objet à l'aide de critères logiques. Les mots déclencheurs : évaluer, justifier, juger, défendre	Selon ton jugement, quelle serait la meilleure solution au problème de Georges la fouine ? Évalue les deux histoires précédentes, puis indique laquelle constitue le meilleur exemple de fable. Justifie ton choix. Selon toi, pourquoi obtenons-nous ce résultat ? Défend ton opinion.

L'élaboration d'un examen

Niveaux de compréhension	Questions types d'examen
1. **La connaissance** : rappel élémentaire des termes, des faits et des notions. Les mots déclencheurs : énumérer, nommer, définir	
2. **La compréhension** : peut saisir le sens de l'information, l'interpréter et le traduire dans ses propres mots. Les mots déclencheurs : expliquer, résumer, paraphraser	
3. **L'application** : peut utiliser au quotidien ce qu'il a appris. Les mots déclencheurs : démontrer, utiliser, dessiner	
4. **L'analyse** : comprend les éléments et les rapports qu'ils entretiennent entre eux. Les mots déclencheurs : comparer, classifier, séparer, distinguer	
5. **La synthèse** : peut rassembler des notions pour en faire un tout. Les mots déclencheurs : combiner, réorganiser, établir des liens	
6. **L'évaluation** : peut juger un scénario, une situation ou un objet à l'aide de critères logiques. Les mots déclencheurs : évaluer, justifier, juger, défendre	

L'évaluation critériée

Projet : _____

Aspects de la prestation	Degré de maîtrise			

Chapitre 5

Constituer
une communauté
d'apprentissage

NOUS NOUS
ENTRAIDONS

« *Notre conseil de coopération a supprimé les barrières dans ce groupe très disparate. Notre classe est maintenant un lieu protégé, où chaque élève peut prendre la parole. Nous discutons les problèmes et tâchons de les régler ensemble. Chaque jour, je comprends un peu mieux comment fonctionnent les enfants.* »

Certains enseignants sont agréablement étonnés lorsqu'un élève les appelle par inadvertance « maman » ou « papa ». Ils prennent soudain conscience de l'importance du rôle qu'ils jouent dans la vie de l'enfant.

En effet, chaque jour pendant plusieurs heures, le groupe classe prend le relais de la famille. Le type de soutien accordé à chaque élève, dans son « autre chez-soi », dépend de l'enseignant. Vous croyez peut-être donner un enseignement individuel à chaque élève. En réalité, la qualité de votre enseignement individuel dépend souvent de l'atmosphère générale dans votre classe. Demandez-vous alors si vous savez créer un climat de classe propice à l'apprentissage.

La famille fonctionne mieux quand chacun des membres est assuré d'en faire partie à part entière. De la même façon, votre classe sera un lieu d'apprentissage plus bénéfique si vos élèves s'y sentent acceptés et en sécurité, malgré leurs différences. Les élèves profitent d'un meilleur milieu d'apprentissage lorsque le climat les incite à prendre des risques et à communiquer leurs idées sans craindre le ridicule ou la réprobation. Leurs interrelations s'améliorent quand ils adhèrent à un ensemble de valeurs fondamentales transcendant les différences personnelles. Posez-vous des questions sur votre propre ouverture face à la diversité. Interrogez-vous sur votre façon d'accueillir les différences parmi vos élèves et d'utiliser ces dernières pour enrichir la communauté de votre classe.

Si vous décidez de favoriser la coopération dans votre classe, référez-vous à vos expériences personnelles de travail en équipe au primaire ou durant vos études universitaires. Demandez-vous si vos élèves seront capables de former des groupes de travail efficaces ou si vous devrez leur montrer comment procéder. Demandez-vous également si vous ressentez des craintes par rapport au contrôle de ce genre de situation.

Votre propre expérience influera certainement sur vos choix d'interventions pédagogiques. Sans la nier, gardez à l'esprit que vous devez aller au-delà. Agissez de façon que le bien-être de chacun de vos élèves soit assuré tout autant que celui du groupe. Pour y arriver, vous devrez recourir à des réflexions préalables, ainsi qu'à une bonne dose d'écoute et d'intuition. De plus, l'utilisation de certaines stratégies présentées dans le présent chapitre vous aidera à créer un milieu de vie favorable. Vous y serez à l'aise et vos élèves considéreront leur environnement comme un lieu où il fait bon apprendre.

Tissez des liens avec les élèves

Si les élèves sentent qu'ils comptent pour les autres, ils sauront se montrer à la hauteur des attentes. Lorsqu'ils se sentent dignes d'estime et qu'ils se considèrent comme des êtres compétents, ils réussissent bien. En démontrant de l'intérêt à chaque élève, vous pouvez lui transmettre ce message. Même les élèves jouissant d'un bon soutien familial ont besoin de savoir que leur réussite vous tient à cœur. Ceux qui en manquent ont encore plus besoin de votre appui. En fait, un adulte attentionné peut faire toute la différence pour un élève qui a des difficultés. Souvent, cet adulte, c'est l'enseignant.

En connaissant mieux chaque élève, vous pourrez plus facilement répondre aux besoins personnels de chacun et établir de surcroît un solide réseau de relations dans la classe. Au début de l'année, dressez l'inventaire des intérêts personnels de vos élèves. Vous pouvez procéder de plusieurs façons :

- Avant la rentrée, faites parvenir une carte ou un message exprimant le plaisir que vous aurez à accueillir chacun dans votre classe.

- Informez-vous des intérêts personnels de vos élèves, tôt en début d'année. Dès que l'occasion se présente en cours d'année, intégrez-les à vos plans de situations d'apprentissage. Il peut s'agir simplement de proposer des problèmes de mathématiques faisant allusion aux passe-temps des élèves. Vous pouvez aussi demander à certains élèves de faire la démonstration d'une habileté qui leur est particulière.

- Réservez un moment précis pour discuter avec les élèves. Saisissez les occasions qui se présentent spontanément pour les interroger sur leur famille, leurs passe-temps, leurs opinions sur différentes questions ainsi que sur leurs activités parascolaires.

- Dressez l'inventaire des intérêts personnels des élèves à l'aide de l'une des fiches mises à votre disposition à la fin du chapitre 1.

Développez des relations de confiance

Avez-vous déjà remarqué le peu d'hésitation du petit enfant à sauter dans une piscine quand l'un de ses parents lui tend les bras ? Par contre, son aîné de un an ou deux se tiendra loin du bord, sachant désormais que l'eau profonde peut être dangereuse. Ce genre de phénomène se produit aussi dans la classe. Quand les enfants sont assez âgés pour juger du climat d'apprentissage, ils perdent souvent leur confiance innée à « plonger » spontanément. Ils en viennent à craindre d'être humiliés s'ils font une erreur ou posent une question « stupide ». Ils ont peur d'être dévalorisés par l'enseignant si leur réponse à une question semble bizarre.

Vous pouvez faire en sorte que la classe soit un refuge où les élèves sauront que les essais et erreurs font partie du processus d'apprentissage. Dès le premier jour, faites-leur sentir que vous les acceptez et vous vous souciez de leur apprentissage. Les conseils suivants présentent des moyens directs et indirects d'y parvenir.

Créez un lien de confiance élève-enseignant

Se sentir en sécurité en classe, c'est se sentir soutenu et protégé. C'est s'attendre à s'y sentir à l'aise — et à l'être presque toujours.

Vous pouvez grandement aider les élèves à développer leur confiance en vous et dans les autres. D'abord, reconnaissez l'apport particulier de chaque élève. Ne vous attendez pas à ce que tous réagissent de façon similaire dans un même environnement scolaire. Vous rencontrerez parfois un élève à qui ses parents ont transmis leur aversion pour l'école. Ce type d'élève pourra se montrer turbulent ou se replier sur lui-même parce qu'il se méfie des enseignants ou craint l'école.

Vous pouvez apprendre beaucoup en étant à l'écoute de vos élèves. Toutefois, l'origine de la méfiance d'un élève peut demeurer un mystère. Dans tous les cas, efforcez-vous d'établir une relation de confiance avec chacun et d'installer un bon climat de communication dans le groupe classe. Les mesures suivantes vous aideront à y parvenir.

- Autant que possible, adressez-vous aux élèves en les appelant par leur prénom. Vous montrez ainsi que vous reconnaissez l'individualité de chacun. Ayez l'esprit ouvert pour accueillir leurs façons de voir, leurs opinions et leurs sentiments.

- Soyez attentif à l'humeur de vos élèves. Lorsque vous voyez qu'un élève est préoccupé ou semble triste, n'hésitez pas à poser un geste amical ou à dire un mot gentil. Cela peut faire toute la différence. En manifestant votre intérêt aux élèves, qu'il y ait problème ou non, faites preuve de sincérité. Montrez-leur que vous vous souciez d'eux et de leur bien-être.

- Soulignez les forces et les qualités des élèves.

- Quand un élève difficile a une bonne journée, écrivez-lui un mot de félicitations qu'il pourra montrer à ses parents. Parlez-lui après une journée particulièrement difficile pour rétablir les choses.

- Lorsqu'un élève vous confie un problème, efforcez-vous de comprendre ce qu'il ressent. Écoutez-le sans poser de jugement. Incitez les élèves à agir de même entre eux.

- Quand un élève est malade, accueillez-le chaleureusement à son retour en classe. Si l'élève est longtemps malade, téléphonez à la maison pour prendre de ses nouvelles ou envoyez-lui une carte.

- Aidez les élèves à se sentir acceptés. Laissez-les exprimer leurs idées sans se sentir obligés d'avoir « la bonne réponse ».

Favorisez la confiance entre les élèves

Aidez les élèves à comprendre qu'ils dépendent les uns des autres. Faites-leur remarquer que lorsque l'un d'eux se sent triste ou bouleversé, il communique ce sentiment aux autres. De même, si l'un d'eux se sent à l'aise et heureux, cela déteint sur les autres. Chacun apprend mieux quand tous se sentent soutenus et heureux dans leur milieu de classe. Essayez les stratégies suivantes pour aider les élèves à établir entre eux des relations de confiance.

- Faites comprendre à vos élèves que chacun a le droit d'apprendre dans un environnement sûr et serein. Expliquez-leur qu'ils peuvent tous contribuer à bâtir ce milieu. Pour y arriver, ils doivent observer les règles de sécurité et montrer aux autres de la considération.

- Insistez sur l'importance de respecter le droit de chacun d'exprimer librement ses idées et ses opinions. En classe, ne tolérez que des remarques constructives, jamais désobligeantes, sur les opinions des autres élèves ou leur travail en classe. Donnez l'exemple en formulant vos remarques de façon positive.

- Si vous enseignez à de jeunes enfants, servez-vous d'une chanson ou d'une comptine pour créer un esprit de corps dans la classe. Quand l'atmosphère est tendue, renversez la vapeur en invitant les élèves à chanter la chanson ou à réciter des petits poèmes.

- Si vous enseignez à des élèves un peu plus vieux, vous pourrez mettre en place « L'alerte au fanion rouge » (voir l'encadré de la page suivante).

Mettez sur pied un conseil de coopération

Vous pouvez aider à bâtir la confiance entre les élèves en dirigeant un « conseil de coopération ». Réservez un temps fixe à l'horaire. Cette période servira à discuter les questions importantes pour le groupe. Les élèves finiront par attendre cette occasion d'exposer leurs préoccupations et leurs idées. Vous pourrez débattre des questions qu'aura permis de soulever « l'alerte au fanion rouge ». Vous pourrez aussi profiter de ce moment quotidien pour enseigner ou mettre de l'avant des habiletés sociales constructives.

Le conseil de coopération peut se tenir au tout début de la journée. Ainsi, les élèves troublés par un incident sur le chemin de l'école pourront s'en ouvrir immédiatement au lieu d'y penser toute la journée. Vous préférerez peut-être le faire en début d'après-midi, afin de régler les problèmes survenus au dîner. Par contre, en tenant le conseil en fin d'après-midi, vous donnerez aux élèves l'occasion de se féliciter des réussites de la journée.

Planifiez d'avance vos objectifs de débats quotidiens. Cependant, attendez-vous à ce que l'apport des élèves change parfois l'orientation de la discussion.

5

Une suggestion de moyen d'intervention – l'alerte au fanion rouge

1. Installez une boîte aux lettres munie d'un fanion rouge près de votre bureau.

2. Lorsqu'un élève a une mauvaise journée à cause d'un incident survenu en classe, il peut glisser un message dans la boîte aux lettres et lever le fanion rouge. Son message peut être signé ou anonyme.

   Il peut s'agir d'une observation générale sur des rapports individuels ou une règle de la classe. Ce message peut concerner quelque chose de général, par exemple « Ça m'a déplu que des gens rient de certains des exposés présentés en classe » ou de plus particulier et personnel, comme « Je me suis senti triste aujourd'hui parce que Simon s'est moqué de mon exposé ». Demandez aux élèves de raconter ce qu'ils ont vécu ou d'exprimer ce qu'ils ressentent en employant le « je » afin d'éviter les accusations ou les reproches.

3. Quand vous constatez que le fanion rouge est levé, prenez connaissance du contenu de la boîte aux lettres et décidez des mesures à prendre. Si la note comprend le nom de l'élève, vous pouvez avoir un entretien individuel avec cet enfant après l'école et l'inciter à faire part de son malaise à ceux qui l'ont causé. Toutefois, dans certains cas, vous aurez peut-être avantage à porter le sujet à l'attention du groupe au cours d'une discussion générale en classe. Pour que le reste du groupe se sente davantage concerné, demandez si certains ont déjà vécu une situation semblable ou s'ils veulent faire des suggestions constructives.

   Si vous optez pour une discussion en classe, soulevez la question de façon à permettre aux élèves de réaffirmer les valeurs de la classe, sans pour autant mettre quiconque dans l'embarras. L'intérêt de l'alerte au fanion rouge consiste à donner aux élèves l'occasion d'exprimer leurs craintes et leurs préoccupations en toute confidentialité. Prenez soin de respecter la confiance qu'ils vous accordent.

Avec les très jeunes élèves

Prévoyez un ballon, une baguette ou tout autre accessoire pour inciter les élèves timides à parler et les élèves volubiles à laisser de la place aux autres. Chaque élève tient l'objet et s'exprime durant un temps donné, puis il remet l'objet à son voisin qui prend alors la parole.

Pour faire changement, servez-vous d'une marionnette pour poser des questions et inciter les élèves à s'ouvrir. Vous pouvez utiliser plusieurs marionnettes, chacune ayant une fonction différente. Par exemple, une marionnette peut servir à résoudre les problèmes et une autre à raconter des histoires. Modifiez le rôle des marionnettes au besoin.

Avec les élèves plus âgés

Utilisez la fiche 5.1, « Des amorces de discussions dans les conseils de classe », présentée aux pages 163 et 164. Cette fiche vous aidera à déterminer le sujet de la journée. Vous pouvez aussi laisser les élèves le choisir. Découpez cette fiche en languettes, mettez celles-ci dans un panier et invitez les élèves à piger un sujet au hasard. Vous pouvez aussi inscrire chaque jour une nouvelle amorce de discussion au tableau.

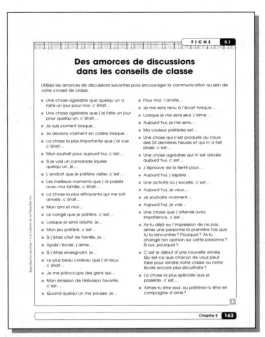

Fiche 5.1, p. 163 et 164

Soulignez qu'il n'y a pas de questions idiotes

Les élèves se sentiront en sécurité affective s'ils savent qu'ils peuvent sans crainte prendre des risques sur le plan intellectuel. On oublie trop souvent que le développement de la confiance passe par l'instauration d'un milieu d'apprentissage dans lequel les élèves peuvent poser des questions — sur un travail, la matière ou toute autre chose — sans s'exposer à l'humiliation.

Adoptez des stratégies démontrant aux élèves votre respect des questions qu'ils posent. Mettez à l'essai les propositions suivantes :

- Quand un élève demande des clarifications, avant de commencer à répondre, dites « Voilà une très bonne question » ou « Je suis contente que tu demandes cela ». En vous entendant répondre ainsi, les autres hésiteront moins à poser des questions à leur tour. À la fin d'une période d'étude ou d'un exposé, demandez aux élèves de rédiger une question sur un point qu'ils n'ont pas compris. Recueillez ces questions. Ensuite, remerciez les élèves de leur aide et intégrez les réponses à la récapitulation de la matière, le lendemain.

- Si vous n'avez pas le temps de répondre à une question complexe, remerciez l'élève qui l'a posée. Ensuite, annoncez que vous l'inscrivez au tableau pour pouvoir y revenir. Dès que vous en avez l'occasion, revenez sur la question. Expliquez qu'elle est importante, car elle permet à la classe de mesurer tout ce qu'il reste encore à apprendre sur le sujet. Prenez ensuite le temps nécessaire pour répondre à la question.

Par exemple, supposons que la classe fait un travail d'écriture. Un élève qui semble embêté demande : « Comment savoir s'il faut écrire *er* ou *é* à la fin du verbe ? » L'enseignant examine le mot que l'élève tente d'écrire et l'aide à choisir la bonne orthographe. Ensuite, il écrit la question au tableau. Quand la classe a terminé le travail, l'enseignant présente la règle pour déterminer l'emploi de l'infinitif. Il interroge les élèves à ce sujet et donne d'autres exemples. Il remercie ensuite l'élève qui a soulevé la question.

Servez-vous des erreurs pour stimuler les progrès des élèves

Le droit à l'erreur rehausse la confiance de l'élève dans le processus d'apprentissage et en son enseignant. Il accroît sa capacité à prendre des risques. Les élèves avanceront de nouvelles idées s'ils s'attendent à du soutien plutôt qu'à de la critique. Faites bien comprendre aux élèves qu'il vaut mieux risquer de se tromper que de ne pas réfléchir ou de ne pas répondre du tout. Dites-leur que tout le monde — même les enseignants — peut se tromper. Expliquez-leur que les erreurs font partie du processus d'apprentissage. Plutôt que de punir ou de dénigrer les élèves qui ont fait une erreur, exploitez la situation. Profitez de l'occasion pour favoriser un apprentissage en groupe à l'aide de la stratégie suivante :

- Après un examen ou la remise d'un travail fait à la maison, demandez à vos élèves de choisir un problème qu'ils n'ont pas réussi et qu'ils ne comprennent toujours pas.

- Demandez-leur ensuite de se réunir en groupes de trois pour trouver ensemble la réponse à leurs trois questions. Si un élève n'a pas fait d'erreur, un autre élève du groupe choisit un deuxième problème à examiner ensemble. Circulez parmi les groupes et apportez votre aide à ceux qui butent sur un problème.

- Enfin, demandez à chaque groupe de présenter une question à la classe. Ensuite, l'équipe donne la réponse et l'explication qui conviennent, sans indiquer quel membre du groupe avait fait l'erreur. Cet exercice aide les élèves à comprendre que leurs erreurs sont des occasions d'apprendre pour toute la classe.

Cultivez les valeurs communes

Quand les élèves d'une classe adhèrent aux mêmes valeurs fondamentales, ils peuvent mieux s'entraider. Très tôt dans l'année, aidez les élèves à approfondir l'idée qu'ils se font de l'apprentissage. Ils peuvent améliorer le groupe classe en respectant les mêmes valeurs. Quand vos élèves semblent prêts, proposez-leur l'activité « Déterminons nos valeurs fondamentales », présentée à la page 153. Cette démarche fonctionne particulièrement bien auprès des élèves du deuxième et du troisième cycle du primaire. Pour les élèves de la maternelle ou du premier cycle, vous préférerez l'idée « Un défi collectif », expliquée ci-après.

Lancez un défi collectif

Avec des élèves de maternelle et du premier cycle, il peut être intéressant d'avoir une discussion de groupe au sujet des améliorations souhaitables pour la collectivité. Vous pouvez partir des idées des élèves pour dresser une liste

Une suggestion d'activité – déterminons nos valeurs fondamentales

1. Faites porter la discussion en classe sur la question suivante : De quelles qualités avons-nous besoin pour construire un groupe classe solide ?

2. Inscrivez les réponses au tableau. Les élèves pourraient nommer, par exemple, la politesse, la confiance, la sécurité ou le respect. Faites voter les élèves pour choisir les quatre plus importantes qualités.

3. Divisez la classe en quatre groupes. Assignez à chaque groupe l'une des qualités choisies. Demandez à chacun d'indiquer comment leur qualité se manifeste et comment elle s'entend. Reproduisez à cet effet la fiche 5.2, « Les qualités d'un bon groupe classe », présentée à la page 165.

4. Passez quelque temps avec chaque groupe. Les élèves tentent de trouver des exemples de « ce qu'on entendra », de « ce qu'on verra » et de « comment on se sentira » lorsque la classe respectera la qualité choisie. Par exemple, si un groupe classe valorise la politesse, les élèves s'entendront dire « s'il vous plaît » et « merci ». Si le groupe classe valorise la sécurité, les élèves se verront en train de parler calmement pour résoudre les conflits plutôt que de se frapper ou de s'injurier. Les élèves peuvent s'exprimer par écrit ou à l'aide de dessins.

5. Invitez chaque groupe à rédiger une déclaration résumant les principaux aspects de la qualité qu'ils ont examinée. Par exemple :

« La politesse nous aide tous à participer et à nous sentir bien ensemble. Nous faisons preuve de politesse en laissant les autres faire leur choix ou passer en premier, et en parlant poliment. »

6. Invitez les groupes à lire leur déclaration finale à toute la classe. Affichez les déclarations au babillard pour y revenir au besoin. Vous pourrez rappeler aux élèves pourquoi ils ont tous avantage à respecter les valeurs de la classe et à en observer les règles.

Fiche 5.2, p. 165

d'objectifs d'amélioration. Vous pouvez aussi partir d'un référentiel existant (voir l'exemple de référentiel d'objectifs d'amélioration, présenté à la page 154). Chaque élément peut être représenté par un pictogramme pour les élèves qui ne savent pas encore lire. (Si vous voulez en savoir davantage sur le sujet, consultez la banque de pictogrammes prêts à utiliser et libres de droits sur le site *Le grand monde du préscolaire*, à l'adresse prescolaire.grandmonde.com.) Après discussion, vous ciblez un objectif commun pour un laps de temps déterminé. Après ce

Le référentiel d'objectifs d'amélioration — mes attitudes

Face à moi

- Essayer de nouvelles choses (**curiosité**).
- Soigner mes réalisations (**propreté**).
- **Persévérer** (dépasser les obstacles).
- Reconnaître mes **forces** et mes **faiblesses**.
- **Essayer** avant de demander de l'aide.
- **Savoir entendre** un compliment, un conseil ou une critique.

Envers les autres

- **Coopérer** en équipe et avec les autres en général.
- Être **ouvert à la différence**.
- **Partager** mes idées, mes désirs.
- **Écouter** les autres.
- Régler mes **conflits**.
- **Parler** et répondre **poliment** à tout le monde.
- **Respecter** les autres.
- Offrir mon **aide**.

Envers mon environnement

- **Circuler avec respect** dans la classe et l'école (marcher, chuchoter).
- Respecter **les règles de vie** de l'école.
- Faire **ma tâche** correctement.

Source : Extrait d'un référentiel d'autoévaluation utilisé à l'École Nouvelle Querbes de Montréal.

temps, évaluez si vous avez collectivement atteint l'objectif. Au besoin, le même objectif peut être repris.

Lorsque cette démarche est bien intégrée par chacun, vous pouvez leur demander d'utiliser le même référentiel, mais de façon individuelle.

Levez les obstacles matériels

L'aménagement matériel peut nuire aux rapports à l'intérieur du groupe classe. Au chapitre 1, vous avez trouvé des exemples types pour disposer les pupitres. Bien que vous ayez peut-être assigné une place à chaque élève le jour de la rentrée, vous aurez sans doute avantage à évaluer périodiquement l'impact de cet aménagement sur votre groupe classe.

Variez l'attribution des places pour bien démontrer que tous les élèves sont égaux. Faites en sorte que les élèves puissent profiter le plus possible de la diversité du groupe. Prenez soin de ne pas séparer les garçons des filles. Certains enseignants ont tendance à regrouper un même type d'élèves dans l'espoir de mieux contrôler les comportements. Pour éviter ces problèmes et assurer une certaine variété, essayez une ou plusieurs des suggestions suivantes :

- Allouez les places en tirant les noms au hasard.
- Regroupez les élèves suivant leurs intérêts communs : les animaux, les sports, les couleurs ou les aliments préférés.
- Allouez les places en suivant l'ordre alphabétique des noms, des noms de rues ou de noms favoris.
- Si les pupitres sont généralement placés en rangées, demandez aux élèves de tourner leur pupitre vers le mur opposé ou regroupez les pupitres en petits îlots. Si les pupitres sont déjà groupés, modifiez-en le nombre par îlot.
- Invitez les élèves à s'asseoir en U, en cercle ou en V.
- Commencez une discussion avec le groupe au sujet de la disposition et de l'attribution des pupitres. Notez les propositions. Faites voter les élèves. Si c'est possible, demandez-leur de participer au déménagement. Après quelques jours, revenez sur ces changements ; évaluez les avantages et les inconvénients. Corrigez la situation au besoin.

Instaurez des fêtes et des célébrations de classe

Les enseignants ont élaboré plusieurs façons de créer des traditions. Ainsi, ils soulignent l'importance de chaque élève tout en réaffirmant les valeurs du groupe. Les célébrations de classe, en particulier, aident à renforcer l'esprit de groupe et l'entraide. Elles permettent de célébrer le sentiment d'appartenance des élèves et leur joie d'apprendre ensemble.

Les conseils qui suivent vous aideront à mettre au point un programme visant à souligner le caractère unique de chaque élève, à susciter un apprentissage tout en construisant un esprit de groupe.

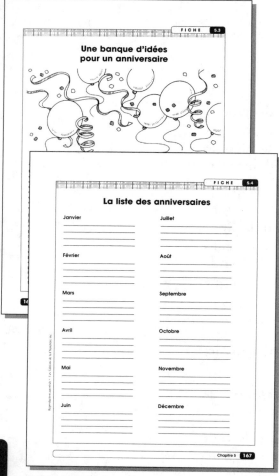

Fiches 5.3 et 5.4, p. 166 et 167

- Les anniversaires sont des occasions idéales pour célébrer le caractère unique d'un individu. Même les élèves plus âgés apprécient cette reconnaissance spéciale qu'un enseignant ne peut pas toujours leur accorder à cause de leur nombre. Écrivez un message personnel exprimant ce que vous aimez chez l'élève. Faites-le lever pour une ovation ou joignez-vous aux élèves pour lui chanter «Bonne fête!». Pour d'autres suggestions, consultez la fiche 5.3, «Une banque d'idées pour un anniversaire», présentée à la page 166. Vous pouvez aussi lui remettre une gâterie puisée à même votre réserve.

  Pour suivre le fil des anniversaires, inscrivez-les sur la fiche 5.4, «La liste des anniversaires», présentée à la page 167. Vous pouvez aussi les reporter directement dans votre cahier de planification, à partir des inventaires des intérêts personnels des élèves ou des fiches de renseignements. Chaque semaine, jetez un œil sur les anniversaires imminents. Prenez quelques minutes afin de rédiger une note ou une carte pour chaque élève concerné. Quant aux élèves nés durant l'été, assurez-vous de trouver un moyen de souligner leur fête (par exemple au cours du mois de juin, en fin d'année ou à leur demi-anniversaire).

- Si vous célébrez les anniversaires en classe, invitez les autres élèves à exprimer leur appréciation des particularités de la personne fêtée. Incitez-les à inscrire des messages sur leur camarade dans un «livre des anniversaires» qui demeurera dans la classe durant toute l'année.

- Avec les jeunes élèves, utilisez un temps de récréation ou un autre moment de votre horaire pour organiser un jeu coopératif. Ce temps spécial avec votre groupe contribuera à créer une dynamique positive. De plus, vous aurez l'occasion de les voir en action dans une activité différente de celles que vous vivez habituellement avec eux.

- Fêtez la fin des projets de classe. Par exemple, supposons que les élèves ont étudié la vie au Moyen Âge. Ils pourraient organiser une foire pour y présenter les métiers de cette époque sur lesquels ils se sont documentés. Prenez des photos pour votre album de classe ou pour mettre sur votre site Web.

- Saluez l'apprentissage personnel des élèves. À la fin d'un projet où chaque élève s'est documenté sur un pays de son choix, durant toute la durée d'une unité, la classe pourrait tenir une fête gourmande. Vous y présenteriez des mets de chacun des pays étudiés.

- Organisez des célébrations pour souligner l'apport des autres. Ainsi, une classe pourrait offrir un goûter pour rendre hommage aux parents ou aux bénévoles et les remercier.

- Soulignez la réussite, par exemple par des activités sportives où chacun obtient une décoration ou des cérémonies en classe où chacun reçoit un mot de félicitations. Ces événements font comprendre aux élèves qu'ils peuvent se réjouir conjointement de leurs succès.

Incitez les élèves à s'encourager les uns les autres

Un enseignant à l'écoute est à l'affût des occasions d'aider les élèves à s'accepter, à s'encourager et à chercher à se comprendre mutuellement. Examinez les suggestions suivantes :

- Quand un élève est cloué au lit pendant une longue période, téléphonez-lui. Faites-lui savoir que sa santé vous préoccupe. Demandez aux élèves de la classe de signer une carte de prompt rétablissement.

- Quand un élève participe à un important récital ou à une compétition sportive à l'extérieur de l'école, informez-vous de l'événement. Incitez les autres élèves à y assister avec leurs parents. Si c'est possible, allez-y vous aussi.

- Quand un élève déménage et quitte l'école, trouvez une façon de souligner son apport à la classe. Invitez ses camarades à lui préparer un album des bons moments. Cet album peut contenir des dessins, des photos ou des petits mots lui rappelant les bons souvenirs de lui. Ces petits cadeaux lui feront comprendre que les amitiés de classe peuvent survivre hors du cadre scolaire. De plus, ils pourront le réconforter s'il se sent seul dans sa nouvelle école.

Créez une mémoire collective en prenant des photos

Les bons souvenirs alimentent les sentiments positifs envers le groupe classe. Créez un album de photos de classe pour inciter les élèves à méditer sur leurs interactions positives au cours de l'année. Ayez à portée de la main des appareils photo jetables, un appareil muni d'un film ou même une caméra numérique de façon à pouvoir garder des images des événements suivants :

- les élèves travaillant en groupes ;

- les élèves réalisant un projet en art ou participant à une activité sportive ;

- les événements spéciaux ou les sorties éducatives ;

- les bons moments d'une classe-nature ;

- la visite d'un invité spécial ;

- la fin de longs projets (une photo de l'élève et de son projet) ;

- la diversité de la classe (une photo de chaque élève illustrant un talent particulier, s'adonnant à un passe-temps distinctif ou présentant son meilleur travail) ;

- les élèves faisant un exposé oral ;
- les expositions des travaux d'élèves.

Si le cœur vous en dit, faites des copies des photos. Versez-les aux portfolios des élèves ou accrochez-les aux tableaux d'affichage. Mettez les albums à la disposition des visiteurs, à l'occasion de la visite libre et durant toute l'année. Vous pouvez même prendre une photo de chaque élève (seul ou avec vous) pour la faire parvenir à la maison en l'accompagnant d'un message, à la fin de l'année.

Enseignez les habiletés propres à l'apprentissage coopératif

Le travail en groupe offre aux élèves d'importantes occasions d'apprentissage. Pourtant, certains nouveaux enseignants l'évitent s'ils ont déjà vécu des expériences malheureuses. Vous tirerez immédiatement profit de l'apprentissage coopératif si vous prenez le soin d'y réfléchir et de bien le planifier.

L'apprentissage coopératif est bénéfique tant pour l'apprenant individuel que pour le groupe d'apprentissage. Les élèves travaillant en groupe ont l'occasion de devenir des participants à part entière. Dans le cadre d'une discussion générale en classe, ils pourraient être trop timides pour prendre la parole. Les élèves apprennent les habiletés sociales plutôt que de se sentir isolés, comme c'est parfois le cas quand ils réalisent un travail individuel. Ils apprennent aussi à partager leurs ressources et à accroître leur potentiel. Ils ne se limitent plus aux seules connaissances qu'ils peuvent acquérir par eux-mêmes. D'un autre côté, le travail en groupe peut donner l'occasion de développer une amitié.

Presque tous les projets se prêtent bien au travail en groupe. C'est particulièrement le cas des projets qui nécessitent la recherche d'idées au moyen d'un remue-méninges ou qui exigent la collecte d'une information vaste et complexe. On peut souvent accomplir en équipe ce qu'aucun individu ne pourrait réaliser seul. Dans les projets de groupe structurés, les élèves ne font pas double emploi. Chacun est tenu d'apporter sa part de nouveauté. Il en résulte un produit plus fouillé, qu'aucun membre de l'équipe n'aurait pu créer seul dans le même laps de temps.

Employez la « stratégie de découpage »

Vous êtes-vous déjà demandé comment aider vos élèves à assimiler une foule de renseignements en peu de temps ? Les groupes coopératifs leur permettent d'accroître leur savoir tout en développant le sens de la camaraderie. Enseignez à vos élèves les précieuses habiletés propres au travail en groupe à l'aide de la stratégie de découpage. Grâce à cette stratégie, ils apprendront à travailler en interdépendance tout en assimilant le contenu à l'étude.

Utilisez la stratégie de découpage pour diviser un sujet complexe en sections ou en sous-sujets. Chaque élève ou groupe peut alors prendre la responsabilité de se documenter sur un sous-sujet et d'en rendre compte au groupe. Chacun peut aussi fabriquer un élément d'une réalisation collective (comme une maquette du quartier). Les groupes se rencontrent ensuite pour partager ce qu'ils ont appris ou mettre ensemble les divers éléments qu'ils ont réalisés. De cette façon, tout le monde assume une responsabilité particulière, et toute la classe bénéficie du savoir partagé ainsi que des habiletés individuelles.

Examinez l'exemple présenté ci-dessous. Vous y trouverez des idées pour intégrer cette stratégie à votre programme.

Une suggestion d'activité – L'étude des quatre groupes alimentaires

En groupes de quatre, les élèves étudient les quatre grands groupes alimentaires.

Dans chaque groupe, un élève se documente sur les produits laitiers et en dresse la liste, un autre répertorie les fruits et les légumes, un autre encore fait une recherche sur le pain et les céréales et un dernier s'intéresse aux noix, aux viandes et aux légumineuses.

Ensuite, les élèves ayant étudié les mêmes groupes d'aliments se rencontrent et forment de nouveaux groupes. Ainsi, tous les experts en produits laitiers se retrouvent à une table, les experts en fruits et légumes se réunissent, etc. Ensemble, les experts cherchent à améliorer leur liste et à accroître leurs connaissances. Ils peuvent dessiner des exemples d'aliments.

Les élèves réintègrent ensuite leur groupe de base et exposent ce qu'ils ont appris. Chaque groupe compose, pour une journée, un menu équilibré comprenant tous les groupes alimentaires.

Organisez bien le travail en groupe

Pour que le travail en groupe soit fructueux, les élèves doivent posséder les habiletés de collaboration nécessaires pour travailler avec les autres de manière efficace. Vous pouvez grandement stimuler ces habiletés chez vos élèves. Vous les amènerez à adhérer à la dynamique de groupe essentielle à la réussite scolaire, professionnelle et sociale. Lisez le chapitre 6, intitulé « Enseigner les habiletés sociales ». Vous y trouverez des moyens d'aider les élèves à développer les habiletés dont ils ont besoin. Vous pouvez également suivre les conseils ci-après pour assurer l'efficacité de vos groupes d'apprentissage.

• Limitez le nombre d'élèves par groupe à quatre ou six.

Les recherches ont démontré que les groupes de cette taille sont plus performants. Ils sont trop petits pour qu'un élève monopolise la conversation et trop grands pour que deux élèves fassent équipe pour s'opposer à un troisième. En fait, la taille du groupe favorise la participation de chacun des élèves.

- Formez des équipes diversifiées.

  Variez les habiletés, les forces et les personnalités des membres du groupe. Réfléchissez au fonctionnement d'un comité efficace. Prenez soin que chaque groupe comprenne des membres ayant des qualités de leader, des talents d'organisateur et des habiletés artistiques. Variez aussi la composition des groupes en tenant compte du sexe ou même de l'origine ethnique des élèves. Grâce à la variété de leurs points de vue, les élèves feront des apprentissages diversifiés, ce qui n'aurait pu être le cas dans un groupe d'élèves partageant des expériences de vie similaires.

- Maintenez les équipes en place durant quelques semaines.

  Donnez l'occasion aux élèves de travailler ensemble. Ainsi, ils apprendront davantage à tenir compte des forces et des faiblesses de chacun et ils établiront des relations de confiance. Une fois qu'une équipe a réalisé ce processus, ses membres auront la possibilité de récolter les fruits de leurs efforts. Modifiez la composition des groupes après plusieurs semaines pour multiplier les relations des élèves entre eux.

- Proposez des activités qui aideront les élèves à faire connaissance.

  Chaque fois que vous modifiez la composition des groupes, invitez les élèves à s'interviewer les uns les autres sur leurs intérêts personnels, leurs opinions et leurs sentiments. Préparez les questions d'interview en tenant compte du niveau scolaire et du programme. Cette activité importante cimentera la confiance entre les membres du groupe. De plus, elle leur donnera des idées sur les meilleurs moyens de travailler ensemble.

- Aidez les membres de l'équipe à développer un sentiment d'appartenance.

  Incitez chaque groupe à créer son propre logo, à se donner un nom ou à entreprendre toute autre activité susceptible de créer la cohésion.

- Apprenez aux élèves à se dépasser dans leur travail d'équipe.

  Demandez à chaque groupe de déterminer un code de conduite pour régler leurs relations interpersonnelles. Tous les élèves devraient s'engager à :

  – s'entraider,

  – partager le matériel et l'information,

  – attendre leur tour et à éviter de couper la parole,

  – se féliciter les uns les autres,

  – parler calmement pour ne pas déranger les autres groupes.

Encouragez les élèves à fêter les succès du groupe

Les groupes fonctionnent mieux quand les élèves s'appuient mutuellement et se réjouissent du succès des autres avec sincérité. Vous pouvez stimuler la coopération et l'appréciation mutuelle. Vous pouvez aussi réduire les rivalités au minimum. Dans ce but, élaborez des projets visant à réaliser des objectifs de groupe. Adaptez les exemples suivants en fonction de votre classe.

- Après une suite d'exposés oraux, invitez les élèves à rédiger des critiques positives. Les élèves indiquent ce qu'ils ont apprécié dans chacun des exposés.

- Dans un cours d'éducation physique, demandez aux élèves de comptabiliser l'ensemble des lancers au panier plutôt que de mettre en place deux équipes qui s'affrontent. Vous pouvez aussi leur demander de compter le nombre de passes qu'ils peuvent se faire sans échapper le ballon.

Si un projet est réalisé en sous-groupes, avertissez les élèves que vous tiendrez compte de la qualité du travail d'équipe dans l'évaluation du projet.

Désignez des partenaires d'étude

Le travail en petits groupes peut enrichir l'apprentissage et favoriser la camaraderie. L'idée de « partenaire d'étude » va un peu plus loin. En effet, elle aide les élèves à s'engager personnellement l'un par rapport à l'autre. Vous pouvez jumeler les élèves le premier jour de l'année. Ainsi, vous favoriserez le développement de relations stables empreintes de souci mutuel. Inspirez-vous des suggestions suivantes pour mettre en place un système de partenaires dans votre groupe classe.

- Rappelez aux élèves qu'ils peuvent tous, de bien des manières, apporter une importante contribution au groupe classe. L'une de ces manières consiste à se soucier des besoins de quelqu'un d'autre. C'est justement là le rôle des partenaires d'étude.

- Expliquez qu'en l'absence de son partenaire, tout élève est responsable de recueillir pour lui les feuilles d'activités à faire et de le tenir au courant des travaux à entreprendre. Les partenaires d'étude peuvent aussi s'entraider quand l'un des deux est aux prises avec un problème ou est à court d'idées.

- Demandez aux partenaires d'étude d'échanger leur numéro de téléphone. Ils peuvent aussi se contacter s'ils ont besoin de clarifications sur les travaux à faire à la maison.

- Quand un élève a dû s'absenter, prévoyez un moment particulier au début de la journée pour qu'il rattrape le temps perdu en compagnie de son partenaire. Celui-ci aura l'occasion de le mettre au courant de ce qui s'est fait en son absence.

- Quand vous avez un nouvel élève, jumelez-le immédiatement à un partenaire. Ce dernier pourra aider le nouvel arrivant en lui faisant visiter les lieux. De plus, il pourra lui expliquer les diverses routines de la classe ainsi que les exigences relatives aux travaux.

Le système de partenaires est également pratique pour responsabiliser les élèves les uns par rapport aux autres. Au cours des visites éducatives, des exercices d'évacuation en cas d'incendie ou dans d'autres circonstances similaires, demandez aux partenaires de se jumeler. Les élèves auront moins tendance à s'écarter du groupe si on leur a demandé d'aider leur partenaire à y demeurer. Ainsi, vous serez immédiatement averti si l'un des deux a un problème.

Une suggestion d'activité – une classe très unie de partenaires

Le système de partenaires incite l'élève à se préoccuper d'autrui. L'élève constate l'importance d'une autre personne dans le groupe classe. Encouragez cette vision de l'autre en créant, au tableau d'affichage, une courtepointe représentant le groupe classe.

- Remettez à chaque élève un exemplaire de la fiche 5.5, « Notre courtepointe », présentée à la page 168.

- Annoncez aux élèves la fabrication d'une courtepointe en papier, qui apparaîtra au tableau d'affichage. Dites-leur que chaque pièce représentera un membre de la classe. Cependant, au lieu de réaliser son autoportrait, chaque élève dessinera son partenaire. Il pourrait aussi le décrire en mettant en lumière ses meilleures qualités ou ses centres d'intérêt.

- Au-dessous des portraits, les élèves expliqueront l'importante contribution de leur partenaire à la classe.

Fiche 5.5, p. 168

5

Des amorces de discussions dans les conseils de classe

Utilisez les amorces de discussions suivantes pour encourager la communication au sein de votre conseil de classe.

- Une chose agréable que quelqu'un a faite un jour pour moi, c'était…

- Une chose agréable que j'ai faite un jour pour quelqu'un, c'était…

- Je suis content lorsque…

- Je deviens vraiment en colère lorsque…

- La chose la plus importante que j'ai vue, c'était…

- Mon souhait pour aujourd'hui, c'est…

- Si je vois un camarade injurier quelqu'un, je…

- L'endroit que je préfère visiter, c'est…

- Les meilleurs moments que j'ai passés avec ma famille, c'était…

- La chose la plus effrayante qui me soit arrivée, c'était…

- Mon ami et moi…

- Le congé que je préfère, c'est…

- Lorsque je serai adulte, je…

- Mon jeu préféré, c'est…

- Si j'étais chef de famille, je…

- Après l'école, j'aime…

- Si j'étais enseignant, je…

- Le plus beau cadeau que j'ai reçu, c'était…

- Je me préoccupe des gens qui…

- Mon émission de télévision favorite, c'est…

- Quand quelqu'un me pousse, je…

- Pour moi, l'amitié…

- Je me sens tenu à l'écart lorsque…

- Lorsque je me sens seul, j'aime…

- Aujourd'hui, je me sens…

- Ma couleur préférée est…

- Une chose qui s'est produite au cours des 24 dernières heures et qui m'a fait plaisir, c'est…

- Une chose agréable qui m'est arrivée aujourd'hui, c'est…

- J'éprouve de la fierté pour…

- Aujourd'hui, j'espère…

- Une activité où j'excelle, c'est…

- Aujourd'hui, je veux…

- Je souhaite vivement…

- Aujourd'hui, je vais…

- Une chose que j'attends avec impatience, c'est…

- As-tu déjà eu l'impression de ne pas aimer une personne la première fois que tu la rencontres? Pourquoi? As-tu changé ton opinion sur cette personne? Si oui, pourquoi?

- C'est le début d'une nouvelle année. Qu'est-ce que chacun de vous peut faire pour rendre notre classe ou notre école encore plus séc…

- La chose la plus spéci… possède, c'est…

- Aimes-tu être seul, ou… compagnie d'amis?

Constitue

Des amorces de discussions dans les conseils de classe (suite)

- Ce que j'aime le plus dans la classe, c'est…

- Que recherches-tu chez un ami? Est-ce que tu choisis tes amis en fonction de leur apparence? de leur intelligence? de leur gentillesse? de leur loyauté? parce qu'ils sont amusants?

- Un souvenir spécial que j'ai, c'est…

- Ce que j'aime le plus faire avec mes amis, c'est…

- Une chose que j'aimerais changer à mon sujet, c'est…

- Si je voulais un endroit sécuritaire pour réfléchir ou être seul, j'irais…

- Un changement que j'ai fait cette année dont je suis fier, c'est…

- Une chose que j'ai perdue et qui était importante ou spéciale pour moi, c'était…

- Tes amis et toi, vous vous arrêtez dans un casse-croûte après l'école. Tu commandes un jus de fruits, et on te sert une boisson gazeuse. Que fais-tu dans une pareille situation?

- Quelle est la chose que tu détestes le plus faire?

- Y a-t-il une chose que tu aimerais faire, mais qui requiert l'aide d'une autre personne?

Ajoutez d'autres amorces de discussions.

- _____
  _____
  _____

- _____
  _____
  _____

- _____
  _____
  _____

- _____
  _____
  _____

- _____
  _____
  _____

- _____
  _____

- _____
  _____

Les qualités d'un bon groupe classe

Un bon groupe classe possède la qualité suivante : _____

Décris cette qualité. Indique ce que tu verrais, ce que tu entendrais ou ce que tu ressentirais dans la classe si cette qualité était présente.

Je verrais...	J'entendrais...	Je ressentirais...
1.		
2.		
3.		

En résumé

_____

_____

_____

_____

_____

_____

_____

_____

_____

_____

_____

Une banque d'idées pour un anniversaire

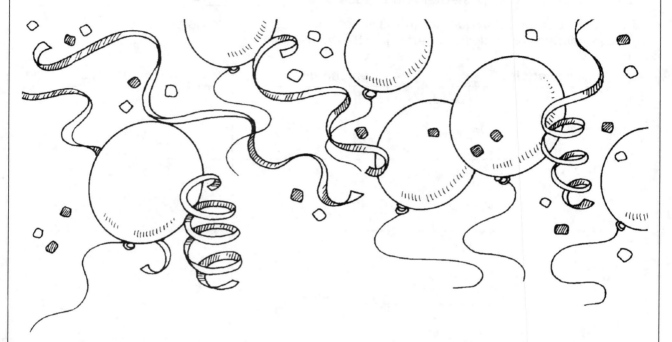

Une activité spéciale : le jour de sa fête, chaque élève dispose d'un temps prévu à l'horaire pour proposer au groupe une activité de son choix (une période d'improvisation, des mimes, un jeu coopératif, une activité sportive, la lecture d'un conte, etc.). L'enseignant peut établir ou non une liste de possibilités.

La vedette du jour : un moment de la journée est consacré à mieux connaître cet élève. Celui-ci pourrait : apporter des photos de sa famille, de sa maison ou de son chien ; inviter un de ses parents à parler de son travail ; partager un de ses plats favoris avec le groupe ou lui faire écouter une musique de son pays d'origine ; prendre un moment pour parler de lui et de ses intérêts aux autres élèves. Vous pouvez lui consacrer un babillard. Il est important de garder cette formule assez souple pour qu'elle convienne à tous les types d'enfants, timides ou audacieux.

L'assistant du prof : l'élève fêté aide son enseignant dans diverses tâches, par exemple lire des consignes, noter des questions, distribuer ou ramasser du matériel, etc.

Un mot pour toi : chaque élève écrit un mot à l'élève fêté pour lui dire ce qu'il apprécie chez lui. Il nomme une de ses qualités ou un talent. Tous ces mots sont collés sur une carte collective ou sont affichés au babillard.

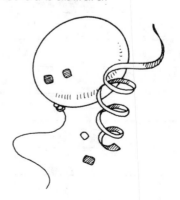

La liste des anniversaires

Janvier

_____
_____
_____
_____

Février

_____
_____
_____
_____

Mars

_____
_____
_____
_____

Avril

_____
_____
_____
_____

Mai

_____
_____
_____
_____

Juin

_____
_____
_____
_____

Juillet

_____
_____
_____
_____

Août

_____
_____
_____
_____

Septembre

_____
_____
_____
_____

Octobre

_____
_____
_____
_____

Novembre

_____
_____
_____
_____

Décembre

_____
_____
_____
_____

Notre courtepointe

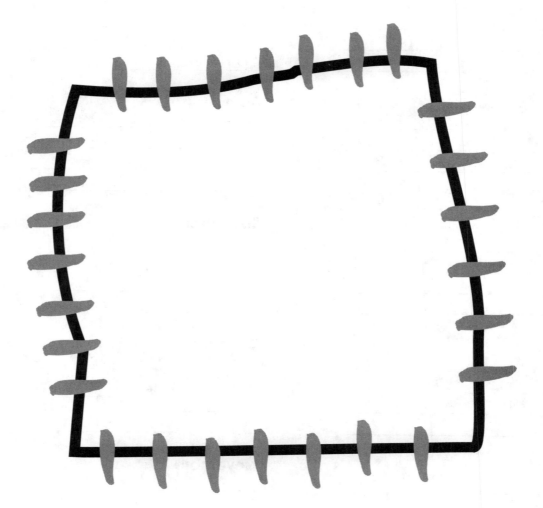

_____ est un membre important de notre classe

parce que _____ .

Signature : _____

Chapitre 6

Enseigner
les habiletés sociales

BOÎTE
AUX
COMPLIMENTS

Tu mérites
un compliment!
Alain,
Ton compte rendu
de lecture était
très intéressant.
Sophie

« J'ai une classe formidable, mais certains de mes élèves étaient très turbulents au début. J'ai vraiment dû leur enseigner le souci des autres — comment s'y prendre, comment le manifester. Maintenant, ils s'efforcent de contrôler leur colère, et toute la classe est plus détendue et positive. »

P our certains nouveaux enseignants, c'est la déception lorsqu'ils réalisent que quelques élèves de leur classe ne sont pas naturellement gentils et polis entre eux. Ils découvrent souvent que de nombreux élèves ignorent comment supporter la contrariété, maîtriser leur colère ou respecter les droits des autres.

Le climat social de votre classe influera grandement sur l'apprentissage individuel de vos élèves et leur bien-être. En les aidant à développer un comportement propice aux rapports sociaux harmonieux, vous favoriserez leur réussite dans la vie.

Certains nouveaux enseignants pensent que les habiletés sociales s'acquièrent au préscolaire. Vous saisirez vite l'importance d'enseigner ces habiletés à tous les niveaux du primaire. Dans votre horaire, réservez des moments pour travailler avec votre groupe à l'amélioration des comportements sociaux. Dans votre école ou votre communauté, vous trouverez peut-être le soutien de personnes-ressources, par exemple un psychologue ou un travailleur social. En vous souciant de la qualité des interactions dans la classe, vos élèves se sentiront rassurés. Ils auront la possibilité d'exprimer leurs besoins et chercheront à atteindre un objectif collectif de changement. Vous devez évidemment donner l'exemple et être une source d'inspiration pour vos élèves.

« Plusieurs de mes élèves ne savent pas comment entrer en relation avec leurs camarades, remarque une enseignante. Ils ont de la difficulté à coopérer, à partager, à attendre leur tour ou à faire preuve de compréhension envers les autres. Quand tout ne se passe pas comme ils l'entendent, ils réagissent en frappant les autres ou en les insultant.

« Pour commencer l'année, j'ai donc fixé des attentes par rapport aux comportements sociaux de mes élèves. Voici quelques exemples : "On écoute sans interrompre la personne qui parle"; "On fait des commentaires constructifs" et "On respecte l'espace des autres". Ensuite, j'enseigne carrément le sens de ces règles, de même que les habiletés sociales dont les enfants ont besoin pour bien s'entendre. En outre, je fais du renforcement, du renforcement et encore du renforcement. Je guette et saisis les occasions de féliciter les élèves qui ont su partager, attendre leur tour ou faire preuve d'entraide. »

Cette enseignante a compris l'importance de doter ses élèves du vocabulaire des habiletés sociales. Vous découvrirez probablement comme elle l'importance d'enseigner les rapports sociaux positifs à vos élèves. Ainsi, votre tâche sera plus facile. En effet, le temps consacré à leur enseigner un comportement social approprié vous sera rendu plus tard. Vous dépenserez alors moins d'énergie à faire régner la discipline et à guérir les blessures d'amour-propre. Le présent chapitre vous aidera à découvrir les nombreuses façons d'enseigner et de renforcer les habiletés sociales. Grâce aux activités suggérées, vous pourrez mettre au point votre plan d'action.

Enseignez en expliquant la matière et en donnant l'exemple

Considérez qu'une partie de votre tâche consiste à former le caractère des enfants. En leur enseignant la lecture, les mathématiques, les sciences, l'histoire et les arts, vous devez aussi leur apprendre la gentillesse, la courtoisie, le respect et l'art de bien s'entendre avec les gens de façon générale. L'acquisition de ces habiletés sociales est déterminante, peut-être même davantage que l'assimilation des connaissances faisant partie d'une leçon.

Vous pouvez enseigner les habiletés sociales de multiples façons. De nombreux enseignants le font sans trop réaliser tout ce que les élèves assimilent en les observant et en les écoutant. Bien que le bon exemple soit peut-être la stratégie d'enseignement la plus efficace, elle n'est pas la seule. Pour aider les élèves à acquérir des qualités sociales positives, les enseignants ont avantage à conjuguer tous les moyens décrits ci-après.

- **La présentation claire des habiletés** Les élèves apprennent mieux les habiletés sociales si vous leur enseignez clairement à les nommer et à les mettre en pratique. Les suggestions du présent chapitre vous aideront à mettre en place des situations d'apprentissage propices dans le but d'enseigner les bonnes manières, l'art de faire des compliments, l'empathie, les habiletés d'écoute, l'appréciation de la diversité, la maîtrise de la colère et la négociation.

- **La technique de modelage** L'attitude attentive et respectueuse de l'enseignant donne le ton aux élèves. De même, ces derniers peuvent aussi emprunter les attitudes négatives et critiques de leur enseignant. Par conséquent, faites l'effort de démontrer devant vos élèves les qualités que vous aimeriez trouver chez eux. Par exemple, si vous voulez que vos élèves se traitent avec respect et ne se dénigrent pas, vous ne devez en aucun cas les dénigrer ou les humilier. Si vous voulez qu'ils développent de bonnes manières, prenez soin d'exprimer votre appréciation et de faire preuve de gentillesse. Enseignez-leur à maîtriser la colère en entretenant avec eux des rapports empreints de patience et de retenue.

- **Les moments propices à l'enseignement** Vous découvrirez que les occasions d'enseigner les habiletés sociales sont fréquentes et se présentent d'elles-mêmes. Si vous êtes témoin d'une interaction entre élèves, n'hésitez pas à intervenir pour suggérer une réaction appropriée. Au cours de l'une de vos conversations en tête à tête, aidez un élève à reformuler un commentaire. Saisissez les moments propices tels que ceux-ci :

  - quand vous voyez deux élèves se disputer un feutre, enseignez-leur comment le partager ;

  - quand vous voyez un élève en harceler un autre, enseignez l'empathie pour faire comprendre à l'élève que la moquerie est blessante ;

  - quand vous voyez qu'un élève est contrarié et réagit avec hostilité, profitez-en pour lui enseigner à maîtriser la colère ;

– vous pouvez également noter certains événements que vous avez observés pour y revenir avec le groupe à un moment plus approprié.

- **Vos attentes en tant qu'enseignant** Quand vous discutez des règles de vie en classe, présentez les habiletés dont les élèves ont besoin pour suivre ces règles. Faites-en la démonstration. Par exemple, en enseignant aux élèves à travailler en groupe, expliquez l'importance du partage. Invitez-les à mettre en scène un exemple de partage de matériel, de données et d'idées.

- **Le renforcement à l'aide du programme d'études** Dans certaines écoles, les enseignants renforcent le vocabulaire des habiletés sociales. Pour y arriver, ils l'appliquent à l'étude des événements historiques, aux motivations de leurs acteurs favoris ou à l'examen des qualités des personnages d'une histoire. De cette façon, même la matière étudiée permet de prolonger le débat sur les habiletés sociales. Par exemple, après avoir lu une histoire, demandez aux élèves de nommer les qualités des principaux personnages. Ensuite, dites-leur d'imaginer comment leurs actions et leur comportement ont pu influer sur le dénouement. Une discussion sur une guerre dont on parle dans les actualités peut aussi permettre d'amorcer un échange sur les habiletés de négociation. On peut imaginer ce qui aurait pu se passer si les adversaires avaient démontré plus d'empathie ou de compassion.

- **La documentation pour offrir du renforcement hors de la classe** Beaucoup de parents aiment qu'on leur suggère des façons d'enseigner les habiletés sociales à la maison. Qu'on les consulte à la maison, à la bibliothèque ou en classe, les livres recommandés aux pages 103 à 107 peuvent aider à renforcer la sociabilité et à former le caractère.

Autres exemples:
- *Les Fables de La Fontaine*
- *Les goûters philo* (Milan)
- *Les mots du Petit Bonhomme* (Gilles Tibo, Québec / Amérique jeunesse)

Le présent chapitre se concentre surtout sur les concepts d'habiletés sociales qu'on peut enseigner et mettre en pratique directement. Dans le cadre des idées proposées, vous pourrez créer une situation d'apprentissage et organiser des activités de réinvestissement au cours de l'année. Avant d'élaborer vos situations d'apprentissage, évaluez le travail de base déjà effectué en matière d'enseignement des habiletés sociales.

Pour évaluer vos efforts de promotion d'un comportement social responsable, reproduisez la fiche 6.1, « J'enseigne à mes élèves à bien s'entendre », présentée aux pages 191 et 192. Ne vous inquiétez pas si vous cochez fréquemment « parfois » ou « rarement ». Cette section est conçue, d'une part, pour vous sensibiliser à la façon de modeler le comportement des élèves en leur enseignant les habiletés sociales et, d'autre part, pour vous donner de bonnes idées afin d'y parvenir. Refaites l'autoévaluation dans quelques mois. Ainsi, vous pourrez réévaluer vos propres progrès en ce domaine.

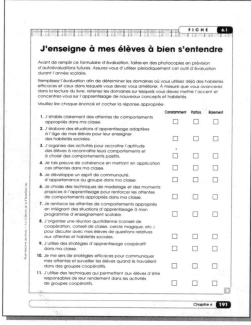
Fiche 6.1, p. 191 et 192

Évaluez les habiletés sociales de vos élèves

Une fois que vous aurez évalué vos propres façons d'enseigner, évaluez la réalité sociale à laquelle vos élèves font face dans la cour de récréation et en classe. Déterminez leurs craintes et leurs attentes les plus courantes. Ainsi, vous saurez quelles habiletés sociales particulières enseigner en classe. À l'aide des fiches 6.2 et 6.3, « Bien s'entendre à l'école », présentées aux pages 193 à 196, vous pourrez avoir une idée du jugement que les élèves portent sur le climat d'entente. De plus, vous saurez s'ils se sentent en sécurité à l'école et aux alentours. Suivez les indications ci-dessous :

- avec les très jeunes élèves, adaptez les questions à leur niveau de compréhension et discutez-en tous ensemble ;

- demandez aux élèves plus âgés de remplir le questionnaire individuellement ;

- pour les inciter à faire preuve d'honnêteté, permettez aux élèves de répondre anonymement.

Les réponses au questionnaire vous renseigneront sur les types de mésententes existant entre les élèves et sur les meilleures façons de les aider dans ce domaine. Refaites l'enquête quelques mois plus tard pour évaluer l'évolution de votre enseignement des habiletés sociales.

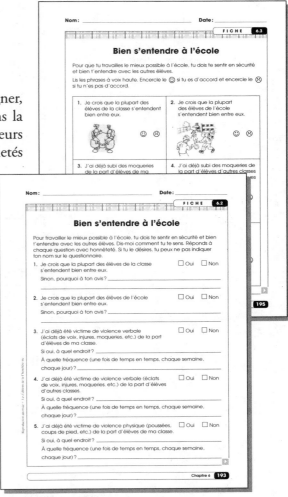

Fiches 6.2 et 6.3, p. 193 à 196

Surveillez les bonnes manières

À un lecteur requérant son opinion sur une habitude personnelle dont il désirait se défaire, une journaliste chroniqueuse répondit : « Le savoir-vivre renvoie à ce que vous faites en présence des autres, la moralité à ce que vous faites lorsque vous êtes seul. Ma chronique traite de savoir-vivre, pas de moralité. »

Aidez vos élèves à comprendre que « le savoir-vivre concerne ce que vous faites en présence des autres ». Expliquez-leur que chaque fois qu'ils entrent en rapport avec d'autres personnes, leurs actions peuvent être courtoises ou discourtoises.

Le processus d'enseignement des bonnes manières en classe s'échelonne sur toute l'année et commence par les rudiments, c'est-à-dire par l'utilisation des mots « s'il vous plaît », « merci » et « pardon ». Toutefois, enseigner les bonnes manières, c'est aussi sensibiliser les élèves au fait que leur attitude et leur ton de voix transmettent autant les bonnes manières que le choix des mots.

Fiche 6.4, p. 197

Chez les élèves plus âgés, la courtoisie comprend aussi l'absence de sarcasme. Même chez les élèves les plus jeunes, cela peut consister à utiliser des mots gentils pour aider quelqu'un à se sentir bienvenu. Avant d'enseigner les raffinements du savoir-vivre, commencez par les rudiments. Ensuite, saisissez les occasions d'enrichir la connaissance et la définition des bonnes manières, durant toute l'année. Restez à l'affût de toute interaction qui s'apparente à du harcèlement ou à de l'intimidation et n'hésitez pas à intervenir.

La fiche 6.4, « Une bande dessinée sur les bonnes manières », présentée à la page 197, peut donner lieu à une activité intéressante sur ce thème.

Enseignez l'art de complimenter grâce au modelage

Prenez conscience que vous pouvez servir de modèle, surtout quand il s'agit d'enseigner l'art du compliment. Aidez les élèves à formuler un compliment et à saisir l'occasion d'en faire un. En leur montrant comment procéder, vous les habituez à déceler les bons côtés des autres plutôt qu'à les critiquer et à provoquer des conflits en classe. (Voir l'encadré de la page suivante.)

Instaurez un climat de respect

De nos jours, les enseignants ont souvent l'impression de passer trop de temps à régler de menus conflits. Pour en réduire le nombre, apprenez aux élèves le respect fondamental d'autrui. Enseignez-leur la notion de respect et montrez-leur à l'appliquer en classe. Faites-leur observer de quelle façon ils peuvent témoigner du respect aux autres grâce à leurs actions dans le groupe classe. Ensuite, intégrez le respect des autres aux règles de la classe. (Voir l'encadré de la page 176.)

Suscitez l'empathie

Avoir de l'empathie, c'est se préoccuper sincèrement des sentiments des autres et tenter de les comprendre. Lorsqu'ils sont capables d'empathie, les élèves savent mieux choisir ce qu'il convient de dire et de faire dans une situation donnée. La véritable empathie est le signe d'un niveau élevé de développement moral. En enseignant l'empathie par modelage et en donnant aux élèves de fréquentes occasions de la mettre en pratique, vous les

Une suggestion d'activité –
répertoriez les compliments à faire aux élèves

1. Faites une copie pour chaque élève de la fiche 6.5, «Des compliments pour toi et moi», présentée aux pages 198 et 199. Reproduisez et découpez également la fiche 6.6, intitulées «Tu mérites un compliment!», présentée à la page 200.

2. Utilisez les cartes de la fiche 6.6 pour écrire un compliment à chacun des élèves de la classe. Disposez chacune sur le pupitre qui convient, avant le début de la classe. Un bénévole (parent ou élève plus âgé) peut vous aider à lire les compliments adressés aux très jeunes élèves.

3. Une fois que les élèves seront entrés en classe et auront lu le compliment qui leur est adressé, posez-leur les questions suivantes:

   • Qu'est-ce qu'un compliment?

   • Comment se sent-on lorsqu'on reçoit un compliment?

   • À quel moment est-ce une bonne idée de faire un compliment?

4. Faites remarquer que c'est agréable de faire des compliments aux autres. Incitez les élèves à faire des compliments quand l'un d'eux fait une bonne action, réalise une tâche ou s'efforce sincèrement de faire quelque chose de bien. Expliquez aussi que la personne complimentée doit dire «Merci».

5. Remettez à chaque élève plusieurs exemplaires des cartes de la fiche 6.6, et une copie de la fiche 6.5. Invitez les élèves à parcourir ces compliments en se demandant lesquels ils pourraient faire. Ils écrivent leur compliment sur une carte et la déposent dans la «boîte aux compliments».

6. En fin de journée, choisissez des «lecteurs de compliments». Vous leur demanderez de piger des messages dans la boîte et de les lire à haute voix. Interrogez les élèves ayant fait l'objet de compliments. Amenez-les à convenir que le compliment fait du bien à la personne qui adresse le compliment tout autant qu'à celle qui le reçoit.

Fiche 6.5, p. 198 et 199

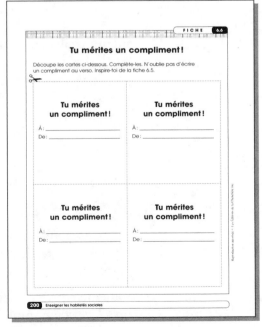

Fiche 6.6, p. 200

Une suggestion d'activité – Qu'est-ce que le respect?

1. Demandez aux élèves de faire un remue-méninges à la recherche de traitements dont ils n'aiment pas être les victimes, par exemple voir les autres manipuler leurs effets personnels ou passer devant eux dans une file d'attente.

2. Dressez une liste des réponses au tableau. Pour chacune, demandez aux élèves comment ils aimeraient plutôt être traités. Par exemple, ils pourraient dire : « Je veux que tu me demandes la permission si tu veux emprunter ma gomme à effacer. »

3. Ensuite, demandez-leur comment ils devraient traiter les autres. Suscitez des réponses comme celle-ci : « Si quelqu'un veut que je lui demande la permission avant de prendre ses affaires, alors je dois d'abord lui demander la permission. »

4. Posez la question suivante à la classe : « Quand on traite les autres comme on voudrait soi-même être traité, comment appelle-t-on cela ? » Amenez-les à répondre : « On appelle cela traiter les autres avec respect. »

5. Expliquez la définition que le dictionnaire donne du respect :
   - tenir quelqu'un en haute estime ;
   - se préoccuper de la personne ;
   - ne pas porter atteinte (aux choses de l'autre, à ses activités ou à son espace personnel).

   Incitez les élèves à trouver des exemples de respect dans leurs interactions à l'école et à la maison. Invitez-les à les mettre en scène, à en faire des dessins ou à écrire des scénarios dans lesquels ils pourront faire preuve de respect.

6. Chaque fois que vous êtes témoin d'un conflit portant atteinte à l'un de ces aspects du respect, demandez aux élèves concernés de trouver une façon plus respectueuse de se traiter les uns les autres.

aiderez également à développer d'instinct d'autres habiletés sociales. Amenez les élèves à comprendre que l'empathie donne aux autres le sentiment d'être acceptés, respectés et aimés. Faites-leur comprendre qu'on peut résoudre bien des conflits en tâchant de comprendre le point de vue de l'autre. (Voir l'encadré de la page 177.)

Façonnez les habiletés d'écoute

Les bons auditeurs sont aussi de bons apprenants. Beaucoup de gens savent écouter sans réaliser que cette action est en fait une habileté. Enseignez aux élèves à reconnaître les signes de l'écoute attentive et à s'y exercer consciemment.

Soulignez que cela fait du bien de se sentir écouté attentivement. Demandez aux élèves de nommer les signes que donne une personne à l'écoute. Assurez-vous qu'ils n'ont oublié aucun signe. Demandez-leur d'observer ce qui se passe en ce moment même dans leur tête, dans leur façon de regarder ou de parler.

Une suggestion d'activité – se mettre à la place de l'autre

1. Apportez deux chaussures de la maison : l'une pourrait faire partie de votre paire de chaussures de sport préférée et l'autre, appartenir à un membre de votre famille ou à un ami. Par exemple, la chaussure droite pourrait être une chaussure de randonnée, un soulier de course ou une sandale de plage et la chaussure gauche, un soulier de bébé ou un escarpin.

2. Expliquez aux élèves pourquoi vous aimez la chaussure droite et décrivez-leur le confort qu'elle vous procure. Montrez-leur ensuite la chaussure gauche appartenant à quelqu'un d'autre. Demandez-leur d'imaginer comment vous vous sentiriez si vous la portiez avec votre chaussure favorite. Cette deuxième chaussure serait-elle confortable ? Pourriez-vous pratiquer vos activités préférées si vous deviez porter cette autre chaussure ? Amenez les élèves à répondre que puisque les pieds des gens sont différents, il est difficile de changer de souliers avec quelqu'un d'autre.

3. Expliquez maintenant qu'il en est des sentiments comme des pieds. Personne n'a exactement les mêmes. Il peut être aussi difficile de ressentir les sentiments d'une autre personne que de porter ses souliers.

4. Faites remarquer que lorsqu'on tente de comprendre les actions de quelqu'un, ses difficultés et ses souffrances, on dit qu'on « se met à la place de quelqu'un ». Avoir de l'empathie, c'est s'efforcer d'imaginer et de partager le fardeau d'une autre personne ; c'est tenter de « se mettre à sa place ».

5. Trouvez des exemples de situations faisant appel à l'empathie : au moment de la perte d'un animal familier, quand on n'est pas repêché dans l'équipe de base-ball de l'école ou qu'on est la cible des railleries d'un camarade de classe. Parlez des sentiments éprouvés dans de telles situations. Pour chaque exemple, demandez une façon précise d'exprimer son empathie — en paroles, en action ou par son expression.

6. Parlez avec les élèves de la difficulté de faire preuve d'empathie. Rappelez-leur l'exemple de l'échange de chaussures. Faites remarquer que les sentiments d'une personne sont tout aussi uniques que les souliers de la paire désassortie. On ne peut être certain des sentiments de l'autre. Parfois, il faut le demander et écouter attentivement pour déterminer comment s'y prendre pour mieux exprimer son empathie.

7. Demandez aux élèves d'évoquer une situation en classe où ils n'ont pas réussi à se mettre à la place d'un autre élève. Cela a pu se produire si un autre élève s'est senti embarrassé, blessé dans son amour-propre ou s'il était malade. Incitez-les à en parler avec la personne en question et à dire ce qu'ils auraient éprouvé à sa place. Demandez-leur de penser à ce qu'ils pourraient faire ou dire à cet élève pour le réconforter.

6

Remettez à chacun la fiche 6.7, « La liste de contrôle des habiletés d'écoute attentive », présentée à la page 201. Examinez avec eux les signes d'une écoute attentive. Proposez-leur au moins une des activités de l'encadré de la page 179, de façon à les aider à mettre ces habiletés en pratique. La première activité plaira probablement aux très jeunes élèves, tandis que la deuxième conviendra aux plus âgés.

Fiche 6.7, p. 201

Quel que soit votre choix, prenez soin de renforcer les bonnes habiletés d'écoute dans les semaines et les mois suivant cette activité. Rappelez souvent aux élèves à quoi ressemble l'écoute attentive, ce qu'on entend et ressent lorsqu'on s'y exerce. De temps à autre, remettez-leur des exemplaires de la fiche 6.7, « La liste de contrôle des habiletés d'écoute attentive ». Ainsi, ils pourront se réévaluer les uns les autres.

Faites l'éloge de la diversité

Vous entrez dans l'enseignement à une époque où la composition des classes reflète une grande diversité. Cette situation est riche de possibilités, mais elle pose aussi des défis considérables.

Dans de nombreuses écoles, on intègre les élèves ayant des besoins spéciaux aux élèves ordinaires. Ainsi, les classes présentent des niveaux d'habiletés extrêmement variés. De plus, on trouve souvent réunis dans une même classe des élèves d'origines ethniques ou de cultures très diverses. Les structures familiales et le mode de vie des familles sont également variés. La diversité peut enrichir l'apprentissage de chacun. Toutefois, les élèves doivent considérer chaque camarade comme une personne-ressource et un individu unique. En effet, chaque élève réunit des coutumes, des talents et des expériences dignes d'intérêt. Un des aspects de votre rôle de rassembleur est d'aider les élèves à comprendre tout ce qu'ils peuvent apprendre des autres et leur apporter. Dans une communauté hétérogène, il est enrichissant de partager ces contributions.

Incitez les élèves à découvrir l'apport particulier de chaque camarade de classe. Faites remarquer que pour bien connaître les autres, on doit d'abord leur parler et établir avec eux des relations positives. Incitez les élèves à prendre les résolutions suivantes afin de nouer de nouvelles amitiés :

- Je vais tenter de faire la connaissance d'une personne avec laquelle je ne suis pas en bons termes.

- Je vais manger en compagnie d'une personne avec laquelle j'ai eu une dispute.

- Je vais choisir une personne qui est différente de moi et tenter de mieux la connaître.

Lorsque vous enseignez aux élèves à s'apprécier davantage les uns les autres, renforcez votre message en intégrant la diversité à vos situations d'apprentissage. Vous serez étonné des innombrables occasions d'enseigner cette

Des suggestions d'activités

Se raconter des histoires

Remettez un exemplaire de la fiche 6.7, «La liste de contrôle des habiletés d'écoute attentive», à chacun de vos élèves. Demandez-leur de mettre en scène les bonnes habiletés d'écoute en se racontant des histoires et en les écoutant.

1. Regroupez les élèves en triades. Demandez à chacune de se choisir un locuteur, un auditeur et un surveillant.

2. Les locuteurs de chaque triade doivent raconter l'intrigue d'un de leurs livres ou films préférés ou ils peuvent décrire une expérience personnelle. Pendant ce temps, les auditeurs écoutent attentivement. Les surveillants observent les auditeurs. Ils évaluent leurs habiletés d'écoute à l'aide de la fiche 6.7, «La liste de contrôle des habiletés d'écoute attentive». Ils remettent ensuite cette fiche aux auditeurs qui réfléchissent à leurs habitudes d'écoute.

3. Après une minute, demandez aux élèves de changer de rôle. On procédera ainsi dans chaque triade, jusqu'à ce que chacun ait eu l'occasion d'être locuteur, auditeur et surveillant.

4. Faites une discussion de classe. Demandez aux élèves de décrire comment on se sent lorsqu'on est un bon auditeur et lorsqu'on a un bon auditeur à qui exposer ses idées.

L'évaluation des auditeurs

1. Proposez cette activité quand les élèves se préparent à des exposés, individuellement ou par petits groupes. Nommez trois élèves à titre de surveillants d'écoute. Ces élèves ne feront pas d'exposé. Remettez-leur chacun un exemplaire de la fiche 6.7, «La liste de contrôle des habiletés d'écoute attentive». Après les exposés oraux, demandez-leur d'évaluer la qualité d'écoute dont la classe a fait preuve.

2. Inscrivez ces évaluations au tableau. Ensuite, demandez aux élèves de débattre de la qualité d'écoute de l'auditoire.

3. Par petits groupes ou par dyades, les élèves se rencontrent pour discuter de la qualité d'écoute et de ce qu'ils auraient éprouvé s'ils avaient eu à donner un exposé dans ces conditions. Demandez-leur de réfléchir à ce que l'exercice leur a appris sur l'importance de l'écoute. Circulez dans la classe et échangez avec les groupes pendant leur réflexion.

4. Durant une discussion en grand groupe, résumez l'effet d'une écoute attentive sur chacun des apprenants de la classe. Avisez les élèves que vous recommencerez cet exercice lors des prochains exposés en classe. Incitez-les à améliorer leur performance d'écoute.

6

habileté sociale tout en satisfaisant aux objectifs du programme. Le français, les arts et même les sciences et les mathématiques se prêtent à l'appréciation de la diversité. Examinez les exemples aux pages 180 à 182 et adaptez-en l'idée à vos propres situations d'apprentissage.

Des suggestions d'activités

Pas deux pareils

Cette activité s'adresse à des élèves aussi jeunes que ceux de la maternelle. Elle permet d'enseigner l'appréciation de la diversité.

- Amorcez une discussion au sujet de la neige. Expliquez qu'il n'y a pas deux flocons identiques. Chacun, si on l'examine de près, présente un modèle différent. (Expliquez-leur ce qu'est un modèle.)

- Dessinez quelques flocons au tableau. Demandez aux élèves de plier une feuille de papier en deux, puis en quatre. Montrez-leur à découper des formes dans le papier, puis à le déplier pour faire apparaître un flocon.

- Exposez tous les flocons sur le tableau d'affichage. Faites remarquer aux élèves que chacun est un peu différent. Demandez-leur de relever quelques différences.

- Expliquez qu'à l'image des flocons, les enfants sont tous différents. Certains enfants aiment la crème glacée au chocolat, et d'autres la préfèrent aux fraises. Certains savent bien colorier, d'autres savent danser ou chanter. Soulignez que les flocons sont beaux lorsqu'ils sont tous réunis sur le tableau. Ensuite, notez que tous les enfants sont beaux parce qu'ils sont différents. On peut alors essayer de découvrir les différences entre les personnes, c'est-à-dire ce qui les rend spéciales.

- Vous pouvez prendre des photos des élèves et apposer chaque portrait sur son flocon respectif.

  La fiche 6.8, «Tous les enfants sont différents», présentée à la page 202, est également pertinente pour aborder le thème de la diversité.

Fiche 6.8, p. 202

Notre arbre généalogique

Aidez les élèves à apprécier à la fois les ressemblances et les différences entre les familles.

- Sur un tableau d'affichage, fabriquez un gros arbre en papier comprenant une branche pour chacun des élèves de la classe.

- Remettez aux élèves plusieurs carrés de papier de couleur. Demandez-leur d'y découper une feuille pour chacun des membres de leur famille.

- Les élèves écrivent un nom par feuille et «attachent» leurs feuilles à leur branche. (S'ils font partie d'une famille peu nombreuse, suggérez-leur d'étoffer leur branche en ajoutant les noms des membres de leur famille élargie ou ceux de leurs animaux familiers.)

- Commencez un album familial pour toute la classe. Incitez les élèves à écrire au sujet de leurs coutumes familiales, de ce qu'ils ont appris des membres de leur famille ou de ce qu'ils aiment le plus chez ces derniers. (Faites remarquer que les familles peuvent comprendre des beaux-parents, des frères et des sœurs, des gardiennes, des grands-parents «adoptifs», etc.) Les élèves peuvent ajouter des dessins ou des photos des membres de leur famille dans l'album.

- Laissez les élèves examiner l'album à loisir. Lancez une discussion sur les ressemblances et les différences entre les familles.

Des variantes pour les élèves plus âgés

- Invitez les élèves à former de petits groupes pour discuter de questions comme celles-ci :

  – Qu'est-ce qui vous plaît le plus dans votre famille ?

  – Comment aimez-vous l'endroit où vous vivez ?

  – Nommez une chose importante pour vous dans la vie.

- Une fois que les élèves auront tous répondu à ces questions, circulez dans la classe pour écouter leurs réponses.

- Interrogez les élèves pour savoir s'ils ont découvert des ressemblances ou des différences inattendues durant la discussion. Expliquez-leur comment les différences permettent d'ouvrir de nouveaux horizons et d'augmenter leurs connaissances.

- Demandez aux élèves de réintégrer leur groupe et de dégager des ressemblances et des différences dans leurs expériences de vie et leurs sentiments. Ensuite, ils peuvent écrire ou dire ce que les discussions leur ont permis d'apprécier au sujet des autres membres de leur groupe.

Des centres de relations humaines

Dans cette activité, les élèves apprendront à ne pas juger sur les apparences, mais à rechercher des affinités humaines plus profondes.

- Établissez plusieurs «centres» dans la classe selon différents intérêts, par exemple un centre des animaux familiers, un centre des sports, un centre de musique, un centre des passe-temps, un centre des familles, un centre des vacances et un centre des aliments. Les élèves évaluent leurs ressemblances et leurs différences dans les centres de leur choix.

- Écrivez le nom des centres au tableau. Demandez aux élèves de choisir les trois centres qu'ils aimeraient visiter. Invitez-les à se munir d'une feuille vierge qu'ils diviseront en deux colonnes intitulées «Ressemblances» et «Différences».

- Dans chacun des trois centres, les élèves passent quelques minutes à discuter, par groupes de deux. Ils doivent trouver au moins une ressemblance (une expérience ou un sentiment qu'ils ont en commun à ce sujet) et au moins une différence. Ils notent ces ressemblances et ces différences sur leur feuille.

En ce qui a trait aux ressemblances, ils pourraient écrire : «Nous aimerions tous les deux avoir un cheval, mais c'est impossible», «Nous préférons tous les deux la natation au baseball» ou «Nous sommes tous les deux victimes d'intimidation».

En matière de différences, ils pourraient écrire : «J'aime le rap, mais il préfère la musique pop», «Elle veut devenir astronaute et je veux être un artiste», «Elle aime aller à la montagne et je préfère la ville» ou «Je célèbre Hanoukka et elle fête Noël».

- Demandez aux élèves de regagner leur place. Dans le cadre d'une discussion de classe, posez les questions suivantes :

6

– Maintenant, avez-vous l'impression de mieux connaître vos camarades ?

– Avez-vous découvert des ressemblances qui vous ont surpris ?

– Avez-vous découvert des différences qui vous ont surpris ?

– Qu'avez-vous appris sur les gens ? (Amenez-les à conclure qu'étant tous humains, nous sommes tous semblables par certains traits et différents par d'autres.)

– Qu'est-ce que vos différences ont de bon ?

– Que se passerait-il si nous étions semblables en tout point ?

– Que se passerait-il si nous étions différents en tout point ?

Au cours d'une discussion, faites prendre conscience aux élèves que nous sommes à la fois semblables et différents d'innombrables façons. Faites-leur comprendre que la diversité humaine enrichit le monde, tandis que nos ressemblances permettent de mieux nous comprendre.

Enseignez la gestion de la colère

En apprenant aux élèves à maîtriser leur colère, vous éviterez de nombreux conflits en classe. Lorsqu'un élève est en colère, il importe souvent, avant tout, de mettre fin à ce comportement. C'est surtout le cas si l'élève présente un danger physique pour les autres. Vous trouverez des stratégies adaptées à ce genre de circonstances au chapitre 2, « Gérer le comportement ». Toutefois, souvenez-vous que votre objectif général est d'aider les élèves à *prévenir* les conflits. Ils doivent apprendre à maîtriser leur propre colère *avant* qu'il n'y ait dérapage. Vous pourrez maintenir la paix dans votre classe si vous prenez le temps d'enseigner aux élèves à contrôler leur colère de façon proactive.

Pour y parvenir, les enseignants conseillent notamment des exercices de respiration profonde et des exercices de visualisation. Suivez les étapes présentées à la page 183 pour enseigner à vos élèves à réfléchir avant d'agir. Servez-vous des fiches 6.9 et 6.10, « Je m'arrête pour réfléchir avant d'agir », présentées aux pages 203 et 204.

Fiches 6.9 et 6.10, p. 203 et 204

Une suggestion d'activité – s'arrêter, réfléchir et passer à l'action

1. Avant le début de la classe, écrivez le mot « colère » en très grosses lettres sur une feuille de papier. Collez ou agrafez cette feuille au tableau et recouvrez-la d'une feuille de papier vierge.

2. Dites aux élèves que la feuille cache un mot représentant quelque chose qu'ils doivent maîtriser. Demandez-leur de proposer des moyens de contrôler cette chose. Faites remarquer que tant qu'on n'a pas déterminé de quoi il s'agit, on ne pourra ni le contrôler ni le gérer.

3. Découvrez le mot « colère » et expliquez que la maîtrise de la colère est une habileté très importante. Définissez-la comme la capacité de reconnaître des sentiments négatifs. Toutefois, chacun doit faire en sorte que ces sentiments ne prennent pas le dessus. Définissez aussi la colère comme la capacité de penser aux gestes qu'on pourrait poser et d'imaginer les conséquences de nos choix.

4. Détaillez les signes de la colère : le cœur bat très vite, le visage rougit ou l'estomac se contracte. Décrivez les trois choses à faire lorsqu'on sent monter la colère :

   - **S'arrêter.** Prendre quelques minutes pour respirer à fond, compter jusqu'à 10 et se calmer.

   - **Réfléchir.** Se demander ce qui se passe et pourquoi on est en colère. Penser à trois choses qu'on pourrait faire à ce sujet. Se demander si ces actions nous feraient du tort à nous ou à quelqu'un d'autre. Penser aux conséquences de notre décision.

   - **Passer à l'action.** Choisir le meilleur plan et le mettre en œuvre.

5. Demandez aux élèves de décrire des situations qui pourraient les mettre soudain en colère. Utilisez des exemples comme les suivants :

   - Tu travailles en groupe à un projet en art. Tu déposes ton pinceau quelques secondes et une autre personne le prend. Tu sens monter la colère. Que feras-tu ?

   - Tu es jaloux parce que ton ami a décroché le rôle principal dans une pièce de théâtre. Tu as envie de lui dire quelque chose de désagréable pour le remettre à sa place. Que feras-tu ?

   - Sur le chemin de l'école, tu as perdu le travail que tu avais fait à la maison, et ton enseignant t'a donné une conséquence. Tu es très en colère, parce que tu avais beaucoup travaillé sur ce travail. Que feras-tu ?

6. Remettez une fiche 6.9 ou 6.10 à chacun. Demandez à un volontaire de mettre en scène l'un des scénarios. Au moment de se mettre en colère, dites à l'élève de se figer. Invitez ses camarades à écrire des suggestions susceptibles d'aider la personne à bien choisir l'action à poser. Quand la plupart des élèves ont fini d'écrire, dressez au tableau une liste de quelques-unes des propositions. Faites-les voter pour choisir la meilleure.

7. Invitez l'élève à jouer le dénouement choisi par la classe. Demandez aux élèves ce qui aurait pu se produire si l'élève ne s'était pas arrêté pour réfléchir et écouter la voix de la raison.

8. Remettez des exemplaires vierges de la fiche 6.9 ou de la fiche 6.10. Incitez les élèves à en garder une copie dans leur pupitre. Ainsi, ils pourront l'utiliser quand ils sentiront monter la colère en eux.

De temps à autre, vous pouvez remettre une de ces fiches à un élève qui semble en colère. Pendant un temps d'arrêt, parcourez la fiche et réfléchissez à des solutions ou écrivez-les ; l'élève se calmera probablement. Vous pouvez aussi convenir d'un signal indiquant aux élèves que les circonstances demandent qu'on s'arrête pour réfléchir avant d'agir.

Incitez les élèves à négocier

En gérant leur colère, les élèves peuvent éviter les éclats. Toutefois, cela ne corrige pas la situation contrariante. Au moyen de techniques de négociation, les élèves apprennent à résoudre un problème avant que celui-ci n'entraîne des vexations, une bagarre ou une détérioration des relations dans le groupe classe. Vous pouvez aider les élèves de tout âge à mettre au point une stratégie de négociation. Celle-ci permettra d'apporter des solutions convenant à toutes les parties concernées. David Johnson a exploré d'efficaces techniques de négociation de conflits adaptées aux élèves. Les étapes de négociation sont énumérées ci-après. Inscrivez-les au tableau avant de présenter la prochaine situation d'apprentissage.

Une suggestion d'activité – un plan de négociation

1. Demandez aux élèves s'ils savent la signification du mot « négocier ». Donnez un exemple à partir d'un fait historique récent, d'une leçon de littérature ou d'une expérience personnelle.

2. Annoncez aux élèves que vous allez leur décrire les étapes de négociation d'un conflit. Présentez les étapes que vous avez inscrites au tableau. À l'aide du scénario proposé ou d'un autre de votre choix, démontrez aux élèves comment mettre en œuvre la négociation.

Un scénario type

Deux amies se rencontrent à la récréation. Annie veut s'asseoir sur l'herbe et bavarder, mais Justine veut se joindre à la partie de ballon déjà commencée.

Annie pense que si Justine l'aimait vraiment, elle n'irait pas jouer au ballon. Justine pense qu'Annie se conduit de façon égoïste.

Que pourraient faire Annie et Justine? (*Recueillez plusieurs réponses.*)

Vous avez suggéré plusieurs bonnes propositions sur ce qu'Annie et Justine pourraient

faire. Voyons si vos propositions correspondent à nos étapes de négociation.

Première étape : Dis ce que tu veux. Pour résoudre un problème, chaque personne doit dire ce qu'elle veut.

Annie pourrait dire : « Je veux que tu t'assois avec moi pour bavarder. »

Justine pourrait dire : « Je veux que tu viennes jouer au ballon avec moi et les autres. »

Deuxième étape : Dis ce que tu ressens. Quand on garde pour soi des sentiments négatifs, ils ressurgissent plus tard. Si tu apprends à parler de tes sentiments sans froisser les autres, ces derniers t'aideront peut-être à trouver des solutions qui vous conviendront à tous.

Annie pourrait dire: « Je me sens seule et triste parce que tu ne veux pas parler avec moi. J'ai l'impression que tu ne veux plus être mon amie. »

Justine pourrait dire: « Je ne tiens plus en place quand je reste assise toute la journée et toi, tu veux qu'on s'assoit encore. Ça me met en colère de manquer la récréation. »

6

Troisième étape : Donnez vos raisons.
Essayez de faire comprendre vos sentiments respectifs. Cherchez à en expliquer la raison.

Annie pourrait dire : « Il est arrivé quelque chose de triste chez nous. Mon père et ma mère se sont disputés. Je voulais en parler à quelqu'un. »

Justine pourrait dire : « Quand je reste assise trop longtemps, je m'embête. J'ai besoin de bouger, car autrement je ne peux pas me concentrer sur mon travail scolaire. »

Quatrième étape : Inversez les rôles. Énoncez les désirs, les sentiments et les raisons de l'autre. Assurez-vous de bien vous comprendre en répétant ce que vous avez entendu l'autre dire.

Justine pourrait dire : « Tu as de la peine et tu as besoin de parler à une amie. »

Annie pourrait dire : « Tu dis que tu ne pourras pas étudier plus tard si tu ne joues pas au ballon maintenant. »

Cinquième étape : Trouvez au moins trois bonnes solutions. Pensez à plusieurs façons de résoudre le problème. Déterminez laquelle satisfait le mieux les besoins des personnes concernées tout en préservant l'amitié.

Justine et Annie pourraient : 1) bavarder quelques minutes, puis jouer au ballon ; 2) jouer au ballon durant la récréation et revenir ensemble à pied de l'école pour pouvoir bavarder plus longtemps ; 3) bavarder en sautant à la corde, de façon à faire également un peu d'exercice.

Sixième étape : Choisissez la meilleure solution ensemble. Choisissez une solution, faites un plan et serrez-vous la main.

Annie et Justine choisiront probablement la deuxième solution, parce qu'Annie aura plus de temps pour exprimer ses inquiétudes après l'école. De plus, Annie pourra parler plus aisément si elle ne saute pas à la corde en même temps. Justine pourra prendre de l'exercice, sera capable de se concentrer sur son travail scolaire et écoutera plus attentivement Annie après l'école.

3. Remettez aux élèves des exemplaires de la fiche 6.11, « Parlons-en », présentée à la page 205. Des volontaires mettront en scène un problème imaginé ou déjà vécu. Demandez aux autres élèves de noter leurs réflexions sur la fiche tandis qu'ils terminent l'exercice.

4. Mettez des copies vierges de cette fiche à la disposition des élèves dans la classe. Invitez-les à s'en servir comme outil de résolution de conflits. Si vos élèves sont trop jeunes pour le faire, incitez-les à s'initier aux étapes de la négociation auprès de vous ou de votre aide scolaire. Laissez l'énumération des étapes dans un coin du tableau pour que les élèves puissent s'y reporter aisément.

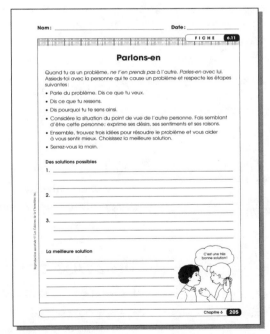

Fiche 6.11, p. 205

Renforcez les habiletés sociales à l'aide d'activités en classe

Si vous avez lu les sections précédentes, vous avez réfléchi sur la façon d'enseigner les habiletés sociales à l'aide du modelage ou de présentations claires et en les appliquant en classe. Cherchez maintenant les occasions de renforcer les habiletés sociales que vous enseignerez durant toute l'année. Plusieurs méthodes permettent d'y arriver. En voici quelques-unes :

- Demandez aux élèves de mettre en scène les habiletés sociales pouvant servir à une activité particulière. Par exemple, vous prévoyez entreprendre un projet de groupe. Dans ce projet, les élèves doivent se partager du matériel pour l'enseignement des sciences. Commencez par leur demander de former des groupes de deux. Ensuite, les élèves mettent en scène un acte d'entraide courant lorsqu'on travaille à deux dans le cadre d'un laboratoire. Les élèves peuvent s'exercer à partager l'espace et le matériel, à nettoyer les instruments, à écouter l'opinion de l'autre avant d'inscrire les données de rapport et à complimenter leur partenaire pour sa contribution au travail.

- Saisissez chaque occasion de lier les habiletés sociales et les interactions en classe. Quand les élèves font la queue pour le dîner, lorsqu'ils jouent dans la cour ou font du travail en groupe, soyez attentif aux manifestations de bonnes habiletés sociales et soulignez-les.

- Utilisez un tableau d'affichage pour renforcer les nouvelles habiletés sociales des élèves. Servez-vous de la suggestion d'activité de la page suivante pour en exploiter toutes les possibilités.

Renforcez les habiletés sociales à l'aide du contenu pédagogique

Quels que soient le niveau scolaire de vos élèves et la matière enseignée, vous pouvez sensibiliser les élèves à l'importance des habiletés sociales tout en enseignant les habiletés pédagogiques et le contenu d'une leçon. Dans la présente section, vous trouverez des suggestions pouvant servir d'amorce.

Tirez des enseignements de la littérature

La littérature permet de présenter des notions tirées de l'histoire et de la culture. En outre, elle est riche d'enseignements sur les rapports humains. La poésie enfantine et les fables, en particulier, utilisent le fantastique et la métaphore pour enseigner les habiletés sociales. Quand vos élèves ou vous-même lisez à haute voix, prenez le temps de discuter des attitudes, des qualités et des habiletés interpersonnelles que font ressortir un poème ou une histoire. Pour en profiter pleinement, vous pouvez procéder comme suit :

Une suggestion d'activité – les aides du groupe classe

Observez le diagramme ci-dessous. Reproduisez un diagramme semblable sur le tableau d'affichage. Ajoutez-y les habiletés sociales que vous avez enseignées en classe. Placez-y le cercle au centre, tous les principaux carrés ou quelques-uns seulement. Les élèves se chargeront d'ajouter les carrés gris au cours de l'activité qui suit.

- Faites la revue des comportements que vous avez déjà enseignés. Ensuite, expliquez de quelle façon chacun facilite la bonne entente des élèves entre eux.

- Jumelez les élèves. Demandez-leur de dresser une liste de phrases ou d'expressions décrivant ce qu'on fait ou dit lorsqu'on adopte tel ou tel comportement. Par exemple, «apprécier les différences des autres» pourrait signifier s'intéresser à la famille et aux passe-temps de l'autre. Les élèves pourraient donc écrire

sur leur liste «poser des questions sur la famille et les passe-temps».

- Demandez à chaque groupe d'élèves de choisir deux bonnes idées dans leur liste et de les écrire sur des petits bouts de papier.

- Placez ces bouts de papier autour du diagramme et passez en revue toutes les idées.

Demandez aux élèves de choisir une idée à mettre en application chaque semaine. Invitez-les à être attentifs aux gestes de gentillesse et d'entraide des autres. Demandez-leur de mentionner leurs observations durant les réunions de classe ou le conseil de coopération.

Quand le tableau d'affichage est rempli, chaque jour, donnez le temps aux élèves de le regarder, puis de signaler s'ils ont vu quelqu'un agir dans un esprit d'entraide. Amenez-les à se sentir fiers d'être utiles à la communauté.

Diagramme de l'amitié

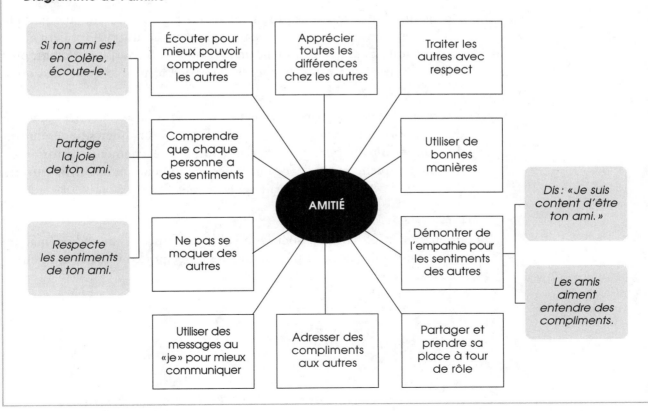

- À la bibliothèque de l'école, recherchez des recueils de fables et de poèmes adaptés à vos élèves. Réservez-en quelques-uns à la lecture à haute voix, en classe. Lancez une discussion en grand groupe sur les habiletés sociales que ces poèmes décrivent.

- Invitez les élèves à illustrer les poèmes. Ils peuvent aussi écrire quelques mots sur les traits de caractère soulignés dans les poèmes. Affichez les poèmes illustrés au tableau d'affichage.

- Invitez les élèves à écrire ou à dicter leurs propres poèmes sur les habiletés sociales ou les traits de caractère qu'ils trouvent importants. Exposez ces poèmes avec les précédents.

Personnalisez le contenu de votre cours

La capacité de pensée abstraite des élèves augmente au deuxième et surtout au troisième cycle. Si vous enseignez à des jeunes de ce groupe d'âge, incitez-les à réfléchir au contenu de la situation d'apprentissage. Les élèves devraient déceler les enseignements sur les valeurs civiques et les interactions sociales contenus dans l'histoire, la littérature et les sciences. Pour aiguiser leur sens social tout en leur enseignant les sujets au programme, faites l'essai des suggestions décrites ci-après.

En univers social

Discutez des résultats que la coopération ou son absence ont eus à diverses périodes de l'histoire. Invitez les élèves à s'exprimer sur les relations engendrées par la coopération ou le conflit. Demandez-leur de poursuivre leur réflexion en rédigeant deux paragraphes sur l'un des sujets suivants :

- Décris un conflit qui s'est produit dans un pays ou durant une période étudiés en classe. Les groupes participant au conflit valorisaient-ils la coopération ? Explique comment un niveau de coopération différent, plus ou moins élevé, aurait pu changer le cours de l'histoire pour le pays ou le peuple concerné.

- Décris un personnage historique tiré de l'unité à l'étude. Le caractère de ce personnage, son esprit de coopération ou ses habiletés de résolution de conflits ont-ils pu influer sur le cours des événements historiques ? Si oui, de quelle façon ? Comment les événements auraient-ils pu être différents si cette personne avait agi autrement ?

En français

Pour enseigner les habiletés sociales à l'aide du français, suivez la démarche ci-après. Vous pouvez aussi ne retenir que les étapes convenant le mieux à vos élèves.

- Demandez aux élèves s'ils ont déjà changé d'opinion sur quelque chose après avoir lu un livre ou un poème. Demandez-leur si une lecture les a déjà amenés à revoir leurs convictions ou leurs actions. (Par exemple, la souffrance humaine leur est peut-être apparue sous un jour nouveau; leur conception de la fidélité en amitié a possiblement évolué; leur point de vue sur les résultats obtenus en traitant les gens avec bonté peut avoir changé.)

- Faites porter la discussion sur le pouvoir des écrivains d'influencer les valeurs sociales et les coutumes de la bonne ou de la mauvaise façon. Demandez des exemples. Faites prendre conscience aux élèves que les écrivains nous aident à réexaminer nos convictions et nos habitudes. De plus, ils permettent aux gens de réfléchir aux habiletés sociales qu'ils veulent acquérir.

- Faites lire aux élèves des citations d'écrivains connus et de personnages publics. Demandez-leur de rédiger des commentaires ou de disserter sur l'importance de certains traits de caractère et de certaines habiletés sociales.

En sciences

Vous pouvez découvrir de nombreuses façons créatives de lier les habiletés sociales au programme d'études. Si vous enseignez les sciences, suivez ces étapes:

- Discutez l'hypothèse selon laquelle les gens n'auraient besoin d'habiletés sociales que pour des activités ayant lieu en société. Faites remarquer que ces habiletés sont également nécessaires dans de nombreux aspects de la vie et du travail. Demandez aux élèves pourquoi, selon eux, les scientifiques et les chercheurs peuvent avoir besoin d'habiletés sociales. Exigez de nombreuses réponses.

- Faites remarquer que les scientifiques apprennent de plusieurs façons. Ils observent le travail des autres, ils discutent les nouvelles idées et travaillent ensemble pour clarifier des réponses ou échafauder de meilleures solutions à un problème. Par conséquent, les scientifiques doivent posséder des habiletés d'écoute attentive. De plus, ils doivent savoir parler avec courtoisie et, surtout, respecter les idées d'autrui — même lorsqu'ils ne sont pas d'accord.

- Expliquez que beaucoup de progrès importants en sciences ou en recherche mathématique résultent d'un travail d'équipe. Demandez aux élèves de faire un remue-méninges pour déterminer quelles habiletés sociales seront nécessaires pour mener à bien, en classe, leurs propres projets scientifiques.

Une suggestion d'activité – le salon des personnalités

Les élèves du troisième cycle du primaire se plairont à organiser «Le salon des personnalités». Cette activité peut les aider à prendre conscience de l'influence des habiletés sociales et du caractère des individus sur le cours de l'histoire. Faites-en le thème d'une visite libre ou d'une représentation devant les parents.

- Demandez aux élèves d'incarner des personnages historiques ayant affiché des traits de caractère positifs. Ils pourront se costumer et arborer des étiquettes-noms indiquant leur personnalité d'emprunt. Découpez les descriptions de personnages inscrites sur la fiche 6.13, « Des personnages ayant de la personnalité », présentée aux pages 207 et 208.

- Les élèves reçoivent leurs invités, se présentent et engagent la conversation. Pendant ce temps, les invités essaient de deviner quelle habileté sociale ou quel trait de caractère les élèves veulent faire ressortir. Pour obtenir plus d'explications, consultez la fiche 6.12, « Le salon des personnalités », présentée à la page 206.

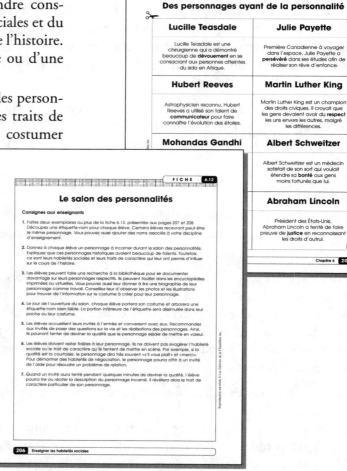

Fiches 6.12 et 6.13, p. 206 à 208

J'enseigne à mes élèves à bien s'entendre

Avant de remplir ce formulaire d'évaluation, faites-en des photocopies en prévision d'autoévaluations futures. Assurez-vous d'utiliser périodiquement cet outil d'évaluation durant l'année scolaire.

Remplissez l'évaluation afin de déterminer les domaines où vous utilisez déjà des habiletés efficaces et ceux dans lesquels vous devez vous améliorer. À mesure que vous avancerez dans la lecture du livre, retenez les domaines sur lesquels vous devez mettre l'accent et concentrez-vous sur l'apprentissage de nouveaux concepts et habiletés.

Veuillez lire chaque énoncé et cocher la réponse appropriée.

	Constamment	Parfois	Rarement
1. J'établis clairement des attentes de comportements appropriés dans ma classe.	☐	☐	☐
2. J'élabore des situations d'apprentissage adaptées à l'âge de mes élèves pour leur enseigner des habiletés sociales.	☐	☐	☐
3. J'organise des activités pour accroître l'aptitude des élèves à reconnaître leurs comportements et à choisir des comportements positifs.	☐	☐	☐
4. Je fais preuve de cohérence en mettant en application ces attentes dans ma classe.	☐	☐	☐
5. Je développe un esprit de communauté, d'appartenance au groupe dans ma classe.	☐	☐	☐
6. Je choisis des techniques de modelage et des moments propices à l'apprentissage pour renforcer les attentes de comportements appropriés dans ma classe.	☐	☐	☐
7. Je renforce les attentes de comportements appropriés en intégrant des situations d'apprentissage à mon programme d'enseignement scolaire.	☐	☐	☐
8. J'organise une réunion quotidienne (conseil de coopération, conseil de classe, cercle magique, etc.) pour discuter avec mes élèves de questions relatives aux attentes et habiletés sociales.	☐	☐	☐
9. J'utilise des stratégies d'apprentissage coopératif dans ma classe.	☐	☐	☐
10. Je me sers de stratégies efficaces pour communiquer mes attentes et surveiller les élèves quand ils travaillent dans des groupes coopératifs.	☐	☐	☐
11. J'utilise des techniques qui permettent aux élèves d'être responsables de leur rendement dans les activités de groupes coopératifs.	☐	☐	☐

J'enseigne à mes élèves à bien s'entendre (suite)

	Constamment	Parfois	Rarement
12. Je conçois des activités de groupes coopératifs qui encouragent l'interdépendance et favorisent la cohésion des groupes.	☐	☐	☐
13. J'enseigne des comportements sociaux appropriés à mes élèves, comme écouter activement, faire des compliments, démontrer de l'empathie et traiter les autres avec respect.	☐	☐	☐
14. J'enseigne aux élèves la différence entre des réactions efficaces et des réactions inefficaces à des conflits (ainsi que leurs résultats possibles).	☐	☐	☐
15. J'enseigne aux élèves des habiletés pour réagir à des situations conflictuelles avec assurance (et non pas de manière passive ou hostile).	☐	☐	☐
16. J'apprends aux élèves à reconnaître leur colère et à la maîtriser de manière pacifique et positive face aux autres.	☐	☐	☐
17. Je considère les conflits comme des situations normales. Ils me permettent d'enseigner aux élèves des compétences de base qui leur serviront toute leur vie.	☐	☐	☐
18. J'enseigne à mes élèves des habiletés de résolution de conflits, et je leur fournis plusieurs occasions de les mettre en pratique.	☐	☐	☐
19. J'enseigne des habiletés de négociation à mes élèves, qui pourront ainsi s'entraider pour résoudre leurs conflits.	☐	☐	☐
20. Je maintiens une position de non-tolérance à l'égard de tout comportement d'intimidation. (Je ne considère pas l'intimidation comme une simple étape passagère de l'enfance.)	☐	☐	☐
21. J'ai institué des règles dans ma classe pour contrer tout comportement d'intimidation.	☐	☐	☐
22. J'enseigne aux élèves victimes d'intimidation des habiletés spécifiques qui leur permettent de se défendre.	☐	☐	☐
23. Je mets constamment en application ces attentes de comportements appropriés.	☐	☐	☐
24. Je travaille en équipe avec mes collègues et l'administration afin de promouvoir et d'encourager des habiletés sociales dans toute l'école.	☐	☐	☐
25. J'évalue sans cesse l'efficacité de mes efforts et, conséquemment, je prends les moyens nécessaires pour m'améliorer.	☐	☐	☐

Bien s'entendre à l'école

Pour travailler le mieux possible à l'école, tu dois te sentir en sécurité et bien t'entendre avec les autres élèves. Dis-moi comment tu te sens. Réponds à chaque question avec honnêteté. Si tu le désires, tu peux ne pas indiquer ton nom sur le questionnaire.

1. Je crois que la plupart des élèves de la classe s'entendent bien entre eux.   ☐ Oui   ☐ Non

   Sinon, pourquoi à ton avis ? _____

   _____

2. Je crois que la plupart des élèves de l'école s'entendent bien entre eux.   ☐ Oui   ☐ Non

   Sinon, pourquoi à ton avis ? _____

   _____

3. J'ai déjà été victime de violence verbale (éclats de voix, injures, moqueries, etc.) de la part d'élèves de ma classe.   ☐ Oui   ☐ Non

   Si oui, à quel endroit ? _____

   À quelle fréquence (une fois de temps en temps, chaque semaine,

   chaque jour) ? _____

4. J'ai déjà été victime de violence verbale (éclats de voix, injures, moqueries, etc.) de la part d'élèves d'autres classes.   ☐ Oui   ☐ Non

   Si oui, à quel endroit ? _____

   À quelle fréquence (une fois de temps en temps, chaque semaine,

   chaque jour) ? _____

5. J'ai déjà été victime de violence physique (poussées, coups de pied, etc.) de la part d'élèves de ma classe.   ☐ Oui   ☐ Non

   Si oui, à quel endroit ? _____

   À quelle fréquence (une fois de temps en temps, chaque semaine,

   chaque jour) ? _____

Bien s'entendre à l'école (suite)

6. J'ai déjà été victime de violence physique (poussées,   ☐ Oui   ☐ Non
coups de pied, etc.) de la part d'élèves d'autres classes.

Si oui, à quel endroit ? _____

À quelle fréquence (une fois de temps en temps, chaque semaine,

chaque jour) ? _____

7. J'ai déjà été témoin de violence verbale ou physique
entre élèves aux endroits suivants.

En classe, dans de petits groupes   ☐ Oui   ☐ Non
Si oui, à quelle fréquence (rarement, souvent, chaque jour) ? _____

Dans la salle de toilettes   ☐ Oui   ☐ Non
Si oui, à quelle fréquence (rarement, souvent, chaque jour) ? _____

Au service de garde   ☐ Oui   ☐ Non
Si oui, à quelle fréquence (rarement, souvent, chaque jour) ? _____

Dans la cour de récréation   ☐ Oui   ☐ Non
Si oui, à quelle fréquence (rarement, souvent, chaque jour) ? _____

Dans l'autobus scolaire   ☐ Oui   ☐ Non
Si oui, à quelle fréquence (rarement, souvent, chaque jour) ? _____

8. J'ai déjà eu peur à l'un ou l'autre des endroits suivants.

Dans ma classe   ☐ Oui   ☐ Non
Si oui, pourquoi ? _____

Dans la salle de toilettes   ☐ Oui   ☐ Non
Si oui, pourquoi ? _____

Au service de garde   ☐ Oui   ☐ Non
Si oui, pourquoi ? _____

Dans la cour de récréation   ☐ Oui   ☐ Non
Si oui, pourquoi ? _____

Dans l'autobus scolaire   ☐ Oui   ☐ Non
Si oui, pourquoi ? _____

Bien s'entendre à l'école

Pour que tu travailles le mieux possible à l'école, tu dois te sentir en sécurité et bien t'entendre avec les autres élèves.

Lis les phrases à voix haute. Encercle le 🙂 si tu es d'accord et encercle le 🙁 si tu n'es pas d'accord.

1. Je crois que la plupart des élèves de la classe s'entendent bien entre eux.

 🙂 🙁

2. Je crois que la plupart des élèves de l'école s'entendent bien entre eux.

 🙂 🙁

3. J'ai déjà subi des moqueries de la part d'élèves de ma classe (par exemple quand on me traite de tous les noms).

 🙂 🙁

4. J'ai déjà subi des moqueries de la part d'élèves d'autres classes (par exemple quand des élèves me traitent de tous les noms).

 🙂 🙁

5. Des amis de la classe me font mal (me donnent des poussées, des coups de pied, etc.).

 🙂 🙁

6. Des amis d'autres classes me font mal (me donnent des poussées, des coups de pied, etc.).

 🙂 🙁

Bien s'entendre à l'école (suite)

7. J'ai déjà vu des élèves se faire mal dans les endroits suivants :

 ☺ ☹

 ☺ ☹

 ☺ ☹

 ☺ ☹

 ☺ ☹

8. J'ai déjà eu peur à l'un ou l'autre des endroits suivants :

 ☺ ☹

 ☺ ☹

 ☺ ☹

 ☺ ☹

 ☺ ☹

Une bande dessinée
sur les bonnes manières

1.	**2.**
3.	**4.**

Des compliments pour toi et moi

Je t'aime.

J'aimerais te connaître davantage.

On peut compter sur toi.

Bon travail !

Bravo !

J'apprécie quand tu...

Je me sens bien quand je suis avec toi.

Tu es joli.

Tu es un bon compagnon.

Tu es très créatif.

Je suis fier de toi, parce que...

Je suis content que tu sois dans mon groupe.

Tu m'as fait rire.

J'aime travailler avec toi.

Félicitations pour...

J'apprécie ta gentillesse.

Tu es très spécial.

Tu es amusant.

J'aime m'asseoir avec toi.

Je suis heureux de te connaître.

Je suis content que tu sois dans ma classe.

Des compliments pour toi et moi (suite)

J'aime beaucoup quand tu souris.

J'apprécie ton aide.

Tu es un grand ami.

Que c'est gentil d'avoir fait ça !

J'aime ton apparence.

Tu as l'air en grande forme.

Merci de partager…

Tu es le meilleur !

J'aime jouer avec toi.

Tu es bon dans les sports.

Je te souhaite une bonne journée.

Tu es une personne bienveillante.

C'est agréable de te voir à l'école tous les jours.

Merci de m'avoir appris une nouvelle chose aujourd'hui.

J'espère que tu vas bien. Tu le mérites !

Tu es si aimable !

Je te trouve génial !

Tu mérites un compliment !

Découpe les cartes ci-dessous. Complète-les. N'oublie pas d'écrire un compliment au verso. Inspire-toi de la fiche 6.5.

✂

Tu mérites un compliment !

À : _____

De : _____

Tu mérites un compliment !

À : _____

De : _____

Tu mérites un compliment !

À : _____

De : _____

Tu mérites un compliment !

À : _____

De : _____

La liste de contrôle
des habiletés d'écoute attentive

Observe les qualités d'écoute. Coche les réponses qui conviennent le mieux.

	Souvent	Parfois	Jamais
La voix			
• Les bons auditeurs n'interrompent pas le locuteur, sauf pour poser des questions.	☐	☐	☐
• Les bons auditeurs peuvent répéter ce que le locuteur a dit.	☐	☐	☐
Les yeux			
Les bons auditeurs regardent le locuteur dans les yeux.	☐	☐	☐
La tête			
Les bons auditeurs se tournent vers le locuteur.	☐	☐	☐
Les oreilles			
Les bons auditeurs éliminent les distractions auditives.	☐	☐	☐
L'esprit			
Les bons auditeurs pensent au message du locuteur.	☐	☐	☐

Tous les enfants sont différents

Tous les enfants sont différents

Tous les enfants sont différents

Nous ne sommes pas tous pareils

Certains parlent des langues

Qui sonnent drôle à nos oreilles

Tous les enfants sont différents

Regarde en toi et tu verras

Que tel enfant, petit ou grand

Est simplement comme toi et moi

Il y a des gens qui sont surpris

Que des enfants jouent en fauteuil roulant

Que des enfants aveugles puissent lire

Que des enfants sourds puissent parler et rire

Mais, à leur façon, évidemment

Des enfants en santé, des enfants handicapés

La vie est ainsi faite, on n'y peut rien

Écoute ton coeur et réfléchis bien

Tu seras fier de toi et très content

Car tous les enfants sont différents

Nous ne sommes pas tous pareils

Certains parlent des langues

Qui sonnent drôle à nos oreilles

Tous les enfants sont différents

Regarde en toi et tu verras

Que tel enfant, petit ou grand

Est simplement comme toi et moi

Source : Adaptation libre d'une chanson de Kids on the Block. Paroles originales en anglais de Barbara Aiello ; musique de Bud Forrest.

Nom : _____   **Date :** _____

Je m'arrête pour réfléchir avant d'agir

1. Dessine le conflit.

2. Arrête-toi.

3. Réfléchis.

Le dragon réfléchit. Fais comme lui. Trouve trois actions à faire pour régler le conflit. Dessine-les.

4. Pour chaque action que tu as dessinée, coche la case appropriée.

5. Coche ton choix.

	Est-ce que cette action te blessera?	Est-ce que cette action blessera les autres? 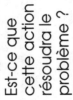	Est-ce que cette action résoudra le problème?	
A. Je choisis…				
B. Je choisis…				
C. Je choisis…				

Je m'arrête pour réfléchir avant d'agir

Quel est le problème ou le conflit ? _____

_____

_____

_____

Arrête-toi. ARRÊT ARRÊT ARRÊT ARRÊT ARRÊT

Réfléchis. Écris trois actes que tu pourrais faire.	Cet acte te fera-t-il de la peine ?	Cet acte fera-t-il de la peine à quelqu'un ?	Cet acte résoudra-t-il le problème ?	**Agis.** Coche ce que tu choisis de faire.
1. _____ _____ _____				
2. _____ _____ _____				
3. _____ _____ _____				

Parlons-en

Quand tu as un problème, *ne t'en prends pas* à l'autre. *Parles-en* avec lui.
Assieds-toi avec la personne qui te cause un problème et respecte les étapes
suivantes :

- Parle du problème. Dis ce que tu veux.

- Dis ce que tu ressens.

- Dis pourquoi tu te sens ainsi.

- Considère la situation du point de vue de l'autre personne. Fais semblant
  d'être cette personne ; exprime ses désirs, ses sentiments et ses raisons.

- Ensemble, trouvez trois idées pour résoudre le problème et vous aider
  à vous sentir mieux. Choisissez la meilleure solution.

- Serrez-vous la main.

Des solutions possibles

1. _____

_____

_____

2. _____

_____

_____

3. _____

_____

La meilleure solution

_____

_____

_____

_____

C'est une très
bonne solution !

Le salon des personnalités

Consignes aux enseignants

1. Faites deux exemplaires ou plus de la fiche 6.13, présentée aux pages 207 et 208. Découpez une étiquette-nom pour chaque élève. Certains élèves recevront peut-être le même personnage. Vous pouvez aussi ajouter des noms associés à votre discipline d'enseignement.

2. Donnez à chaque élève un personnage à incarner durant le salon des personnalités. Expliquez que ces personnages historiques avaient beaucoup de talents. Toutefois, ce sont leurs habiletés sociales et leurs traits de caractère qui leur ont permis d'influer sur le cours de l'histoire.

3. Les élèves peuvent faire une recherche à la bibliothèque pour se documenter davantage sur leurs personnages respectifs. Ils peuvent fouiller dans les encyclopédies imprimées ou virtuelles. Vous pouvez aussi leur donner à lire une biographie de leur personnage comme travail. Conseillez-leur d'observer les photos et les illustrations pour trouver de l'information sur le costume à créer pour leur personnage.

4. Le jour de l'ouverture du salon, chaque élève portera son costume et arborera une étiquette-nom bien lisible. La portion inférieure de l'étiquette sera dissimulée dans leur poche ou leur costume.

5. Les élèves accueillent leurs invités à l'entrée et conversent avec eux. Recommandez aux invités de poser des questions sur la vie et les réalisations des personnages. Ainsi, ils pourront tenter de deviner la qualité que le personnage essaie de mettre en valeur.

6. Les élèves doivent rester fidèles à leur personnage. Ils ne doivent pas exagérer l'habileté sociale ou le trait de caractère qu'ils tentent de mettre en scène. Par exemple, si la qualité est la courtoisie, le personnage dira très souvent «s'il vous plaît» et «merci». Pour démontrer des habiletés de négociation, le personnage pourra offrir à un invité de l'aide pour résoudre un problème de relation.

7. Quand un invité aura tenté pendant quelques minutes de deviner la qualité, l'élève pourra lire ou réciter la description du personnage incarné. Il révélera alors le trait de caractère particulier de son personnage.

Des personnages ayant de la personnalité

Lucille Teasdale

Lucille Teasdale est une chirurgienne qui a démontré beaucoup de **dévouement** en se consacrant aux personnes atteintes du sida en Afrique.

Julie Payette

Première Canadienne à voyager dans l'espace, Julie Payette a **persévéré** dans ses études afin de réaliser son rêve d'enfance.

Hubert Reeves

Astrophysicien reconnu, Hubert Reeves a utilisé son talent de **communicateur** pour faire connaître l'évolution des étoiles.

Martin Luther King

Martin Luther King est un champion des droits civiques. Il croyait que les gens devaient avoir du **respect** les uns envers les autres, malgré les différences.

Mohandas Gandhi

Mohandas Gandhi est un leader qui a démontré au peuple indien comment **maîtriser sa colère** et obtenir le respect des droits humains par des moyens pacifiques.

Albert Schweitzer

Albert Schweitzer est un médecin satisfait de son sort qui voulait étendre sa **bonté** aux gens moins fortunés que lui.

Helen Keller

Helen Keller est une jeune fille qui a surmonté son incapacité de voir, de parler et d'entendre ; elle s'est fait connaître par ses **manières raffinées.**

Abraham Lincoln

Président des États-Unis, Abraham Lincoln a tenté de faire preuve de **justice** en reconnaissant les droits d'autrui.

Des personnages ayant de la personnalité (suite)

Max Gros Louis

Grand chef de la nation amérindienne des Hurons, Max Gros Louis a utilisé ses habiletés de **conciliateur** pour contribuer au développement de la culture et des droits des Autochtones.

Charles Dickens

Charles Dickens est écrivain. Il a permis d'améliorer les lois sur le travail des enfants en se mettant à l'écoute des problèmes des autres et en écrivant des romans sur le sujet.
Il avait de l'**empathie** pour les autres.

Louise Arbour

Juge de la Cour suprême du Canada, Louise Arbour a fait preuve d'un très grand sens de la **justice** lorsqu'elle a fait face à des criminels de guerre sur le plan international.

Carl Jung

Carl Jung a mis ses **habiletés d'écoute** au service des autres. Ses idées et son style de relation d'aide ont aidé à créer la psychanalyse.

Woodrow Wilson

Woodrow Wilson est un président américain qui s'est servi de ses **habiletés de négociation** pour créer un organisme de maintien de la paix. En 1946, cet organisme est devenu l'Organisation des Nations Unies.

George Washington

Premier président des États-Unis, George Washington a refusé le titre de « roi ». Il comprenait que pour créer une démocratie, il devait, un jour, laisser le pouvoir à un autre. Parce qu'il a fait preuve d'**humilité**, il a assuré l'avenir de la démocratie.

Joseph-Armand Bombardier

Les inventions de Joseph-Armand Bombardier ont permis d'améliorer les conditions de vie des gens vivant dans des zones nordiques isolées. Il a fait preuve de **créativité**.

Cesar Chavez

Cesar Chavez est un syndicaliste qui croyait au **traitement équitable d'autrui**. Il a mené un combat non violent pour améliorer l'existence et restaurer la dignité des travailleurs agricoles maltraités.

Chapitre 7

Assurer sa croissance personnelle et professionnelle

« Lorsque quelque chose ne va pas, cela peut faire du bien d'en parler. Dans la salle des enseignants, entre les cours, chacun souligne ce qui fonctionne ou non. Il règne un vrai climat d'entraide. À vrai dire, c'est ma bouée de sauvetage. J'ignore ce que j'aurais fait sans cela, cette année. »

L'enseignement tient de l'art plus que de la science; c'est davantage une façon de faire qu'une profession. Durant votre carrière, vous découvrirez plus d'une manière efficace d'atteindre un objectif. Ce qui aura bien fonctionné pendant votre première année d'enseignement peut ne pas convenir au cours des années subséquentes. Votre réussite et votre satisfaction dépendront de votre capacité à évoluer en compagnie de vos élèves.

Vous auriez pu opter pour une tout autre carrière. Mais vous avez choisi d'éveiller de jeunes esprits et d'orienter de nouveaux destins. Votre classe repose sur un enchevêtrement de facteurs humains, et ceux-ci évoluent dans le temps. Ces changements constants vous préserveront de l'inertie, de l'ennui... et de la facilité! Les enseignants expérimentés s'attendent à un cheminement professionnel dynamique, stimulant et fluctuant, tout comme leurs classes varient chaque année. Engagez-vous dans un processus de croissance continue en tant qu'enseignant. Vous verrez ainsi votre potentiel et celui de vos élèves s'épanouir.

Pour faire face aux défis d'une première année d'enseignement, réservez du temps pour le ressourcement et la réflexion. Vous trouverez ici des conseils pour reprendre des forces tout en vous appuyant sur le système. Vous y trouverez aussi des listes d'ouvrages à consulter durant les différentes étapes de votre évolution professionnelle. Souvenez-vous que les enseignants motivés se reconnaissent à leur capacité d'apprendre et d'évoluer.

Soyez un apprenant permanent

Vous considérez probablement vos élèves comme des apprenants permanents, comme des personnes en voie d'apprentissage. Appliquez ce principe d'acquisition continue à votre propre carrière. Avec une bonne dose d'humilité, vous apprendrez beaucoup de vos élèves. En effet, leurs questions spontanées vous forceront à vous renouveler constamment. Puisque vous vous souciez des enfants sous votre responsabilité, vous chercherez sans relâche à créer un milieu d'apprentissage stimulant. Toutefois, n'oubliez pas d'alimenter également votre propre croissance.

Réfléchissez à vos réalisations

Prenez l'habitude de réfléchir à vos techniques d'enseignement. Analysez votre façon de présenter le programme et vos relations avec vos élèves. Scrutez vos expériences positives et négatives, vos succès et vos échecs. À la manière d'un apprenti, raffinez continuellement votre démarche d'enseignement. L'autoévaluation[1] présentée ci-après passe en revue les qualités nécessaires au bon fonctionnement d'une classe. Cochez les aspects que vous croyez devoir améliorer. Cherchez des stratégies qui vous faciliteront la vie l'année prochaine.

☐ **Être un modèle d'autodiscipline** Ma journée de classe est bien préparée. Je fais preuve de ponctualité et d'organisation. Même quand je suis en colère, je sais respecter mes élèves.

☐ **La clarté des attentes** Les limites des comportements acceptables et les conséquences liées aux infractions sont claires. Les élèves ont des objectifs d'apprentissage individuels.

☐ **La constance** Les règles s'appliquent à tous les élèves de manière égale.

☐ **La sécurité des élèves** Les élèves se sentent en sécurité et à l'abri de toute menace dans ma classe.

☐ **La compassion** J'accueille les élèves avec bonne humeur. Je m'informe au sujet de leurs intérêts personnels. J'ai des entretiens individuels avec les élèves qui ont des difficultés en classe.

☐ **Le travail d'équipe** Je valorise plus la coopération que la compétition.

☐ **L'enseignement de haute qualité** J'utilise une variété de stratégies d'enseignement. J'amène les élèves à découvrir en quoi le sujet ou la compétence à l'étude est utile ou signifiante dans leur vie.

☐ **Le rythme d'enseignement** Je maintiens un rythme d'enseignement dynamique et adapté à chacun des élèves.

☐ **La réceptivité** Je donne aux élèves une rétroaction positive immédiate. J'interviens aussi rapidement que possible pour redresser les mauvais comportements.

---

1. Adapté de «Teacher Institute», *Better Teaching*, 19 juin 1998.

☐ **Le renforcement des bons comportements** Je souligne la réussite, l'amélioration et l'apport de chaque élève.

☐ **La discipline personnelle** J'enseigne aux élèves des habiletés de maîtrise de soi.

☐ **La participation des parents** Je privilégie un contexte de coéducation, car celui-ci contribue à maximiser la participation des parents à l'éducation de leur enfant. Je profite également de ce contexte pour bénéficier de l'aide des parents en classe.

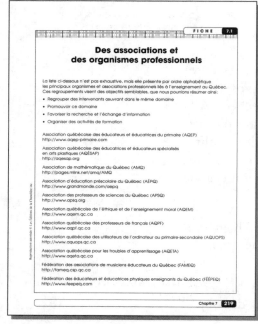

Fiche 7.1, p. 219

Faites partie de cercles professionnels

En vous mêlant à votre communauté professionnelle, vous élargirez vos perspectives. Vous aurez l'occasion de rencontrer des enseignants ayant les mêmes affinités. Certains seront même susceptibles de devenir des sources d'inspiration. Entrez dans des associations. Assistez à des congrès (par exemple l'AQEP, l'AQUOPS ou les colloques des commissions scolaires). Ces rencontres motivent souvent les enseignants à explorer les nouveaux courants éducatifs et à entreprendre l'étude de nouveaux sujets ou domaines d'expérimentation. La plupart des enseignants reviennent des congrès chargés d'échantillons de matériel, mais aussi plus riches de nouvelles relations. Au sein des associations professionnelles, vous trouverez de précieuses, et souvent stimulantes, occasions de partager vos passions et vos problèmes avec d'autres enseignants.

Pour entrer en contact avec des collègues, consultez la fiche 7.1, intitulée « Des associations et des organismes professionnels », présentée à la page 219. Informez-vous aussi sur les associations régionales auprès de votre commission scolaire.

Apprenez d'un mentor

Cherchez un conseiller, une personne dotée d'habiletés pour « enseigner à un enseignant ». Ce conseiller pourra vous servir de modèle. Choisissez un collègue qui soutient votre croissance. Celui-ci doit vous offrir une rétroaction positive. Dès lors, vous pourrez imiter ses excellentes pratiques d'enseignement, car elles seront conformes à vos propres façons de voir. Au chapitre 1, nous avons souligné l'importance de bénéficier du soutien d'un mentor. Parfois, les écoles demandent à un enseignant expérimenté d'aider un novice à s'acclimater à la vie de l'école et à accéder aux ressources matérielles et didactiques. À d'autres occasions, vous devez vous-même choisir ce mentor parmi vos collègues. Rien ne vous empêche de prolonger cette collaboration au-delà de la première année.

Si vous ne vous liez pas avec votre mentor au début de votre première année, n'abandonnez pas pour autant l'idée d'avoir un mentor de façon permanente.

Faites en sorte de visiter plusieurs classes et observez les autres enseignants en action. Invitez-les à parler de leurs expériences. N'hésitez pas à solliciter les lumières d'un autre enseignant — et appuyez-vous parfois sur lui. Invitez votre maître d'enseignement à vous observer en action dans la classe et à vous fournir une rétroaction et un renforcement positifs. En outre, demandez-lui de vous montrer ses différents outils ou son portfolio d'enseignement. Inspirez-vous-en pour créer le vôtre.

Apprenez grâce aux publications

Même dans une salle remplie d'élèves, vous vous sentirez parfois isolé. À défaut de parler directement avec un collègue, stimulez vous-même votre enthousiasme. Restez ouvert aux nouvelles idées. Demeurez professionnellement à jour en lisant les nombreuses publications (par exemple *Vie pédagogique*) qui s'adressent aux enseignants. Chaque semaine, réservez une période de lecture portant sur le matériel de perfectionnement. Abonnez-vous à certaines revues professionnelles et visitez-en les sites Web. De plus, vous voudrez peut-être approfondir votre compréhension d'un sujet donné en lisant certains ouvrages en didactique. Bien que certains de ces ouvrages contiennent des théories un peu arides, bon nombre d'entre eux sont des livres pratiques. Grâce à ceux-ci, vous améliorerez vos techniques d'enseignement assez rapidement. Consultez à ce sujet la fiche 7.2, « Des revues pédagogiques et des ouvrages recommandés », à la page 220.

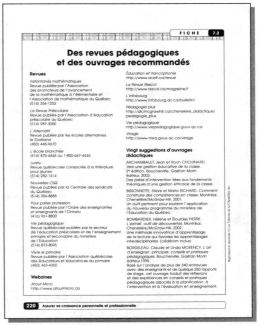

Fiche 7.2, p. 220 et 221

Affinez vos habiletés et vos compétences

De nombreux programmes post-baccalauréat peuvent vous aider à améliorer vos techniques quotidiennes d'enseignement et à faire progresser votre carrière. Explorez Internet pour connaître les programmes offerts ou contactez l'université la plus proche.

Les écoles et les commissions scolaires financent aussi des séminaires et des ateliers spécialement destinés aux nouveaux enseignants. Ne les manquez pas. Consultez le répertoire de perfectionnement professionnel de votre commission scolaire, et prenez connaissance des communiqués émis par l'école. Explorez Internet pour trouver d'autres occasions de perfectionnement. Commencez par visiter les sites de la fiche 7.3, « Des ressources Web à l'intention des enseignants », présentée à la page 222.

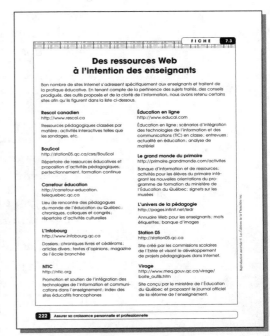

Fiche 7.3, p. 222

Étoffez votre portfolio

Créez un portfolio pour vous-même, comme vous le faites déjà pour vos élèves. Ainsi, vous rassemblerez les documents permettant d'étayer vos réussites. Vous aurez besoin de documents prouvant vos compétences quand vous poserez votre candidature à un nouveau poste. Vous pouvez également verser à votre dossier des pièces témoignant de vos progrès durant la première année et au cours de votre carrière.

Votre portfolio peut contenir :

• votre brevet d'enseignement et votre plan de perfectionnement professionnel ;

• des réalisations personnelles et des expériences passées liées au domaine de l'enseignement ;

• des copies de vos diplômes d'études ;

• des lettres de recommandation provenant de la direction, de collègues et de parents ;

• quelques exemples de plans de situations d'apprentissage avec les photos des projets d'élèves terminés ;

• la bande vidéo d'un exposé ou d'une activité que vous avez mis en œuvre ;

• des échantillons de travaux d'élèves témoignant de votre évolution.

Élaborez un relevé annuel

Votre portfolio fera ressortir les grands moments de votre carrière. Cependant, vous aurez aussi besoin d'un dossier spécial où vous enregistrerez les détails pratiques et les événements survenus durant l'année. Ce dossier servira de référence lorsque vous devrez régler un différend avec un parent, présenter un rapport à la direction ou à un conseiller ou préparer une demande de service pour des élèves en difficulté. Prenez soin d'inclure dans ce dossier les pièces suivantes :

• des pièces justificatives portant sur les incidents relatifs à des problèmes de discipline avec des élèves (voir les suggestions présentées aux pages 55 et 56) ;

• des fiches de présentation des élèves en difficulté, un compte rendu de toute modification aux routines de la classe et la description des stratégies d'apprentissage mises en place pour ces élèves ;

• des copies de toute correspondance émanant de la direction de l'école ou de la commission scolaire ;

• des copies de toute correspondance émanant de parents d'élèves concernant les problèmes de discipline ou de comportement de leur enfant.

Chasser le stress pour avoir un meilleur rendement

En faisant vos premières armes dans l'enseignement, vous apprendrez probablement très vite pourquoi votre profession figure en tête des emplois stressants. Ironiquement, le souci de l'autre, qui est le signe de l'enseignant exemplaire, peut être source d'anxiété. On peut devenir angoissé à la pensée que, par son travail, on a le pouvoir d'influencer le cours de l'existence de jeunes individus. Dès lors, l'enseignant soucieux de faire une différence se mettra en quête d'excellence.

Sans le vouloir, vos collègues vous décourageront peut-être. Ils se plaindront du manque de soutien de la direction, de la surcharge de travail ou de l'apathie des parents. Avec le temps, vous trouverez probablement moyen d'équilibrer les déceptions et les aspirations.

Vous devrez faire face à de nombreux défis. Vous les surmonterez plus facilement si vous savez les prévoir et parvenez à les comprendre. Le stress se définit souvent comme une réaction de l'organisme qui mobilise ses défenses contre une menace appréhendée. Dans les situations stressantes, des messages en provenance du cerveau stimulent les nerfs et déclenchent des réactions chimiques. Vous avez une montée d'adrénaline, et votre corps se prépare à l'action. Le stress est donc présent dans votre esprit et votre corps. Apprenez à reconnaître les signaux qu'émet votre corps : la modification de l'appétit, la fatigue, les malaises ou les maux de tête fréquents.

Quand vous ressentez du stress, suivez ces conseils :

- Prévoyez du temps à l'horaire pour que les enfants travaillent de façon autonome sans solliciter votre aide sauf en cas d'urgence. Nommez un enfant responsable du groupe pour répondre aux besoins ponctuels.

- Marchez dans la classe ou la cour de l'école.

- Faites quelques exercices de respiration profonde pour relaxer.

- Découvrez la source de votre stress.

- Parlez-en avec un collègue.

Une fois que vous aurez apaisé les symptômes, attaquez-vous à la source du stress. Qu'est-ce qui vous tracasse ? Un élève difficile, les pressions d'un parent ou de la direction ? Redoutez-vous de ne pouvoir accomplir tout ce que vous devez faire dans la journée ? Craignez-vous de ne pas satisfaire aux exigences pédagogiques ? Avez-vous des élèves en difficulté qui épuisent vos énergies ? Envisagez des mesures pour remédier aux sources de stress :

- Contactez la direction pour obtenir l'aide d'une personne-ressource.

- Demandez à un conseiller de vous aider avec les élèves difficiles.

- Revoyez votre horaire et vos priorités si le manque de temps cause problème.

- Joignez un groupe de soutien et inspirez-vous des idées décrites ci-dessous.

- Consultez les services offerts par votre commission scolaire.

Évitez l'isolement

Tout nouvel enseignant est susceptible de vivre des périodes difficiles. L'enseignant peut se sentir écrasé sous le poids des responsabilités qu'il se sent seul à porter. Parlez et échangez avec d'autres enseignants. Ainsi, vous saurez mieux combattre l'anxiété. Même si vous avez l'impression de manquer de temps, prenez soin de vous réserver des moments pour collaborer et interagir avec vos collègues. Essayez les suggestions suivantes :

- Tâchez d'obtenir la collaboration régulière de l'un de vos collègues. Pour que plus de temps soit alloué à la collaboration entre enseignants, vous devrez peut-être en faire la demande auprès de la direction.

- Quand vous êtes dans la salle des enseignants, profitez-en pour nouer des relations avec des collègues qui se passionnent pour leur métier.

- Mettez en application les suggestions présentées à la page 212 et entourez-vous d'autres spécialistes.

- Joignez les rangs d'une association professionnelle reconnue. Cet engagement brisera votre isolement, et vous serez plus stimulé et enthousiaste. Si la fiche 7.1 ne vous a pas permis de trouver une association selon vos intérêts, interrogez vos collègues. Ces derniers connaissent possiblement un groupe d'enseignants partageant vos intérêts et ayant les mêmes préoccupations professionnelles.

- Envoyez un message aux enseignants de votre école, de votre domaine ou de votre niveau scolaire. Invitez-les à laisser dans votre boîte aux lettres tout conseil ou « bonne idée » qu'ils aimeraient partager avec vous. Remerciez-les d'avance de leurs suggestions et de leur soutien.

Demandez du soutien affectif

Pour faire face au stress lié à votre emploi, vous aurez vivement besoin du soutien de vos proches. Faites comprendre à vos parents et amis que votre travail est exigeant. Par conséquent, vous aurez souvent besoin de votre temps libre simplement pour refaire le plein d'énergie et pouvoir retourner en classe le jour suivant. Entourez-vous de gens qui comprennent les difficultés de votre profession et l'importance de votre rôle dans la société. Ainsi, vous obtiendrez une rétroaction positive et de l'encouragement dans votre vie professionnelle et personnelle.

Gardez-vous en forme

Surveillez votre alimentation et faites de l'exercice régulièrement. Déjeunez sans faute, surtout si vos périodes les plus exigeantes se déroulent le matin.

Pour éviter de sentir l'irritation et la fatigue avant le dîner, conservez un niveau élevé de sucres sanguins et d'hydrates de carbone.

Attaquez-vous à la gestion du temps

Beaucoup de nouveaux enseignants constatent qu'ils manquent de temps pour arriver à tout faire. Ils ont l'impression d'avoir trop de responsabilités. Ils doivent sans cesse s'adapter à des règles et à des politiques nouvelles. De plus, ils doivent acquérir de nouvelles habiletés d'enseignement et apprendre de nouveaux moyens de gérer le comportement des élèves. Toutes ces tâches nécessitent de la débrouillardise et de solides capacités d'adaptation. Pour éviter le stress découlant de telles pressions, apprenez à gérer efficacement votre temps.

Chaque jour, prenez l'habitude de vous fixer un ordre de priorités. Réservez quelques minutes à la fin de la journée pour établir vos priorités du lendemain. À l'aide de la fiche 7.4, « Mes priorités », présentée à la page 223, établissez de façon réaliste ce que vous pouvez accomplir et déléguer. Servez-vous d'un calendrier mensuel ou d'un cahier de planification pour déterminer comment et quand vous réaliserez les objectifs à long terme de votre programme.

Fiche 7.4, p. 223

Tenez un journal personnel

Votre première année sera marquée de jalons. Ceux-ci reviendront chaque année (les défis du premier jour, les problèmes de comportement des élèves, les incertitudes associées aux bulletins, le stress de certains événements, le climat d'inattention précédant les vacances et l'agitation caractéristique de la fin de l'année, pour n'en nommer que quelques-uns). Notez les solutions que vous avez apportées à vos difficultés. Ainsi, vous pourrez vous y référer plus tard. Lorsqu'un événement positif se produit en classe, notez-le. Quand vous découvrez une stratégie particulièrement bien adaptée à votre style ou à votre école, faites-en la description. Si vous avez l'impression de piétiner malgré vos efforts et qu'une percée se produit soudain, écrivez la satisfaction que vous ressentez.

Votre journal peut devenir un moyen d'évaluation continue, tout autant qu'un souvenir. Nulle obligation d'y écrire chaque jour ou même chaque semaine ; notez-y simplement vos réflexions quand le cœur vous en dit. Le processus d'écriture pourrait vous permettre d'affiner vos valeurs et de perfectionner vos stratégies d'enseignement. De plus, vous pourrez y déceler les intuitions susceptibles de vous faciliter la tâche durant l'année scolaire.

Une dernière pensée

Dans chaque bloc de marbre, je vois une statue aussi nettement que si elle était là, devant moi, façonnée et parfaite dans l'attitude et le geste. Je n'ai qu'à abattre les parois grossières qui emprisonnent cette adorable apparition pour la révéler au regard des autres et au mien.

Michel-Ange

Les élèves réussissent quand les enseignants croient en eux. Décelez et stimulez le potentiel de chaque élève; vous pourrez ainsi vous réaliser à titre d'enseignant. En jetant les bases d'une carrière épanouissante, vous jouirez d'un rare privilège, celui d'insuffler l'amour du savoir.

Par de petits gestes quotidiens, vous réaliserez un dessein marquant. Vous échangerez des idées et alimenterez des interactions qui modèleront une génération entière de nouveaux penseurs et de gens d'action. Vous formerez les caractères en sculptant les esprits, vous dévoilerez vos chefs-d'œuvre au monde.

Des associations et des organismes professionnels

La liste ci-dessous n'est pas exhaustive, mais elle présente par ordre alphabétique les principaux organismes et associations professionnels liés à l'enseignement au Québec. Ces regroupements visent des objectifs semblables, que nous pourrions résumer ainsi :

- Regrouper des intervenants œuvrant dans le même domaine
- Promouvoir ce domaine
- Favoriser la recherche et l'échange d'information
- Organiser des activités de formation

Association québécoise des éducateurs et éducatrices du primaire (AQEP)
http://www.aqep-primaire.com

Association québécoise des éducatrices et éducateurs spécialisés
en arts plastiques (AQÉSAP)
http://aqesap.org

Association de mathématique du Québec (AMQ)
http://pages.mlink.net/amq/AMQ

Association d'éducation préscolaire du Québec (AÉPQ)
http://www.grandmonde.com/aepq

Association des professeurs de sciences du Québec (APSQ)
http://www.apsq.org

Association québécoise de l'éthique et de l'enseignement moral (AQEM)
http://www.aqem.qc.ca

Association québécoise des professeurs de français (AQPF)
http://www.aqpf.qc.ca

Association québécoise des utilisateurs de l'ordinateur au primaire-secondaire (AQUOPS)
http://www.aquops.qc.ca

Association québécoise pour les troubles d'apprentissage (AQETA)
http://www.aqeta.qc.ca

Fédération des associations de musiciens éducateurs du Québec (FAMEQ)
http://fameq.csp.qc.ca

Fédération des éducateurs et éducatrices physiques enseignants du Québec (FÉÉPEQ)
http://www.feepeq.com

Des revues pédagogiques et des ouvrages recommandés

Revues

Instantanés mathématiques
Revue publiée par l'Association
des promoteurs de l'avancement
de la mathématique à l'élémentaire et
l'Association de mathématique du Québec
(514) 356-1252

La Revue Préscolaire
Revue publiée par l'Association d'éducation
préscolaire du Québec
(514) 987-3000

L'Alternatif
Revue publiée par les écoles alternatives
le Goéland
(450) 445-9670

L'école branchée
(514) 875-4444 ou 1-800-667-4444

Lurelu
Revue québécoise consacrée à la littérature
pour jeunes
(514) 282-1414

Nouvelles CSQ
Revue publiée par la Centrale des syndicats
du Québec
(514) 356-8888

Pour parler profession
Revue publiée par l'Ordre des enseignantes
et enseignants de l'Ontario
(416) 961-8800

Vie pédagogique
Revue québécoise publiée par le secteur
de l'éducation préscolaire et de l'enseignement
primaire et secondaire du ministère
de l'Éducation
(514) 873-8095

Vivre le primaire
Revue publiée par l'Association québécoise
des éducateurs et éducatrices du primaire
(450) 463-4300

Webzines

Atout Micro
http://www.atoutmicro.ca

Éducation et francophonie
http://www.acelf.ca/revue

La Revue Rescol
http://www.rescol.ca/magazine/f

L'Infobourg
http://www.infobourg.qc.ca/bulletin/

Pédagogie plus
http://dlcmcgrawhill.ca/cheneliere_didactique/
pedagogie_plus

Vie pédagogique
http://www.viepedagogique.gouv.qc.ca

Virage
http://www.meq.gouv.qc.ca/virage

Vingt suggestions d'ouvrages didactiques

ARCHAMBAULT, Jean et Roch CHOUINARD,
Vers une gestion éducative de la classe,
2e édition, Boucherville, Gaëtan Morin
éditeur, 2003.
Des pistes d'intervention liées aux fondements
théoriques d'une gestion efficace de la classe.

BISSONNETTE, Steve et Mario RICHARD, *Comment
construire des compétences en classe*, Montréal,
Chenelière/McGraw-Hill, 2001.
Un outil pertinent pour soutenir l'application
du nouveau programme du ministère de
l'Éducation du Québec.

BOMBARDIER, Hélène et Élourdes PIERRE,
L'extrait, outil de découvertes, Montréal,
Chenelière/McGraw-Hill, 2002.
Une méthode innovatrice d'apprentissage
de la lecture qui favorise les apprentissages
interdisciplinaires. (cédérom inclus)

BORDELEAU, Claude et Linda MORENCY, *L'art
d'enseigner: principes, conseils et pratiques
pédagogiques*, Boucherville, Gaëtan Morin
éditeur,1999.
Basé sur l'analyse de plus de 340 entrevues
avec des enseignants et de quelque 250 rapports
de stage, cet ouvrage traduit des réflexions
et des expériences en conseils et pratiques
pédagogiques associés à la planification, à
l'intervention et à l'évaluation en enseignement.

(Suite)

CAMPBELL, Bruce, *Les intelligences multiples : guide pratique,* Montréal, Chenelière/McGraw-Hill, 1999.
Un guide pratique qui présente entre autres une méthode pédagogique pour l'enseignement des matières au programme par le biais des intelligences multiples.

CANTER, Lee, *Devoirs sans larmes,* Montréal, Chenelière/McGraw-Hill, 1996.
Une série de trois guides pratiques pour faire des devoirs une réussite (stratégies pour responsabiliser les élèves, obtenir la collaboration des parents, etc.).

CANTER, Lee et Katia PETERSON, *Bien s'entendre... pour apprendre,* Montréal, Chenelière/McGraw-Hill, 2003.
Des activités et trucs pratiques pour réduire la violence et favoriser la coopération.

CARON, Alain, *Programme Attentix,* Montréal, Chenelière/McGraw-Hill, 2002.
De nombreux outils de travail, dont un cédérom, portant sur le phénomène de l'attention scolaire.

CARON, Jacqueline, *Apprivoiser les différences,* Montréal, Chenelière/McGraw-Hill, 2003.
Un guide très complet sur la différenciation des apprentissages et la gestion des cycles.

CARON, Jacqueline, *Quand revient septembre,* volumes 1 et 2, Montréal, Chenelière/McGraw-Hill, 1995 et 1997.
Un guide sur la gestion de classe participative et un recueil d'outils organisationnels.

DAVID, Isabelle, France LAFLEUR et Johanne PATRY, *Des mots et des phrases qui transforment,* Montréal, Chenelière/McGraw-Hill, 2004.
Des techniques basées sur la programmation neurolinguistique visant à faciliter les apprentissages par l'utilisation de mots clés et de phrases structurées.

DESJARDINS, Richard, *Le portfolio de développement professionnel continu,* Montréal, Chenelière/McGraw-Hill, 2002.
Un guide, accompagné d'un cédérom, visant l'élaboration d'un portfolio de développement professionnel ; idéal pour gérer ses apprentissages, structurer sa pensée pédagogique et évaluer sa pratique professionnelle.

DORE, Louise, Nathalie MICHAUD et Libérata MUKARUGAGI, *Le portfolio : évaluer pour apprendre,* Montréal, Chenelière/McGraw-Hill, 2002.
L'utilisation du portfolio pour amener les élèves à s'engager dans l'évaluation de leurs propres apprentissages.

GAGNÉ, Pierre Paul, *Être attentif... une question de gestion !,* Montréal, Chenelière/McGraw-Hill, 2001.
La présentation d'un modèle intégrateur permettant de bien saisir les liens entre l'attention, la mémoire et la planification. De nombreuses suggestions de stratégies et d'activités de modelage pour développer les compétences indispensables à une gestion efficiente de l'attention. (cédérom inclus)

GOUPIL, Georgette, *Les élèves en difficulté d'adaptation et d'apprentissage,* 2e édition, Boucherville, Gaëtan Morin éditeur, 1997.
Un guide d'intervention auprès des enfants en difficulté et de leurs parents.

JASMIN, Danielle, *Le conseil de coopération,* Montréal, Chenelière/McGraw-Hill, 1994.
Cet outil pédagogique vise l'organisation de la vie de classe et la gestion des conflits.

MORISSETTE, Rosée et Micheline VOYNAUD, *Accompagner la construction des savoirs,* Montréal, Chenelière/McGraw-Hill, 2002.
Des outils pouvant alimenter la réflexion et soutenir les actions auprès des élèves dans une démarche visant à placer ces derniers au cœur de leurs apprentissages.

SAINT-LAURENT, Lise, *Enseigner aux élèves à risque et en difficulté au primaire,* Boucherville, Gaëtan Morin éditeur, 2002.
Des procédés d'intervention efficaces pour éviter l'échec scolaire et surmonter les troubles de comportement.

SOUSA, David A., *Un cerveau pour apprendre,* Montréal, Chenelière/McGraw-Hill, 2001.
De nombreuses stratégies permettant de rendre le processus enseignement-apprentissage plus efficient et plaisant.

TOMLINSON, Carol Ann, *La classe différenciée,* Montréal, Chenelière/McGraw-Hill, 2004.
Des pistes d'intervention qui favorisent l'implantation de classes différenciées.

Des ressources Web à l'intention des enseignants

Bon nombre de sites Internet s'adressent spécifiquement aux enseignants et traitent de la pratique éducative. En tenant compte de la pertinence des sujets traités, des conseils prodigués, des outils proposés et de la clarté de l'information, nous avons retenu certains sites afin qu'ils figurent dans la liste ci-dessous.

Rescol canadien
http://www.rescol.ca

Ressources pédagogiques classées par matière ; activités interactives telles que les sondages, etc.

BouScol
http://station05.qc.ca/csrs/BouScol

Répertoire de ressources éducatives et proposition d'activités pédagogiques ; perfectionnement, formation continue

Carrefour éducation
http://carrefour-education. telequebec.qc.ca

Lieu de rencontre des pédagogues du monde de l'éducation au Québec ; chroniques, colloques et congrès ; répertoire d'activités culturelles

L'Infobourg
http://www.infobourg.qc.ca

Dossiers ; chroniques livres et cédéroms ; articles divers ; textes d'opinions ; magazine de l'école branchée

NTIC
http://ntic.org

Promotion et soutien de l'intégration des technologies de l'information et communications dans l'enseignement ; index des sites éducatifs francophones

Éducation en ligne
http://www.educal.com

Éducation en ligne ; scénarios d'intégration des technologies de l'information et des communications (TIC) en classe ; entrevues ; actualité en éducation ; analyse de matériel

Le grand monde du primaire
http://primaire.grandmonde.com/activites

Banque d'information et de ressources ; activités pour les élèves du primaire intégrant les nouvelles orientations du programme de formation du ministère de l'Éducation du Québec ; signets sur les musées

L'univers de la pédagogie
http://pages.infinit.net/ledr

Annuaire Web pour les enseignants ; mots étiquettes ; banque d'images

Station 05
http://station05.qc.ca

Site créé par les commissions scolaires de l'Estrie et visant le développement de projets pédagogiques dans Internet.

Virage
http://www.meq.gouv.qc.ca/virage/ boite_outils.htm

Site conçu par le ministère de l'Éducation du Québec et proposant le journal officiel de la réforme de l'enseignement.

Mes priorités

Faites cet exercice quotidiennement. Celui-ci vous aidera à canaliser vos énergies, à vous organiser et à être efficace.

■ Quelles sont les trois plus importantes tâches réalisables aujourd'hui ?

■ Comment puis-je accomplir ces tâches le mieux possible ? Que puis-je déléguer ?

■ Que se passera-t-il si je ne réalise pas ces tâches aujourd'hui ?

Les trois priorités de la journée :

1. _____

2. _____

3. _____

Ce que je ferai :

_____

_____

_____

_____

_____

Ce que je vais déléguer à quelqu'un d'autre :

_____

_____

_____

_____

Ce que je ferai seulement si j'ai le temps :

_____

_____

_____

_____

Chenelière/Didactique

De l'image à l'action
Pour développer les habiletés de base nécessaires aux apprentissages scolaires
Jean Gilliam DeGaetano

Écouter, comprendre et agir
Activités pour développer les habiletés d'écoute, d'attention et de compréhension verbale
Jean Gilliam DeGaetano

Histoire de lire
La littérature jeunesse dans l'enseignement quotidien
Danièle Courchesne

L'apprenti lecteur
Activités de conscience phonologique
Brigitte Stanké

L'extrait, outil de découvertes
Le livre au cœur des apprentissages
Hélène Bombardier, Elourdes Pierre

Le français en projets
Activités d'écriture et de communication orale
Line Massé, Nicole Rozon, Gérald Séguin

Le sondage d'observation en lecture-écriture
Mary Clay, Gisèle Bourque, Diana Masny
- Livret LES ROCHES
- Livret SUIS-MOI, MADAME LA LUNE

Le théâtre dans ma classe, c'est possible !
Lise Gascon

Lire et écrire à la maison
Programme de littératie familiale favorisant l'apprentissage de la lecture
Lise Saint-Laurent, Jocelyne Giasson, Michèle Drolet

Lire et écrire en première année...
et pour le reste de sa vie
Yves Nadon

Plaisir d'apprendre
Louise Dore, Nathalie Michaud

Question de réflexion
Activités basées sur les 42 concepts langagiers de Boehm

Une phrase à la fois
Brigitte Stanké, Odile Tardieu

P PARTENARIAT ET LEADERSHIP

Avant et après l'école
Mise sur pied et gestion d'un service de garde en milieu scolaire
Sue Tarrant, Alison Jones, Diane Berger

Communications et relations entre l'école et la famille
Georgette Goupil

Devoirs sans larmes
Lee Canter
- GUIDE À L'INTENTION DES PARENTS POUR MOTIVER LES ENFANTS À FAIRE LEURS DEVOIRS ET À RÉUSSIR À L'ÉCOLE
- GUIDE POUR LES ENSEIGNANTES ET LES ENSEIGNANTS DE LA 1re À LA 3e ANNÉE
- GUIDE POUR LES ENSEIGNANTES ET LES ENSEIGNANTS DE LA 4e À LA 6e ANNÉE

Enseigner à l'école qualité
William Glasser

Le leadership en éducation
Plusieurs regards, une même passion
Lyse Langlois, Claire Lapointe

Nouveaux paradigmes pour la création d'écoles qualité
Brad Greene

Pour le meilleur... jamais le pire
Prendre en main son devenir
Francine Bélair

T Technologies de l'information et des communications

La classe branchée
Enseigner à l'ère des technologies
Judith H. Sandholtz et coll.

La classe multimédia
A. Heide, D. Henderson

L'ordinateur branché à l'école
Du préscolaire au 2e cycle
Marie-France Laberge, Louise Dore, Nathalie Michaud

L'ordinateur branché à l'école
Scénarios d'apprentissage
Marie-France Laberge

Regard critique et pédagogique sur les technologies de l'information et de la communication
Claire IsaBelle

POUR PLUS DE RENSEIGNEMENTS OU POUR COMMANDER, COMMUNIQUEZ AVEC NOTRE SERVICE À LA CLIENTÈLE AU (514) 273-8055.

Chenelière/McGraw-Hill
7001, boul. Saint-Laurent
Montréal (Québec)
Canada H2S 3E3
Téléphone: (514) 273-1066
Télécopieur: (514) 276-0324
chene@dlcmcgrawhill.ca

Chenelière McGraw-Hill